呼喚蓮花生

祈求即滿願 之 蓮師祈請文集

這尊塑像造於第八世紀的西藏，據說蓮花生大士在西藏桑耶寺看到這尊像時，曾說：「如我一般。」並給予加持，稱「它與我完全相同」。

目次　C◯NTENTS

願 者 得 果

　　佛云：「萬般皆是緣，善住於心頭，何人發何願，將得如是果。」這一席話，說明心念在因果世界中是何等強大，也指出發願對於修行的重要性。然而心念有善惡之別，願望亦有正邪之分，善念得正果，惡願入邪途，不論從世間還是佛法修行來看，既有所謂因果法則，「善有善報，惡有惡報」自然是屢試不爽。

　　以清淨心祈求三寶、廣發善願，常得庇佑、加持之感應乃至修行覺受之增進，古往今來，屢見不鮮。可是問題來了，《地藏菩薩本願經》裡提到：「南閻浮提眾生，舉心動念，無不是業，無不是罪。」起心動念往往不離罪念的煩惱凡夫，又當如何祈求？又該怎麼發下正願呢？所幸俗話說：「像不像，三分樣。」即使身為煩惱有情，若能依照佛菩薩與祖師大德等聖者們所教示的願文來發願，唸誦之中便自然轉念為善，在真摯虔信與聖者諦實力的會聚之下，緣起力量實在不可思議，果報深廣也將不可思量。

　　《呼喚蓮花生》所收錄的所有願文，內容皆是向蓮花生大士祈求與發願。蓮師是釋迦牟尼佛之再來，是觀音之顯化，也是從無量光佛心間射向人間最閃耀的一道光。蓮師是諸佛聖者

的總集，是一切成就與加持的源頭，是降妖除魔的神力士，也是驅散障難烏雲的陽光。

本書將三十多篇蓮師願文彙編成冊，每每見於各個伏藏法的〈蓮師七句祈請文〉早已是各地信眾耳熟能詳、熟背日誦的祈請文，言簡意深，是精華中的精華。被視為「一切祈請文之王」的〈蓮師七品祈請文〉（又稱七章祈請文），文如其名，分為七章，恩師多芒揚唐仁波切曾開示，沒有任何本尊不包括在〈蓮師七品祈請文〉之中，既然是祈請文之王，自然是加持之大寶庫。其中的〈三身祈請文〉〈願望任運成就祈請文〉（桑巴倫珠瑪）二章幾乎是每個寧瑪派經懺或薈供儀軌裡不可或缺的段落。

除了數篇廣略篇幅不同的願望成就祈請文之外，本書也收錄了〈淨除道障祈請文〉〈六字金剛句祈請文〉（圖松桑給瑪）等等廣略不一的除障系列祈請文。收錄數篇「初十願文」則是期許蓮師子弟藉著憶念蓮師行儀來一探蓮師功德與恩德，從而生起虔信、得獲加持。而數篇跟投生蓮師銅色吉祥山淨土相關的願文，是提供給一心發願來生投生蓮師淨土者的願望藍圖。

這三十多篇祈願文，有些是來自蓮師埋藏的伏藏法，有些則是歷代大師們的著作。伏藏法本來就源自蓮師，字字句句都是蓮師真性流露。而龍欽巴尊者、吉美林巴尊者、蔣揚欽哲旺波、蔣貢康楚羅卓泰耶、米旁仁波切乃至多傑德千林巴等大師不僅都是伏藏師，也皆是多次親見蓮師、心意與蓮師無二無別的大成就者。所以他們所寫下的祈願文，雖無伏藏法之名，實則無異蓮師的意伏藏。總之，這些聖者留給我們的願，字字串成諦實語，句句築成金剛句，只待有心人拿著信心的鑰匙，打開加持的寶庫。

五濁惡世，群魔亂舞，恰是蓮師教法更顯燦爛的時代。恩

師揚唐仁波切曾多次說過：「在亂世之中，我們要依靠的就是蓮師。」特別是當今的世界，末日理論時有耳聞，終戰之說也甚囂塵上，在疾疫、飢荒、戰爭等災難肆虐蔓延之黑暗時刻，蓮師的威光就更顯珍貴。不論是世間意義上的趨吉避凶、止戰延壽，還是修行層次上的明心見性、圓成悉地，客觀環境儘管有其影響力，主觀因素更是關鍵中之關鍵，莫忘佛說：「何人發何願，將得如是果。」

有鑑於此，橡樹林出版社的張嘉芳總編輯囑託我將一些重要的蓮師祈願文譯成中文並彙編成冊，於是我以索甲仁波切指導刊印的 *Treasure of Blessings* 蓮師祈願文合集（藏英雙語對照）作為發想的藍本，在願文選擇、順序編排方面稍做更動。這是有史以來中文世界結集蓮師願文的第一次嘗試，期盼以此拋磚引玉，未來能看到更豐盛壯麗的蓮師願文結集。

漫漫長夜，黎明將至，以這本《呼喚蓮花生》，讓我們一同呼喚蓮師。

————— 卻札蔣措

2023 年 12 月 22 日

藏曆水兔年十一月初十

ༀ། །ཨོ་རྒྱན་རིན་པོ་ཆེའི་གསོལ་འདེབས་སྐྱེད་པའི་རྟེན་བསྐྱེད་མདོར་བསྡུས་ལམ་ཟབ་སྙིང་པོ་བཞུགས་སོ།

烏金蓮師祈請文生起所依簡略總軌：
深道心要 [1]

蔣揚欽哲旺波　著

ན་མོ་གུ་རུ། ཨོ་རྒྱན་རིན་པོ་ཆེའི་གསོལ་འདེབས་སྐྱེད་པའི་རྟེན་བསྐྱེད་ལ། ཐོག་མར་སྐྱབས་སུ་འགྲོ་བ་ནི།

皈依蓮師。烏金蓮師祈請文總生起所依。首先，皈依：

ན་མོ། བླ་མ་བདེ་གཤེགས་འདུས་པའི་སྐུ།།

拿摩。喇嘛德謝度貝固
南無。上師總集如來身

དཀོན་མཆོག་གསུམ་གྱི་རང་བཞིན་ལ།།

袞秋松己壞新拉
於彼三寶之本性

བདག་དང་འགྲོ་དྲུག་སེམས་ཅན་རྣམས།།

達堂周竹森間南
我及六道有情眾

བྱང་ཆུབ་བར་དུ་སྐྱབས་སུ་མཆི།།

強去帕圖架素企
直至菩提誠皈依

སེམས་བསྐྱེད་ནི།

發心：

སེམས་བསྐྱེད་འགྲོ་བ་ཀུན་དོན་དུ།།

森給周瓦袞屯圖
為利眾生而發心

བླ་མ་སངས་རྒྱས་བསྒྲུབས་ནས་ནི།།

喇嘛桑給竹內尼
成就上師佛尊後

གང་ལ་གང་འདུལ་ཕྲིན་ལས་ཀྱིས།།

康拉康度成雷計
隨機應化佛事業

འགྲོ་བ་བསྒྲལ་བར་དམ་བཅའོ།།

周瓦哲瓦坦架歐
誓願度脫諸眾生

018

ཡན་ལག་བདུན་པ་ནི།

七支供養：

བླ་མ་ཡི་དམ་མཁའ་འགྲོ་གཤེགས།།

喇嘛以單康周謝

上師本尊空行來

ཉི་ཟླ་པདྨའི་གདན་ལ་བཞུགས།།

尼達貝美登拉許

安住日月蓮座上

ལུས་ངག་ཡིད་གསུམ་གུས་ཕྱག་འཚལ།།

旅阿以松庫恰策

以身口意誠頂禮

ཕྱི་ནང་གསང་བའི་མཆོད་པ་འབུལ།།

企囊桑威卻巴捕

獻上外內密供養

ཉམས་ཆག་ཐིག་སྒྲིབ་མཐོལ་ཞིང་བཤགས།།

釀恰迪直透新夏

違犯罪障發露懺

གསང་སྔགས་བསྒྲུབས་ལ་རྗེས་ཡི་རང་།།

桑阿竹拉傑以壤
隨喜修持祕密咒

སྨིན་གྲོལ་གསང་སྔགས་ཆོས་འཁོར་བསྐོར།།

明卓桑阿卻扣勾
請轉熟解密法輪

མྱུ་ངན་མི་འདའ་བཞུགས་སུ་གསོལ།།

釀恩明達徐所梭
祈請常住不入涅

སྙིང་པོ་སེམས་ཅན་དོན་དུ་བསྔོ།།

寧波森間屯圖歐
心要迴向利有情

ཡང་དག་རྡོ་རྗེའི་དོན་རྟོགས་ཤོག།

揚達斗節屯鬥秀
願悟真實金剛義

བསྐྱེད་པ་བསྐྱེད་དངོས་ནི།

生起所依正行：

མདུན་གྱི་ནམ་མཁར་འོད་ལྔའི་ཀློང་།།

敦己南卡偉俄隆
前方虛空五光團

མེད་ཁྲི་པདྨ་ཉི་ཟླའི་སྟེང་།།

森赤貝瑪尼德登
獅座蓮花日月上

སྐུ་གསུམ་རྒྱལ་བ་འདུས་པའི་དངོས།།

固松給瓦度貝沃
總集三身佛真身

རྩ་བའི་བླ་མ་པདྨ་འབྱུང་།།

匝威喇嘛貝瑪炯
根本上師蓮花生

དཀར་དམར་མདངས་ལྡན་ཞི་ཁྲོའི་ཉམས།།

嘎瑪當登息綢釀
白紅光澤寂忿姿

པད་ཞུ་གསང་གོས་ཆོས་གོས་དང་།།

貝夏桑培卻奎堂
蓮帽密袍及法衣

ཟ་འོག་བེར་སྣག་བཞིད་པར་གསོལ།།

薩歐威木己巴梭
錦緞褐袍莊嚴相

ཕྱག་གཡས་རྡོ་རྗེ་རྩེ་ལྔ་དང་།།

恰耶斗節澤阿堂
右手五股金剛杵

གཡོན་པས་རྣམ་ཚེ་ཕྱུབ་བསྣམས།།

元貝班達策崩南
左持顯器長壽瓶

གྲུ་མོ་གཡོན་ན་ཁ་ཊྭ་འཆང་།།

初莫元那卡章強
手杖依於左腋窩

རྡོ་རྗེའི་སྐྱིལ་ཀྲུང་དང་བཅས་ཏེ།།

斗節基中堂界德
金剛跏趺之坐姿

སྐུ་གསུང་ཐུགས་ཀྱི་དཀྱིལ་འཁོར་ལས།།

固松圖己金扣雷
從彼身語意壇城

ཙ་གསུམ་ཆོས་སྲུང་རབ་འབྱམས་ཀུན།།

匝松卻松冉江袞

無限三根本護法

འཕྲོ་འདུའི་གཟི་བྱིན་ལམ་མེ་བ།།

綢庹斯金藍美瓦

放攝威嚴加持燦

མཛོན་ཤུམ་བཞིན་དུ་བཞུགས་པར་གྱུར།།

溫松新圖許巴局

如同親臨而安住

ཅེས་གསལ་བཏབ་ལ། གསོལ་འདེབས་ལེའུ་བདུན་མ་དང་བསམ་པ་ལྷུན་འགྲུབ་མ། གཞན་ཡང་ཚིག་བདུན་གསོལ་འདེབས་དང་། བར་ཆད་ལམ་སེལ་སོགས་གཏེར་ཁ་སྣ་ཕྱི་མས་སྤྱུང་བ་དང་། དམ་པ་གོང་མའི་རྡོ་རྗེའི་གསུང་ཚིག་བྱིན་རླབས་ཅན་གྱི་གསོལ་འདེབས་གང་རིགས་ཤོས་སུ་གསུང་ཕྱུགས་དག་པོས་བྱ། དེ་ཙམ་མི་ནུས་ན་བླ་མ་སྐུ་གསུམ་དང་། བསམ་པ་ལྷུན་གྲུབ་ཁོ་ནས་ཀྱང་ཆོག། གང་ལྟར་ཡང་མཐར་དུ་ཕྱགས་རྒྱུད་བསྐུལ་བའི་ཕྱིར་བཛྲ་གུ་རུའི་བཟླས་པ་ཅི་ནུས་བྱས་མཐར།

如此明觀。對於〈七品祈請文〉與〈願望任運成就祈請文〉
乃至〈七句祈請文〉〈淨除道障〉等等出自前後代伏藏和殊
勝祖師金剛語句、具加持力之祈請文，當以強烈虔敬和情感
進行唸誦。倘若無能力如此做到，僅唸〈上師三身祈請文〉
與〈願望任運成就祈請文〉亦可。總之，最後為了召喚心意
而盡力唸誦蓮師心咒，完畢後：[2]

བླ་མའི་གནས་གསུམ་འབྲུ་གསུམ་ལས།།

拉美內松竹松雷

上師三處三種字

འོད་ཟེར་རིམ་དང་གཅིག་ཆར་འཕྲོས།།

偉瑟仁堂計恰垂

逐次放光復同放 [3]

བདག་གི་གནས་གསུམ་ཐིམ་པ་ཡིས།།

達己內松亭巴以

融入自己之三處

དབང་བཞི་ཐོབ་ཅིང་སྒྲིབ་བཞི་དག།

汪息透金直息達

得四灌頂淨四障

ལམ་བཞི་སྐོམ་པའི་སྣོད་དུ་གྱུར།།

藍息宮北諾圖久

成為修四道之器

མཐར་ནི་རང་ཐིམ་དབྱེར་མེད་དང་།།

塔尼攘亭耶美昂

最後融己無別中

བློ་འདས་ཆོས་སྐུའི་རང་ཞལ་བལྟ།།

樓嗲卻固壤協達
觀超心法身本顏

དགེ་བ་འདི་ཡིས་མྱུར་དུ་བདག།

給瓦迪以紐圖達
願以此善我迅速

ཨོ་རྒྱན་བླ་མ་འགྲུབ་གྱུར་ནས།།

歐根喇嘛竹局內
成就烏金上師尊

འགྲོ་བ་གཅིག་ཀྱང་མ་ལུས་པ།།

周瓦計江瑪呂巴
復將無餘諸眾生

དེ་ཡི་ས་ལ་འགོད་པར་ཤོག།

提以薩拉貴巴秀
安置於彼之境地

ཅེས་སོགས་བསྔོ་སྨོན་གྱིས་རྒྱས་གདབ་བོ།

唸誦此等，復以迴向發願作結。

> ཞེས་པ་འདང་སྒྱལ་བའི་གདུང་ཆེན་མཚོག་གྱུར་བདེ་ཆེན་གྲིང་པའི་ཐུགས་དམ་ཞལ་འདོན་དུ་འདི་ལྟར་བྲིས་ཞེས་
> བཀའ་སྩལ་བལྟར། མཚོ་སྐྱེས་བླ་མ་དགྱེས་པའི་འབངས་མཁྱེན་བརྩེའི་དབང་པོ་པདྨ་འོད་གསལ་མདོ་སྔགས་གྲིང་
> པའི་ཐྱེས་བྲིས་པ་དགེ་ལེགས་སུ་གྱུར་ཅིག། ||

此乃幻化大伏藏師秋吉德千林巴囑咐：「請寫如此之文」，
由令海生上師歡喜之僕──欽哲旺波貝瑪偉瑟朵阿林巴──
所寫。願成妙善！

內文註釋皆為編譯注：

1. 若按藏文標題直譯當為「烏金仁波切」，但由於不少過往及當代祖古、仁波切均擁同名，
   為免混淆，本書將「烏金仁波切」作「烏金蓮師」。同樣地，在藏語當中時常以「咕如
   仁波切」來稱呼蓮師，在本書中亦譯作蓮師或是蓮花生大士。

2. 蔣揚欽哲旺波於此處清楚提及實修此簡軌的方式和步驟。在如前所述觀想所依之資糧田
   後，開始唸誦各蓮師祈請文。唸完祈請文後，再盡力唸蓮師心咒。唸完心咒之後，再進
   入以下的段落（領受四灌頂、入定、迴向）。本書為保留此軌完整性，而未將儀軌拆成
   兩部分。然修持者當依順序行之為要。

3. 「逐次放光」指蓮師的額、喉、心三處依次放出光芒，賜予四個灌頂中的前三個灌頂。
   而「同放」指的是三處同時放光，賜予第四灌頂。

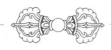

༄༅། །བླ་སྒྲུབ་ཚིག་བདུན་གསོལ་འདེབས་བཞུགས།
上師修持：七句祈請文

咕如確旺　取藏

ཕྱགས་དཀའ་ལྷ་ལ་ཕྱག་འཚལ་ལོ།

頂禮本尊。

ཕྱི་རབས་སྐལ་ལྡན་རིགས་ཀྱི་བུ། ཨོ་རྒྱན་བདག་ལ་སྐྱབས་འཚོ་ན། དབེན་པའི་གནས་སུ་རང་འདུག་ནས། མི་རྟག་སྐྱོ་བ་སྐྱེ་བ་དང་། འཁོར་བས་ཤུན་པ་རབ་ཏུ་གཅེས། བློ་སྟོང་བྱང་གྱུས་ང་ལ་གཏོད། གཞན་ཡང་སྐྱབས་གྱུར། རེ་ས་ཉམས། ཨོ་རྒྱན་བདག་ལ་རློགས་པར་སོམས། སྤྱིད་སྒྱུལ་རེ་སོན་ཆེད་ནས་ཀྱིས། མཆོད་བསྟོད་མི་བཙོད་འཕེལ་རྒྱུ། གསོག་སྒོངས། ལུས་ངག་ཡིད་གསུམ་གུས་པ་ཡིས། ཚིག་བདུན་འདི་ཡིས་གསོལ་བ་ཐོབ།

後世有緣善男子，若皈依我烏金尊，寂靜處中善安住，對於無常生惆悵，厭離輪迴甚關鍵。

全心全意依靠我，心想眾希冀皈處，於我烏金皆圓滿。苦樂希欲全寄託，不求供贊斷積財，身口意三門恭敬，依此七句誠祈請：

ཧཱུྃ། ཨོ་རྒྱན་ཡུལ་གྱི་ནུབ་བྱང་མཚམས།།

吽！歐根於己努強燦

吽！烏金境之西北隅

པདྨ་གེ་སར་སྡོང་པོ་ལ།།

貝瑪給薩冬波拉

蓮花花蕊枝莖上

ཡ་མཚན་མཆོག་གི་དངོས་གྲུབ་བརྙེས།།

揚餐秋己沃竹涅
得獲神奇勝悉地

པདྨ་འབྱུང་གནས་ཞེས་སུ་གྲགས།།

貝瑪炯內協素札
蓮花生名廣傳揚

འཁོར་དུ་མཁའ་འགྲོ་མང་པོས་བསྐོར།།

扣圖康周芒波構
眾多空行眷屬繞

ཁྱེད་ཀྱི་རྗེས་སུ་བདག་བསྒྲུབ་ཀྱི།།

克己節素達竹己
我願追隨您修持

བྱིན་གྱིས་བརླབ་ཕྱིར་གཤེགས་སུ་གསོལ།།

琴己拉企協素梭
祈請蒞臨賜加持

གུ་རུ་པདྨ་སིདྡྷི་ཧཱུྃ།།

咕如貝瑪思帝吽

ཞེས་པ་ཐར་ཡང་ཡང་གསོལ་བ་ཐོབ།

如此一再祈請。

གདུང་བ་དྲག་བསྐྱེད་མཆི་མ་ཕྱུང་དད་པས་ཁམས་འདུས་འབྱུང་སྲིད་ན། ཏག་གིས་ཐོབ་ལ་ས་ལེར་ཆོག སང་ངེ་ ཡེ་རེ་མ་ཡེངས་ལྟ། འདི་ལྟར་གསོལ་བ་འདེབས་པའི་བུར་ང་ཡིས་སྐྱོབ་པ་སྨོས་ཅི་དགོས། དུས་གསུམ་རྒྱལ་བའི་ སྲས་སུ་འགྱུར། དབང་ཆེན་རང་རིག་སེམས་ལ་ཐོབ། ཏིང་འཛིན་མཐུ་བཏན་ཡེ་ཤེས་རྒྱས། བྱིན་རླབས་རང་རང་བྱུང་ ཆེན་པོ་ཡིས། རང་སྨིན་གཞན་སྨྱོང་ཐུབ་བསལ་སེལ། རང་ཉིད་འགྱུར་ཚེ་གཞན་སྣང་རྣམས། དུས་མཉམ་འགྱུར་ ཞིང་ཕྲིན་ལས་འགྲུབ། ཡོན་ཏན་ཐམས་ཅད་རང་ལ་རྫོགས། བདག་ཉིད་ཆེན་པོ་ཆོས་ཀྱི་སྐུར། སྨིན་ཅིང་གྲོལ་བའི་ ཐབས་ཆེན་འདི། ཕྱགས་ཀྱི་སྲས་དང་འཕྲད་པར་ཤོག

強烈感動淚潸然，倘若因信而攝界[1]，深深呼氣住清明，澄澈
不散逸而觀。如是祈請之孩兒，吾予救護毋需說，將成三世
諸佛子，本覺心得大灌頂，三昧堅穩本智展。透過自生大加
持，成熟自己去他苦，本身轉時眾他相，亦俱同轉事業成，
一切功德自圓滿。於大體性法身中，成熟解脫此方便，願得
值遇我心子。

ཁྱད་པར་བྱིན་རླབས་ཀྱི་སྒྲུབ་པ་ཚིག་བདུན་མའི་གསལ་འདེབས་ཤིན་ཏུ་ཟབ་ཕྱིར་ཕྱགས་ཀྱི་ཡང་གཏེར་གསང་ བར་གདམས་པ། ཤེས་རབ་དང་ཐོ་ཕྱན་སྙིང་རྗེ་ཆེ། ཚོས་ཀྱི་དབང་ཕྱུག་དེ་དང་འཕྲད་པར་ཤོག ཅེས་སོ།། །།

由於殊勝加持之修持法門——〈七句祈請文〉——極為深奧，
乃我祕授之心意究極伏藏。願彼與具足聰智與大悲心之確紀
旺秋[2]相遇。

---

1. 「攝界」一詞，有譯師譯作身體倦怠欲睡，有作身體顫動，差別甚大。此處按藏文直譯
   為攝界，依此處文意脈絡，應是指信心強烈、情緒澎湃時，心識呈現沉滯而不清明的狀
   態。尚請智者鑒察。

2. 確紀旺秋即咕如確旺。

༄༅། །སློབ་དཔོན་སངས་རྒྱས་གཉིས་པའི་གསོལ་འདེབས་ ལེའུ་བདུན་མ་བཞུགས་སོ།

蓮師七品祈請文 [1]

祖古桑波札巴 取藏

༈ ༄༅སྨག་སྨག་ཐུ༔

གུ་རུ་ན་མོ༔

皈依上師。

མེ་པོ་རྟའི་ལོ་རྒྱལ་གྱི་ཟླ་བ། དཔལ་བསམ་ཡས་སུ་ཚོགས་ཀྱི་མཆོད་པ་རྒྱ་ཆེན་པོ་བདང་བའི་དུས་སུ། སློབ་དཔོན་ ཆེན་པོ་བདུ་འབྱུང་གནས་ན། དགེ་སློང་ནམ་མཁའི་སྙིང་པོ་དང་། རྒྱལ་པོ་ཁྲི་སྲོང་ལྡེའུ་བཙན་དང་། མཁའ་འགྲོ་ ཡེ་ཤེས་མཚོ་རྒྱལ་དང་། སྣ་ནམ་རྡོ་རྗེ་བདུད་འཛོམས་དང་། ལྷ་སྲས་མུ་ཁྲི་བཙན་པོ་དང་ཉ་ལྔ་དང་བཅས་པ་ བྱས། རིན་པོ་ཆེའི་མཎྜལ་ཕུལ་ནས་ཞུས་པ། ཀྱེ་སློབ་དཔོན་ཆེན་པོ་ལགས། གསང་སྔགས་ཀྱི་ཚོ་གསུངས་ཐམས་ ཅད་ཀྱི་ནང་ནས་དཀོན་མཆོག་བསྒྲུབ་པ་གལ་ཆེ། དེའི་ནང་ནས་ཀྱང་བླ་མ་ལ་གསོལ་འདེབས་པ་གཙོ་ཆེ་བར་ གསུངས་གདའ་ནས། བདག་ཅག་རྣམས་དང་། འདིན་ཕྱིན་ཆད་ནི། གང་ཟག་ཐ་མལ་པའི་སྐྱོ་ཉོངས་པས། ཚོགས་ཀྱི་ར་མདའ་ཤུན་པས་གསང་སྔགས་ཀྱི་སྲུ་རྣམས་ཀྱི་ཕྱགས་དམ་བསྐུལ་བ། གུ་རུ་ཉིད་ཀྱི་ཕྱིན་རྣམས་འདུག་ པ། དེ་ཐུན་དུ་གསོལ་འདེབས་པ་ལ་ཚོ་ཞུ་ལ་དོ་འདས་ན་ཞིག་བདག་ཅག་དང་ན་འོངས་པའི་སེམས་ ཅན་རྣམས་ལ་སངས་རྒྱས་ཉིད་ཀྱི་གསུངས་བར་ཞུ་ཞེས་ཞུས་པས།

陽火馬年十二月，於吉祥桑耶寺進行廣大薈供時，南開寧波 比丘、赤松德贊國王、耶喜措嘉空行母、納南多傑敦炯以及 穆赤贊布王子五人，頂禮、轉繞蓮花生大阿闍黎，獻上珍寶 曼達後啟白言：「喔！大阿闍黎！一切祕密咒法教中均說守

護三昧耶甚為重要，並說其中又以祈請上師為首要。是故請求佛尊您為吾等及未來有情眾宣說令我等生起淨信、具大加持、使心智愚鈍凡夫藉由詞句之助召喚天尊心意、令上師您的加持注入、於早晚進行祈請之詞少而總集義理的一篇（祈請文）！」

སྐྱོབ་དཔོན་ཆེན་པོས་བཀའ་སྩལ་པ། ཉོན་ཅིག་བོད་ཀྱི་སྐལ་ལྡན་རྣམས། གསང་སྔགས་ཀྱི་ཐེག་པ་འདི་འབྱུང་བ་ནི་དཀོན་ཏེ། སྟོན་པ་སངས་རྒྱས་འོད་སྲུང་ཆེན་པོས་ཆོས་ཀྱི་འཁོར་ལོ་བསྐོར་བའི་དུས་སུ་ཡང་གསང་སྔགས་རྡོ་ རྗེ་ ཐེག་པ་འདི་མ་གསུངས། སངས་རྒྱས་བྱེ་བ་ཕྲག་བརྒྱད་ཅུ་རྩ་བཞིའང་ཀུན་མ་གསུངས། མ་འོངས་པའི་སངས་རྒྱས་རྣམས་ཀྱིས་ཀྱང་གསུང་བར་མི་འགྱུར་རོ། ཅིའི་ཕྱིར་ཞེ་ན། འགྲོ་བ་རྣམས་སྣོད་དུ་མ་གྱུར་པའི་ཕྱིར་རོ། སྔོན་བསྐལ་ པ་ཐོག་མ་བསྐལ་པ་ཀུན་བཀོད་ཅེས་བྱ་བ་བྱུང་བའི་ཚེ། སངས་རྒྱས་སྔོན་བྱུང་གི་རྒྱལ་པོ་ཞེས་བྱ་བའི་བསྟན་ པ་ལ་གསང་སྔགས་རྒྱ་ཆེར་བསྒྲགས་སོ། ད་ལྟར་སངས་རྒྱས་ཤཱཀྱ་ཐུབ་པའི་བསྟན་པ་འདི་ལ་གསང་སྔགས་ཕྱིར་ པོ། དེ་སྟེ་བསྐལ་པ་བྱེ་བ་འདས་པའི་འོག་ཏུ་བསྐལ་པ་ལ་མེ་ཏོག་བཀོད་པ་ཞེས་བྱ་བ་འབྱུང་བའི་ཚེ། སངས་རྒྱས་ འཇམ་དཔལ་འབྱུང་ཞེས་བྱ་བ་ད་ལྟའི་ང་དང་ཚུལ་མཐུན་པ་ཞིག་འབྱུང་སྟེ། དེས་གསང་སྔགས་རྒྱ་ཆེར་སྟོན་ པར་འགྱུར་རོ། བསྐལ་པ་དེ་གསུམ་ནི་འགྲོ་བ་རྣམས་སྣོད་དུ་རུང་བའི་ཕྱིར་རོ། བསྐལ་པ་དེ་གསུམ་མ་ཡིན་པ་དུས་ ནམ་ཡང་གསང་སྔགས་མི་འབྱུང་ངོ། དེ་བས་ན་བསྟན་པ་འདི་ལ་དལ་འབྱོར་གྱི་མི་ལུས་ཐོབ། གསང་སྔགས་ཀྱི་ སྒོར་ཞུགས་པ་རྣམས་ནི་ལེ་ལོ་དང་བདག་མེད་སྤྱོམས་ཀྱི་དབང་དུ་མ་སོང་ན་གལ་ཆེ། དགའ་གསང་སྔགས་ཉམས་སུ་ལེན་ པ་ལ་དགོས་པའི་ཆོས་བཞི་བྱ་བ་ཆ་དགོས། དེ་ལ་ཚན་ན་དང་ཚིག་ཉམས་ཏེ་འཁོར་བར་འཁྱམས་ངས། འཕ་ སོ་དང་སྦྱང་ངས། དེ་ཉིད་ཕྱིར་ཞེ་ན། དུས་གསུམ་ཀྱི་སངས་རྒྱས་རྣམས་ཀྱི་ཀུན་ཉོན་མོངས་པ་རང་རྒྱུད་དུ་བྱུང་ བས་བྱང་ཆུབ་ཐོབ་པར་མ་གསུངས་སོ།

大阿闍黎言：「諦聽！西藏有緣眾！此密咒乘現世乃稀貴也。往昔大迦葉佛轉法輪時亦無宣說此密咒金剛乘。八十四俱胝佛亦無宣說。未來諸佛亦不會宣說。何以故？因諸眾生不成法器也。往昔在名為『一切莊嚴』之初劫時期，於過去王佛之教法中，密咒發揚廣大；現在於此釋迦牟尼佛之教法中，密咒又現。此後千萬劫後，名為『華嚴』之劫出現時，如現在的我一般之文殊師利佛將出現，廣大宣說密咒。此乃因彼三劫之眾生們堪為法器之故。除彼三劫之外，任何時期亦無密咒現世。是故於此教法得暇滿人身、入密咒門者，不淪於懈怠和漠視甚為重要。現在為了實修密咒，當完備所謂的『四

所需法』。若不完備，三昧耶將衰，必定漂泊輪迴，必定墮入惡趣。何以故？三世諸佛亦未說恣行煩惱可得菩提。」

དགོས་པའི་ཆོས་པ་བཞི་ནི། སྒོ་གསུམ་ཐ་མལ་དུ་འཆོར་བ་ལ་འཁྲི་བ་བཅད་ཐབས་སུ་གཏོང་པའི་གདམས་ངག
དགོས། ཉོན་མོངས་དུག་ལྔ་སྟོབས་ཆེ་ན། དུག་ལྔ་རང་གྲོལ་དུ། ཤེས་པའི་གདམས་ངག་དགོས། འདུ་འཛི་གཡེང་བའི་
དབང་དུ་སོང་ན། རེ་དོགས་བར་ཆད་དུ། ཤེས་པའི་གདམས་ངག་དགོས། དམ་ཚིག་གཙང་མ་བསྲུང་བ་ལ། སྐྱེ་
བུས་གཞུ་འགེངས་པ་ལྟ་བུའི་གདམས་ངག་དགོས། ད་ཡང་གསང་སྔགས་ཀྱི་ཐེག་པ་ནི་ཨུ་དུསྦྲ་བའི་མེ་ཏོག་ལྟ་བུ་
སྟེ་འབྱུང་བར་མི་འགྱུར། གལ་ཏེ་འབྱུང་ཡང་ཡུན་དུ་མི་གནས་སོ། དེ་ནི་འགྲོ་བ་རྣམས་སྣོད་དུ་མ་གྱུར་པའི་ཕྱིར་
རོ། ད་ཁྱེད་རྒྱལ་པོས་དབུ་མཛད་པ་རྣམས་ཉོན་ཅིག བསྟན་པ་འདི་ལ་དལ་འབྱོར་གྱི་མི་ལུས་ཐོབ། གསང་སྔགས་
ཀྱི་སྒོར་ཞུགས། ཚེ་འདི་ལ་བྱང་ཆུབ་ཐོབ་པར་འདོད་པ་རྣམས་ཀྱིས། རྩ་བ་དང་ཡན་ལག་གི་དུག་དང་འཕྲད་པ་ལྟ་བུའོ། ཆ་དགོས་
བསྲུང་བ་ལ་དང་དང་བརྩོན་འགྲུས། ཤེས་རབ་གསུམ་ཚང་དགོས། དད་པ་མེད་ན་གསང་སྔགས་ཀྱི་སྣོད་དུ་མི་
རུང། བརྩོན་འགྲུས་མེད་ན་ལེ་ལོ་ཅན་ཐ་མལ་དུ་འཆོར། ཤེས་རབ་མེད་ན་གསང་སྔགས་ཀྱི་ལྟ་སྤྱོད་ཟབ་མོ་དབྱེ་མི་
ཤེས། གསང་སྔགས་ནི་དད་འགྲོ་དང་གུས་ཅན་གྱི་དོན་དུ་སྐྱོན་པ་ཡིན་ཏེ། ཡང་རང་ལ་གསང་སྔགས་སྟོན་པའི་བླ་མ་
དེ་སངས་རྒྱས་དངོས་སུ་ཤེས་པར་གསོལ་བ་འདི་ལྟར་ཐོབ་ཅིག་གསུངས་སོ།

「四所需法為：需有強力斬斷三門落入凡庸纏縛之口訣；若五毒煩惱勢力旺盛，需有了知五毒自解脫之口訣；若遭喧囂散亂所轉，需有了知希懼乃障礙之口訣；為清淨守持三昧耶，需有如人拉弓之口訣。復次，密咒乘如烏冬芭拉花一般不會出現。即使出現，亦不會長久留駐。此係眾生非法器之故也。現在，以國王為首之眾人諦聽！於此教法得暇滿人身、入密咒之門、希求於此生得菩提者，清淨守持根本與支分三昧耶甚為重要。若不守持，則如欲尋維生之藥，反遇觸即亡命的毒物一般。守三昧耶需完備信心、精進及智慧三者。若無信心則不堪為密咒法器；若無精進則淪為懈怠凡庸；若無智慧則不知區辨密咒甚深見、行。密咒乃為利益具信心和虔敬者生而出現。當了知為自己宣說密咒之上師乃是真佛，以此如是祈請之。」

---

1. 此祈請文篇名直譯為「阿闍黎第二佛之七品祈請文」。

第一品 · 三身祈請文 [1]

ཨེ་མ་ཧོ། སྤྲོས་བྲལ་ཆོས་ཀྱི་དབྱིངས་ཀྱི་ཞིང་ཁམས་སུ།།

埃瑪后！卓徹卻己音己辛堪素
甚希奇！遠離戲論法界之淨土

ཆོས་ཉིད་དུས་གསུམ་སྐྱེ་འགག་མེད་པའི་ངང་།།

卻尼圖松根嘎美貝昂
法性無有三時生滅中

བྱ་བྲལ་ལྷུན་རྫོགས་བདེ་བ་ཆེན་པོའི་སྐུ།།

恰徹倫奏德瓦千波固
無為任運圓成大樂身

ནམ་མཁའ་བཞིན་དུ་ཕྱོགས་རེ་ཕྱོགས་རིས་མེད།།

南卡辛圖圖傑秋日美
如同虛空大悲無偏私

བླ་མ་ཆོས་ཀྱི་སྐུ་ལ་གསོལ་བ་འདེབས།།

喇嘛卻己固拉梭瓦德
至誠祈請上師之法身

ཨོ་རྒྱན་པདྨ་འབྱུང་གནས་ལ་གསོལ་བ་འདེབས༎

歐根貝瑪炯內拉梭瓦德
至誠祈請烏金蓮花生尊

བདེ་ཆེན་ལྷུན་གྱིས་གྲུབ་པའི་ཞིང་ཁམས་སུ༎

德千倫己竹貝辛堪素
大樂任運而成淨土中

སྐུ་གསུང་ཐུགས་དང་ཡོན་ཏན་ཕྲིན་ལས་ཀྱི༎

固松圖堂元登成雷己
身語意及功德事業之

ཡེ་ཤེས་ལྔ་ལྡན་བདེ་བར་གཤེགས་པའི་སྐུ༎

耶謝阿登德瓦謝北固
五智皆具善逝如來身

ཐུགས་རྗེའི་རྗེ་བྲག་སྣ་ཚོགས་སོ་སོར་སྟོན༎

圖傑切札那湊搜搜敦
大悲紛呈顯現個別相

བླ་མ་ལོངས་སྤྱོད་རྫོགས་སྐུ་ལ་གསོལ་བ་འདེབས༎

喇嘛隆決奏固拉梭瓦德
至誠祈請上師圓滿報身

ཨོ་རྒྱན་པདྨ་འབྱུང་གནས་ལ་གསོལ་བ་འདེབས།།

歐根貝瑪炯內拉梭瓦德
至誠祈請烏金蓮花生尊

མི་མཇེད་འཇིག་རྟེན་དག་པའི་ཞིང་ཁམས་སུ།།

米傑己登塔貝辛堪素
娑婆世界清淨剎土中

ཐུགས་རྗེ་ཆེན་པོས་འགྲོ་བའི་དོན་ལ་བྱོན།།

圖傑千波周威屯拉全
您依大悲為利眾而來

གང་ལ་གང་འདུལ་ཐབས་ཀྱིས་འགྲོ་དོན་མཛད།།

康拉康度塔己周屯則
隨機應化方便利眾生

འདས་དང་མ་བྱོན་ད་ལྟ་དུས་གསུམ་གྱི།།

德堂瑪全塔達圖松己
祈請過去未來現在之

བླ་མ་སྤྲུལ་པའི་སྐུ་ལ་གསོལ་བ་འདེབས།།

喇嘛珠貝固拉梭瓦德
三世上師所顯幻化身

ཨོ་རྒྱན་པདྨ་འབྱུང་གནས་ལ་གསོལ་བ་འདེབས།།

歐根貝瑪炯內拉梭瓦德
至誠祈請烏金蓮花生尊

ཁ་སྐོང་བརྒྱུད་འདེབས་ནི།

增補傳承祈請文：

ཆོས་སྐུ་ཀུན་ཏུ་བཟང་པོ་ལ་གསོལ་བ་འདེབས།།

卻固袞度桑波拉梭瓦德
至誠祈請法身普賢王佛

ལོངས་སྐུ་རྒྱལ་བ་རིགས་ལྔ་ལ་གསོལ་བ་འདེབས།།

隆固給瓦日阿拉梭瓦德
至誠祈請報身五方勝佛

སྤྲུལ་སྐུ་རིགས་གསུམ་མགོན་པོ་ལ་གསོལ་བ་འདེབས།།

珠固日松袞波拉梭瓦德
至誠祈請化身三部怙主

ཡང་སྤྲུལ་དགའ་རབ་རྡོ་རྗེ་ལ་གསོལ་བ་འདེབས།།

揚珠噶葱斗節拉梭瓦德
祈請再幻化身極喜金剛

036

སློབ་དཔོན་འཇམ་དཔལ་བཤེས་གཉེན་ལ་གསོལ་བ་འདེབས།།

樓奔蔣貝謝年拉梭瓦德
至誠祈請文殊友阿闍黎

རིག་འཛིན་སྲི་སིཾ་ཧ་ལ་གསོལ་བ་འདེབས།།

仁增師利森哈拉梭瓦德
至誠祈請持明師利星哈

པཎ་ཆེན་བི་མ་མི་ཏྲ་ལ་གསོལ་བ་འདེབས།།

班千卑瑪密札拉梭瓦德
祈請大班智達卑瑪密札

རྒྱལ་སྲས་པདྨ་འབྱུང་གནས་ལ་གསོལ་བ་འདེབས།།

給瑟貝瑪炯內拉梭瓦德
至誠祈請佛子蓮花生尊

ཆོས་རྒྱལ་ཁྲི་སྲོང་ལྡེའུ་བཙན་ལ་གསོལ་བ་འདེབས།།

卻給赤松德贊拉梭瓦德
至誠祈請赤松德贊法王

མཁའ་འགྲོ་ཡེ་ཤེས་མཚོ་རྒྱལ་ལ་གསོལ་བ་འདེབས།།

康周耶謝湊給拉梭瓦德
至誠祈請耶喜措嘉空行

དགེ་སློང་ནམ་མཁའི་སྙིང་པོ་ལ་གསོལ་བ་འདེབས།།

給隆南開寧波拉梭瓦德
至誠祈請南開寧波比丘

སྣ་ནམ་རྡོ་རྗེ་བདུད་འཇོམས་ལ་གསོལ་བ་འདེབས།།

納南斗節敦炯拉梭瓦德
至誠祈請納南多傑敦炯

ལྷ་སྲས་མུ་ཁྲི་བཙན་པོ་ལ་གསོལ་བ་འདེབས།།

哈瑟穆赤贊波拉梭瓦德
至誠祈請穆赤贊布王子

སྤྲུལ་སྐུ་བཟང་པོ་གྲགས་པ་ལ་གསོལ་བ་འདེབས།།

珠固桑波札巴拉梭瓦德
至誠祈請祖古桑波札巴

རིག་འཛིན་དངོས་གྲུབ་རྒྱལ་མཚན་ལ་གསོལ་བ་འདེབས།།

仁增沃竹蔣參拉梭瓦德
至誠祈請持明沃竹蔣參

ཀུན་སྤངས་དོན་ཡོད་རྒྱལ་མཚན་ལ་གསོལ་བ་འདེབས།།

袞棒屯月蔣參拉梭瓦德
至誠祈請盡斷屯月蔣參

བརྒྱུད་འཛིན་བསོད་ནམས་མཆོག་བཟང་ལ་གསོལ་བ་འདེབས།།

局增索南秋桑拉梭瓦德

祈請執持傳承索南秋桑

གྲུབ་ཆེན་ཐང་སྟོང་རྒྱལ་པོ་ལ་གསོལ་བ་འདེབས།།

竹千唐東給波拉梭瓦德

祈請大成就者唐東嘉波

མཚུངས་མེད་དངོས་གྲུབ་དཔལ་ལྡན་ལ་གསོལ་བ་འདེབས།།

聰美沃竹班登拉梭瓦德

至誠祈請無比沃竹班登

དྲིན་ཅན་ཀུན་དགའ་བཟང་པོ་ལ་གསོལ་བ་འདེབས།།

真千貢噶桑波拉梭瓦德

至誠祈請大恩貢噶桑波

མི་འགྱུར་ལས་འཕྲོ་གླིང་པ་ལ་གསོལ་བ་འདེབས།།

敏久雷綢林巴拉梭瓦德

至誠祈請不變雷綢林巴

རྒྱལ་དབང་རིན་ཆེན་ཕུན་ཚོགས་ལ་གསོལ་བ་འདེབས།།

給旺仁千彭湊拉梭瓦德

至誠祈請給旺仁千彭措

སྤྲུལ་སྐུ་ནམ་མཁའ་རྒྱལ་མཚན་ལ་གསོལ་བ་འདེབས།།

珠固南卡嘉慶拉梭瓦德

至誠祈請化身南卡嘉慶

མཁས་གྲུབ་མདོ་སྔགས་བསྟན་འཛིན་ལ་གསོལ་བ་འདེབས།།

克竹斗阿丹增拉梭瓦德

至誠祈請克竹朵阿丹增

རིག་འཛིན་ཕྲིན་ལས་ལྷུན་གྲུབ་ལ་གསོལ་བ་འདེབས།།

仁增稱雷倫珠拉梭瓦德

至誠祈請持明稱雷倫竹

ཆོས་རྒྱལ་གཏེར་བདག་གླིང་པ་ལ་གསོལ་བ་འདེབས།།

卻給德達林巴拉梭瓦德

至誠祈請德達林巴法王

དུས་གསུམ་རྩ་བརྒྱུད་བླ་མ་ལ་གསོལ་བ་འདེབས།།

圖松匝局喇嘛拉梭瓦德

祈請三世根本傳承上師

དྲིན་ཅན་རྩ་བའི་བླ་མ་ལ་གསོལ་བ་འདེབས།།

真千匝威喇嘛拉梭瓦德

至誠祈請大恩根本上師

ཡི་དམ་སྒྲུབ་ཆེན་བཀའ་བརྒྱད་ལ་གསོལ་བ་འདེབས།།

以單竹千嘎給拉梭瓦德
祈請本尊大修八大法行

མ་མོ་མཁའ་འགྲོའི་ལྷ་ཚོགས་ལ་གསོལ་བ་འདེབས།།

瑪嫫康卓哈湊拉梭瓦德
祈請瑪嫫空行之天尊眾

ཆོས་སྐྱོང་མ་མགོན་ལྕམ་དྲལ་ལ་གསོལ་བ་འདེབས།།

卻炯瑪袞江哲拉梭瓦德
祈請怙主護法父母眾尊

འདི་ཕྱི་བར་དོ་གསུམ་དུ་བྱིན་གྱིས་རློབས།།

迪企帕斗松圖琴己樓
此世來生中陰賜加持

འཁོར་བ་སྡུག་བསྔལ་གྱི་རྒྱ་མཚོ་ལས་བསྒྲལ་དུ་གསོལ།།

扣瓦堵俄己蔣湊雷哲土梭
祈請從輪迴痛苦大海救度

སྐྱེ་མེད་སྙིང་པོ་སྦོན་པར་བྱིན་གྱིས་རློབས།།

給美寧波倫巴琴己樓
加持得獲無生之心要

> མཆོག་དང་ཐུན་མོང་དངོས་གྲུབ་སྩལ་དུ་གསོལ།།

秋堂屯孟沃竹則圖梭

祈賜殊勝共同二悉地

> ཨོ་རྒྱན་པདྨ་འབྱུང་གནས་ལ་གསོལ་བ་འདེབས་སོ།།

歐根貝瑪炯內拉梭瓦德搜

至誠祈請烏金蓮花生大士 [2]

> དེ་ལྟར་རྒྱུན་ཆད་མེད་པར་གསོལ་བ་ཐོབ། ཅེས་གསུངས་སོ།

蓮師云：「如是無間斷地祈請之。」

---

1. 〈七品祈請文〉原文中並沒有標註每品品數和標題，此處係為令讀者閱讀方便而標記。一般在藏人之間提及〈七品祈請文〉某一品，亦不會以「第一品」「第二品」等來指稱某一特定章節，如此指稱對於溝通亦無實質幫助。若要特別討論某一品，藏人會直接引用該品內容詞句。

2. 大多版本無此句。此處依多芒揚唐仁波切之口訣增補加入。仁波切在 2014 年於錫金古剎貝瑪揚澤寺主持「七品祈請文十萬遍唸誦法會」時開示提到，除了第三品之外，每一品都應以 ཨོ་རྒྱན་པདྨ་འབྱུང་གནས་ལ་གསོལ་བ་འདེབས་སོ།（歐根貝瑪炯內拉梭瓦德搜／至誠祈請烏金蓮花生大士）作結；第三品後段為迎請蓮師等主尊前來，既然已經迎來，故不需再以此句作結。

第二品 · 赤松德贊國王所請求之祈請文

དེ་ནས་རྒྱལ་པོ་ཁྲི་སྲོང་ལྡེའུ་བཙན་གྱིས་ཞུས་པ། ཀྱེ་སློབ་དཔོན་ཆེན་པོ་ལགས། བདག་དང་མ་འོངས་པའི་དད་
ཅན་རྣམས་ཀྱི་དོན་དུ། དུས་གསུམ་གྱི་བདེ་བར་གཤེགས་པ་ཐམས་ཅད་ཀྱི་བྱིན་གྱིས་བརླབས་པ། ཚེ་འདིའི་བར་ཆད་
སེལ་བ། ཕྱི་མ་ཕྱག་རྒྱ་ཆེན་པོ་མཆོག་གི་དངོས་གྲུབ་ཐོབ་པ། ནང་རྒྱུན་དུ་གསོལ་བ་འདེབས་པའི་ཆོས་ཤིག་ཞུ་ཞེས་
ཞུས་སོ། གུ་རུའི་ཞལ་ནས། རྒྱལ་པོ་ཆེན་པོ་ལེགས་པར་གསོན་ཅིག་ཅེས་གསུངས་སོ།

爾後，赤松德贊國王啟白言：「喔！大阿闍黎！為了利益我
與未來具信眾，請您宣說三世一切如來所加持、遣除此生障
礙、來生可得大手印殊勝悉地、可供早晚祈請之法門！」蓮
師云：「大王！善自諦聽！」於是宣說：

ཨེ་མ་ཧོ། སངས་རྒྱས་བསྟན་པ་རྨད་བྱུང་བསམ་ཡས་ལ།།

埃瑪后！桑給登巴美穹三耶拉
甚希奇！無量絕妙佛陀聖教中

ཁྱད་པར་འཕགས་པའི་བསྟན་པ་རྣམ་གསུམ་བྱོན།།

克巴帕貝登巴南松全
出現特別殊勝三教法

སངས་རྒྱས་ཤཱཀྱ་ཐུབ་པའི་ཞིང་ཁམས་འདིར།།

桑給夏佳圖北辛堪迪

於此釋迦牟尼淨土中

གསང་སྔགས་རྡོ་རྗེ་ཐེག་པའི་བསྟན་པ་བྱོན།།

桑阿斗節特貝登巴全

出現密咒金剛乘教法

བསྟན་པ་རིན་པོ་ཆེ་ལ་གསོལ་བ་འདེབས།།

登巴仁波切拉梭瓦德

至誠祈請聖教仁波切 [1]

ཨོ་རྒྱན་པདྨ་འབྱུང་གནས་ལ་གསོལ་བ་འདེབས།།

歐根貝瑪炯內拉梭瓦德

至誠祈請烏金蓮花生尊

འོག་མིན་ལྷུན་གྱིས་གྲུབ་པའི་ཕོ་བྲང་དུ།།

偶明倫己竹貝剖章圖

奧明任運而成宮殿中

དུས་གསུམ་བདེ་བར་གཤེགས་པའི་དགོངས་པ་ཡིས།།

圖松德瓦謝貝貢巴以

三世如來善逝之密意

044

མ་ཅུ་རུ་ཏྲ་བཀའ་བསྒོ་ལོག་པ་ལས།།

瑪章如札嘎構樓巴雷
瑪章如札[2]違背佛諭令

འགྲོ་དྲུག་སེམས་ཅན་སྡུག་བསྔལ་ཉམ་ཐག་གཟིགས།།

周竹森間堵俄釀塔斯
觀見六道有情可憐苦

ཐུགས་རྗེ་ངོ་མཚར་ཅན་ལ་གསོལ་བ་འདེབས།།

圖界偶擦間拉梭瓦德
至誠祈請希奇大悲尊

ཨོ་རྒྱན་པདྨ་འབྱུང་གནས་ལ་གསོལ་བ་འདེབས།།

歐根貝瑪炯內拉梭瓦德
至誠祈請烏金蓮花生尊

ལྕང་ལོ་ཅན་གྱི་ཕོ་བྲང་དམ་པ་རུ།།

江樓間己剖章坦巴如
於彼聖妙楊柳宮殿中

དེ་བཞིན་གཤེགས་པ་ཐམས་ཅད་བཀའ་བསྒྲོས་མཛད།།

提辛謝巴壇皆嘎卓則
一切如來善逝共議論

ཞི་རྒྱས་དབང་དྲག་ཕྲིན་ལས་རྣམ་བཞི་ཡིས།།

息給汪札稱雷南息以
藉由息增懷誅四事業

ལོག་པ་བདུད་ཀྱི་བསྟན་པ་འདུལ་བར་མཛད།།

樓巴堵己登巴堵瓦則
降伏邪惡顛倒魔教法

དུས་གསུམ་བདེ་གཤེགས་རྣམས་ལ་གསོལ་བ་འདེབས།།

圖松德謝南拉梭瓦德
至誠祈請三世諸如來

ཨོ་རྒྱན་པདྨ་འབྱུང་གནས་ལ་གསོལ་བ་འདེབས།།

歐根貝瑪炯內拉梭瓦德
至誠祈請烏金蓮花生尊

རི་བོ་མ་ལ་ཡ་གནས་ལྕགས་འབར་བའི་རྩེར།།

日歐瑪拉雅南架巴偉則
熾燃天鐵瑪拉雅山峰上

བདུད་པོ་མ་ཏྲ་ཪུ་དྲག་པོས་བསྒྲལ།།

堵波瑪章如札查波哲
威猛度化瑪章如札魔

སྲིན་མོ་མ་ཚོགས་རྣམས་ལ་སྦྱོར་བ་མཛད།།

森莫瑪湊南拉久瓦則
與羅剎女母尊相結合

གསང་སྔགས་བསྟན་པ་དང་པོ་དེ་ནས་སྟོན།།

桑阿登巴唐波提內全
從此首傳密咒乘教法

གདུལ་བྱ་ཁྱད་པར་ཅན་ལ་གསོལ་བ་འདེབས།།

堵恰克巴間拉梭瓦德
至誠頂禮特殊所化者

ཨོ་རྒྱན་པདྨ་འབྱུང་གནས་ལ་གསོལ་བ་འདེབས།།

歐根貝瑪炯內拉梭瓦德
至誠祈請烏金蓮花生尊

འོག་མིན་ཆོས་ཀྱི་དབྱིངས་ཀྱི་ཕོ་བྲང་དུ།།

偶明卻己音己剖章圖
於彼奧明法界宮殿中

དུས་གསུམ་སྐྱེ་འགག་མེད་པ་ཆོས་ཀྱི་སྐུ།།

圖松根嘎美巴卻己固
無有三時生滅之法身

ཆོས་རྣམས་རྣམ་དག་ཡེ་ནས་ལྷུན་གྱིས་གྲུབ།།

卻南南達耶內倫己竹
諸法純淨本來任運成

སངས་རྒྱས་ཐམས་ཅད་ཐུགས་ལས་བསྐྱེད་པའི་ཡབ།།

桑給壇皆圖雷給貝亞
從諸佛意所生之父尊

ཆོས་སྐུ་ཀུན་ཏུ་བཟང་པོ་ལ་གསོལ་བ་འདེབས།།

卻固袞度桑波拉梭瓦德
至誠祈請法身普賢王佛

ཨོ་རྒྱན་པདྨ་འབྱུང་གནས་ལ་གསོལ་བ་འདེབས།།

歐根貝瑪炯內拉梭瓦德
至誠祈請烏金蓮花生尊

བདེ་ཆེན་ལྷུན་གྱིས་གྲུབ་པའི་ཞིང་ཁམས་སུ།།

德千倫己竹貝辛堪素
大樂任運而成之淨土

གཏི་མུག་རྣམ་དག་ཆོས་དབྱིངས་ཡེ་ཤེས་ངང་།།

帝木南達卻音耶謝昂
愚癡皆淨法界性智中

ཨ་དམ་པར་སྣང་མཛད་ལོངས་སྤྱོད་རྫོགས་པའི་སྐུ།།

南巴囊則隆決走貝固
大日如來圓滿之報身

སྐུ་ཡི་རིགས་མཆོག་རིགས་ཀྱི་འཁོར་གྱིས་བསྐོར།།

固以日秋日己扣己勾
聖身部主彼部眷屬繞

བདུད་རིགས་ཀྱི་ལྷ་ཚོགས་ལ་གསོལ་བ་འདེབས།།

布達日己哈湊拉梭瓦德
至誠祈請佛部之天尊眾

ཨོ་རྒྱན་པདྨ་འབྱུང་གནས་ལ་གསོལ་བ་འདེབས།།

歐根貝瑪炯內拉梭瓦德
至誠祈請烏金蓮花生尊

ཤར་ཕྱོགས་མངོན་པར་དགའ་བའི་ཞིང་ཁམས་སུ།།

夏秋溫巴嘎威辛堪素
於彼東方現喜剎土中

ཞི་སྡང་རྣམ་དག་མེ་ལོང་ཡེ་ཤེས་དང་།།

協當南達美隆耶謝昂
瞋心皆淨大圓鏡智中

ཨོ་རྗེ་སེམས་དཔའ་ལོངས་སྤྱོད་རྫོགས་པའི་སྐུ།།

斗節森巴隆決走貝固
金剛薩埵圓滿之報身

ཕྱགས་ཀྱི་རིགས་མཆོག་རིགས་ཀྱི་འཁོར་གྱིས་བསྐོར།།

圖以日秋日己扣己勾
聖意部主彼部眷屬繞

ཨོ་རྗེ་རིགས་ཀྱི་ལྷ་ཚོགས་ལ་གསོལ་བ་འདེབས།།

斗節日己哈湊拉梭瓦德
至誠祈請金剛部天尊眾

ཨོ་རྒྱན་པདྨ་འབྱུང་གནས་ལ་གསོལ་བ་འདེབས།།

歐根貝瑪炯內拉梭瓦德
至誠祈請烏金蓮花生尊

ལྷོ་ཕྱོགས་དཔལ་ལྡན་མཛེས་པའི་ཞིང་ཁམས་སུ།།

后秋班登則北辛堪素
南方美妙具德淨土中

ང་རྒྱལ་རྣམ་དག་མཉམ་ཉིད་ཡེ་ཤེས་ངང་།།

阿給南達釀尼耶謝昂
我慢皆淨平等性智中

རིན་ཆེན་འབྱུང་གནས་ལོངས་སྤྱོད་རྫོགས་པའི་སྐུ།།

仁千炯內隆決走貝固

寶生如來圓滿之報身

ཡོན་ཏན་རིགས་མཆོག་རིགས་ཀྱི་འཁོར་ཀྱིས་བསྐོར།།

元登日秋日己扣己勾

功德部主彼部眷屬繞

རིན་ཆེན་རིགས་ཀྱི་ལྷ་ཚོགས་ལ་གསོལ་བ་འདེབས།།

仁千日己哈湊拉梭瓦德

至誠祈請珍寶部天尊眾

ཨོ་རྒྱན་པདྨ་འབྱུང་གནས་ལ་གསོལ་བ་འདེབས།།

歐根貝瑪炯內拉梭瓦德

至誠祈請烏金蓮花生尊

ནུབ་ཕྱོགས་བདེ་བ་ཅན་གྱི་ཞིང་ཁམས་སུ།།

努秋德瓦間己辛堪素

於彼西方極樂世界中

འདོད་ཆགས་རྣམ་དག་སོར་རྟོག་ཡེ་ཤེས་དང་།།

對恰南達搜鬥耶謝昂

貪欲皆淨妙觀察智中

སྣང་བ་མཐའ་ཡས་ལོངས་སྐུད་རྫོགས་པའི་སྐུ།།

囊瓦塔耶隆決走貝固
阿彌陀佛圓滿之報身

གསུང་གི་རིགས་མཆོག་རིགས་ཀྱི་འཁོར་གྱིས་བསྐོར།།

松以日秋日己扣己勾
聖語部主彼部眷屬繞

པདྨ་རིགས་ཀྱི་ལྷ་ཚོགས་ལ་གསོལ་བ་འདེབས།།

貝瑪日己哈湊拉梭瓦德
至誠祈請蓮花部天尊眾

ཨོ་རྒྱན་པདྨ་འབྱུང་གནས་ལ་གསོལ་བ་འདེབས།།

歐根貝瑪炯內拉梭瓦德
至誠祈請烏金蓮花生尊

བྱང་ཕྱོགས་ལས་རབ་རྫོགས་པའི་ཞིང་ཁམས་སུ།།

強秋雷惹走貝辛堪素
於彼北方勝業剎土中

ཕྲག་དོག་རྣམ་དག་བྱ་གྲུབ་ཡེ་ཤེས་ངང་།།

查斗南達恰竹耶謝昂
嫉妒皆淨成所作智中

དོན་ཡོད་གྲུབ་པ་ལོངས་སྤྱོད་རྫོགས་པའི་སྐུ།།

屯月竹巴隆決走北固
不空成就佛圓滿報身

ཕྲིན་ལས་རིགས་མཆོག་རིགས་ཀྱི་འཁོར་གྱིས་བསྐོར།།

稱雷日秋日己扣己勾
事業部主彼部眷屬繞

ཀཱ་རི་རིགས་ཀྱི་ལྷ་ཚོགས་ལ་གསོལ་བ་འདེབས།།

嘎瑪日己哈湊拉梭瓦德
至誠祈請業部之天尊眾

ཨོ་རྒྱན་པདྨ་འབྱུང་གནས་ལ་གསོལ་བ་འདེབས།།

歐根貝瑪炯內拉梭瓦德
至誠祈請烏金蓮花生尊

ཆོས་དབྱིངས་རོལ་པའི་གཞལ་ཡས་ཆེན་པོ་ན།།

卻音若北協耶千波納
法界遊戲大越量宮中

ཉོན་མོངས་དུག་ལྔ་བཞིས་པའི་གདན་སྟེང་དུ།།

紐孟堵俄自北登登圖
輾壓五毒煩惱之墊上

ཁྲོ་བོའི་རྒྱལ་པོ་ཆེ་མཆོག་ཧེ་རུ་ཀ །

抽歐給波千秋嘿如嘎

忿怒王尊大勝嘿如嘎

རིགས་ལྔ་བདེ་གཤེགས་འདུས་པའི་འཁོར་གྱིས་བསྐོར། །

日阿德謝堵貝扣己勾

五部如來總集眷屬繞

ཀུན་བཟང་ཧེ་རུ་ཀའི་ལྷ་ཚོགས་ལ་གསོལ་བ་འདེབས། །

袞桑嘿如給哈湊拉梭瓦德

祈請普賢嘿如嘎之天尊眾

ཨོ་རྒྱན་པདྨ་འབྱུང་གནས་ལ་གསོལ་བ་འདེབས། །

歐根貝瑪炯內拉梭瓦德

至誠祈請烏金蓮花生尊

ཕྱགས་རྗེ་རོལ་པའི་གཞལ་ཡས་ཆེན་པོ་ན། །

圖界若北協耶千波納

大悲遊戲大越量宮中

མ་བདུད་རེགས་པ་བརྫིས་པའི་གདན་སྟེང་དུༀ

瑪堵哲巴自北登登圖

輾壓傲慢女魔之墊上

མངོན་རྫོགས་རྒྱལ་པོ་ཆེ་མཆོག་ཉི་རུ་ཀ།

溫奏給波千秋嘿如嘎

現圓之王大勝嘿如嘎

ཡེ་ཤེས་ལས་གྲུབ་མ་མོའི་འཁོར་གྱིས་བསྐོར།

耶謝雷竹瑪嫫扣己勾

智慧事業媽嫫眷屬繞

ཆེ་མཆོག་མ་མོའི་ལྷ་ཚོགས་ལ་གསོལ་བ་འདེབས།

千秋瑪嫫哈湊拉梭瓦德

祈請大勝媽嫫之天尊眾

ཨོ་རྒྱན་པདྨ་འབྱུང་གནས་ལ་གསོལ་བ་འདེབས།

歐根貝瑪炯內拉梭瓦德

至誠祈請烏金蓮花生尊

མཐིང་ནག་གྲུ་གསུམ་འབར་བའི་གཞལ་ཡས་ན།

亭納出松巴威協耶納

深藍三角熾燃越量宮

མ་ཏུ་ར་ད་བཟིས་པའི་གདན་སྟེང་དུ།

瑪章如札自北登登圖

輾壓瑪章如札之墊上

ཐུགས་ཀྱི་བདག་ཉིད་བཛྲ་ཧེ་རུ་ཀ །

圖己達尼班匝嘿如嘎

意之體性金剛嘿如嘎

ཁྲག་འཐུང་ཁྲོ་བོ་འབར་བའི་འཁོར་གྱིས་བསྐོར། །

查同綢歐巴威扣己勾

熾燃飲血忿尊眷屬繞

དཔལ་ཆེན་ཧེ་རུ་ཀའི་ལྷ་ཚོགས་ལ་གསོལ་བ་འདེབས། །

巴千嘿如給哈湊拉梭瓦德

祈請大威聖嘿如嘎天尊眾 [3]

ཨོ་རྒྱན་པདྨ་འབྱུང་གནས་ལ་གསོལ་བ་འདེབས། །

歐根貝瑪炯內拉梭瓦德

至誠祈請烏金蓮花生尊

མཐིང་ནག་ཨེ་ལས་དྲག་པོའི་གཞལ་ཡས་ན། །

亭納埃雷查波協耶納

深藍「埃」生威猛越量宮

གཤིན་རྗེ་ཆུ་གླང་བཞིས་པའི་གདན་སྟེང་དུ། །

辛界去朗自北登登圖

踩壓閻魔水牛之墊上

འཇམ་དཔལ་ཡ་མནྟ་ཀ་གཤིན་རྗེའི་གཤེད།།

蔣貝亞曼達嘎辛界謝
文殊亞曼達嘎閻魔敵 [4]

གཤེད་པོ་ཁྲོ་བོ་རྗེགས་པའི་འཁོར་གྱིས་བསྐོར།།

謝波綢歐哲北扣己勾
驕慢忿怒屠夫眷屬繞

གཤིན་རྗེ་གཤེད་པོའི་ལྷ་ཚོགས་ལ་གསོལ་བ་འདེབས།།

辛界謝波哈湊拉梭瓦德
至誠祈請閻魔敵天尊眾

ཨོ་རྒྱན་པདྨ་འབྱུང་གནས་ལ་གསོལ་བ་འདེབས།།

歐根貝瑪炯內拉梭瓦德
至誠祈請烏金蓮花生尊

དམར་ནག་གྲུ་གསུམ་དབང་གི་གཞལ་ཡས་ན།།

瑪納出松汪己協耶納
深紅三角懷攝越量宮

བདུད་ནག་པོ་མོ་བཟིས་པའི་གདན་སྟེང་དུ།།

堵納剖莫自北登登圖
踩壓男女黑魔之墊上

དབང་གི་རྒྱལ་པོ་པདྨ་ཧེ་རུ་ཀ།།

汪己給波貝瑪嘿如嘎
懷攝之王蓮花嘿如嘎 [5]

པདྨ་རིགས་ཀྱི་ཁྲོ་བོ་རྣམས་ཀྱིས་བསྐོར།།

貝瑪日己綢歐南己勾
蓮花部之忿尊眾圍繞

ཏ་མྒྲིན་དབང་གི་ལྷ་ཚོགས་ལ་གསོལ་བ་འདེབས།།

單真汪己哈湊拉梭瓦德
祈請馬頭明王懷攝天眾

ཨོ་རྒྱན་པདྨ་འབྱུང་གནས་ལ་གསོལ་བ་འདེབས།།

歐根貝瑪炯內拉梭瓦德
至誠祈請烏金蓮花生尊

བསྐལ་པ་མེ་ལྟར་འབར་བའི་གཞལ་ཡས་ན།།

給巴美達巴威協耶納
如同劫火熾燃越量宮

པོ་བདུད་དྲེགས་པ་བརྫིས་པའི་གདན་སྟེང་དུ།།

剖堵哲巴自北登登圖
踩壓驕慢男魔之墊上

དཔལ་ཆེན་རྡོ་རྗེ་གཞོན་ནུ་དཔའ་བོའི་སྐུ།།

巴千斗節玄努巴威固
大威金剛童子勇士身⁶

བདུད་འདུལ་ཁྲོ་བཅུ་ཁ་ཐབས་འཁོར་གྱིས་བསྐོར།།

堵度綱句查塔扣己勾
降魔十忿怒尊眷屬繞

རྡོ་རྗེ་ཕུར་པའི་ལྷ་ཚོགས་ལ་གསོལ་བ་འདེབས།།

斗節菩貝哈湊拉梭瓦德
祈請普巴金剛之天尊眾

ཨོ་རྒྱན་པདྨ་འབྱུང་གནས་ལ་གསོལ་བ་འདེབས།།

歐根貝瑪炯內拉梭瓦德
至誠祈請烏金蓮花生尊

པདྨ་དབང་གི་གཞལ་ཡས་ཆེན་པོ་ན།།

貝瑪汪己協耶千波納
蓮花懷攝廣大越量宮

མ་ཆགས་པདྨ་འབར་བའི་གདན་སྟེང་དུ།།

瑪恰貝瑪巴威登登圖
無貪熾燃蓮花之墊上

059

བཅོམ་ལྡན་མགོན་པོ་ཡེ་ཤེས་ཚེ་དཔག་མེད།།

炯登貢波耶謝策巴美
世尊怙主智慧長壽佛 [7]

འཆི་མེད་ཚེ་ཡི་ལྷ་ཚོགས་རྣམས་ཀྱིས་བསྐོར།།

企美策以哈湊南己勾
無死長壽天尊眾圍繞

རྡོ་རྗེ་ཚེ་ཡི་ལྷ་ཚོགས་ལ་གསོལ་བ་འདེབས།།

斗節策以哈湊拉梭瓦德
祈請金剛長壽之天尊眾

ཨོ་རྒྱན་པདྨ་འབྱུང་གནས་ལ་གསོལ་བ་འདེབས།།

歐根貝瑪炯內拉梭瓦德
至誠祈請烏金蓮花生尊

དུར་ཁྲོད་རྣམ་བཞིད་རོལ་པའི་གཞལ་ཡས་ན།།

圖垂昂吉若貝協耶納
威嚴屍林遊戲越量宮

ཏི་ར་གན་རྒྱལ་བརྫིས་པའི་གདན་སྟེང་དུ།།

帝惹根給自北登登圖
踩壓仰臥帝惹之墊上

ཡུམ་ཆེན་ཁྲོ་མོ་རྡོ་རྗེ་ཕག་མོའི་སྐུ།།

雲千綢莫斗節帕莫固

忿尊金剛亥母大佛母

མ་མོ་མཁའ་འགྲོ་ལྷ་ཚོགས་འཁོར་གྱིས་བསྐོར།།

瑪莫康周哈湊扣己勾

媽嬤空行天尊眾圍繞

རྡོ་རྗེ་རྣལ་འབྱོར་མའི་ལྷ་ཚོགས་ལ་གསོལ་བ་འདེབས།།

斗節南究美哈湊拉梭瓦德

祈請金剛瑜伽女天尊眾

ཨོ་རྒྱན་པདྨ་འབྱུང་གནས་ལ་གསོལ་བ་འདེབས།།

歐根貝瑪炯內拉梭瓦德

至誠祈請烏金蓮花生尊

རྒྱ་གར་རྡོ་རྗེ་གདན་གྱི་ཕོ་བྲང་དུ།།

佳嘎斗節登己剖章圖

印度金剛座之宮殿中

རྒྱུ་འབྲས་བདེན་པས་འགྲོ་བའི་དོན་མཛད་ཅིང་།།

均哲登貝周威屯則金

以因果諦行使利眾事

སྡེ་སྣོད་གསུམ་གྱི་བསྟན་པའི་རྒྱལ་མཚན་བཙུགས།།

登諾松己登貝根參租
豎立三藏教法之勝幢

ཉན་ཐོས་བྱང་ཆུབ་སེམས་དཔའི་འཁོར་གྱིས་བསྐོར།།

年推強去森貝扣己勾
聲聞菩提薩埵眷屬繞

སྤྲུལ་སྐུ་ཤཱཀྱ་ཐུབ་པ་ལ་གསོལ་བ་འདེབས།།

珠固夏佳圖巴拉梭瓦德
至誠祈請化身釋迦牟尼

ཨོ་རྒྱན་པདྨ་འབྱུང་གནས་ལ་གསོལ་བ་འདེབས།།

歐根貝瑪炯內拉梭瓦德
至誠祈請烏金蓮花生尊

ཀླུ་ན་ཀོ་ན་ཀླུ་ཡི་ཕོ་བྲང་དུ།།

達納構夏路以剖章圖
達納構夏龍之宮殿中

ཐུགས་རྗེའི་སྟོབས་ཀྱིས་འགྲོ་བའི་དོན་ལ་བྱོན།།

圖傑鬥己周威屯拉全
以大悲力前來利眾生

རྒྱལ་བའི་དགོངས་པས་འགྲོ་དྲུག་རང་གྲོལ་མཛད།།

給威貢貝周竹攘卓則
依佛密意令六道自解

མཁའ་འགྲོ་སྡེ་ལྔ་མ་མོའི་འཁོར་གྱིས་བསྐོར།།

康周德阿瑪莫扣己勾
五部空行媽嫫眷屬繞

སྤྲུལ་སྐུ་དགའ་རབ་རྡོ་རྗེ་ལ་གསོལ་བ་འདེབས།།

珠固嘎惹斗節拉梭瓦德
至誠祈請化身極喜金剛

ཨོ་རྒྱན་པདྨ་འབྱུང་གནས་ལ་གསོལ་བ་འདེབས།།

歐根貝瑪炯內拉梭瓦德
至誠祈請烏金蓮花生尊

རྒྱ་ནག་རི་བོ་རྩེ་ལྔའི་ཕོ་བྲང་དུ།།

佳納日歐則俄剖章圖
中國五台山之宮殿中

སངས་རྒྱས་སྐུ་ཡི་སྤྲུལ་པ་འཇམ་དཔལ་དབྱངས།།

桑給固以珠巴蔣貝揚
諸佛身之幻化文殊尊

063

སྟེང་འོག་ཕྱོགས་བཞིར་སྐུ་ཡིས་འགྲོ་དོན་མཛད།།

登偶秋息固以周屯則
上下四方以身利眾生

སྐུ་ཡི་བྱང་ཆུབ་སེམས་དཔའི་འཁོར་གྱིས་བསྐོར།།

固以強去森貝扣己勾
身之菩提薩埵眷屬繞

འཕགས་པ་འཇམ་དཔལ་གྱི་ལྷ་ཚོགས་ལ་གསོལ་བ་འདེབས།།

帕巴蔣貝己哈湊拉梭瓦德
祈請聖文殊師利之天尊眾

ཨོ་རྒྱན་པདྨ་འབྱུང་གནས་ལ་གསོལ་བ་འདེབས།།

歐根貝瑪炯內拉梭瓦德
至誠祈請烏金蓮花生尊

གནས་ཆེན་རི་བོ་ཏ་ལའི་ཕོ་བྲང་དུ།།

內千日歐達雷剖章圖
普陀山宮大聖地之中

སངས་རྒྱས་གསུང་གི་སྤྲུལ་པ་སྤྱན་རས་གཟིགས།།

桑給松己珠巴間惹思
諸佛語之幻化觀世音

སྟེང་འོག་ཕྱོགས་བཞིར་གསུང་གིས་འགྲོ་དོན་མཛད།།

登偶秋息松己周屯則
上下四方以語利眾生

གསུང་གི་བྱང་ཆུབ་སེམས་དཔའི་འཁོར་གྱིས་བསྐོར།།

松己強去森貝扣己勾
語之菩提薩埵眷屬繞

སྤྱན་རས་གཟིགས་ཀྱི་ལྷ་ཚོགས་ལ་གསོལ་བ་འདེབས།།

間惹思己哈湊拉梭瓦德
至誠祈請觀世音天尊眾

ཨོ་རྒྱན་པདྨ་འབྱུང་གནས་ལ་གསོལ་བ་འདེབས།།

歐根貝瑪炯內拉梭瓦德
至誠祈請烏金蓮花生尊

གནས་མཆོག་ལྕང་ལོ་ཅན་གྱི་ཕོ་བྲང་དུ།།

內秋江樓間己剖章圖
殊勝聖地楊柳宮殿中

སངས་རྒྱས་ཐུགས་ཀྱི་སྤྲུལ་པ་རྡོ་རྗེ་འཛིན།།

桑給圖己珠巴斗節增
諸佛意之幻化金剛手

སྟེང་འོག་ཕྱོགས་བཞིར་ཐུགས་ཀྱིས་འགྲོ་དོན་མཛད།།

登偶秋息圖己周屯則

上下四方以意利眾生

ཐུགས་ཀྱི་བྱང་ཆུབ་སེམས་དཔའི་འཁོར་ཀྱིས་བསྐོར།།

圖己強去森貝扣己勾

意之菩提薩埵眷屬繞

ཕྱག་ན་རྡོ་རྗེའི་ལྷ་ཚོགས་ལ་གསོལ་བ་འདེབས།།

恰納斗節哈湊拉梭瓦德

至誠祈請金剛手天尊眾

ཨོ་རྒྱན་པདྨ་འབྱུང་གནས་ལ་གསོལ་བ་འདེབས།།

歐根貝瑪炯內拉梭瓦德

至誠祈請烏金蓮花生尊

སྟེང་ཕྱོགས་རྣམ་པར་རྒྱལ་བའི་ཁང་བཟང་དུ།།

登秋南巴給威康桑圖

上方尊勝賢妙宮宇中

འཕགས་པ་འཇམ་དཔལ་ཐུགས་ཀྱི་དགོངས་པ་ཡིས།།

帕巴蔣貝圖己貢巴以

文殊聖尊心意之密意

哈汪佳琴內素桑阿全
帝釋天王處所現密咒

聰布崩唐界德溫桑給
與十萬眾共同現成佛

哈以仁增南拉梭瓦德
至誠祈請天之持明眾

歐根貝瑪炯內拉梭瓦德
至誠祈請烏金蓮花生尊

偶秋嘉措千波丁榮圖
下方偌大海洋之深底

間惹思汪圖己貢巴以
依由觀世音之心密意

ཀླུ་རྒྱལ་འཇོག་པོའི་གནས་སུ་གསང་སྔགས་སྟོན།།

路給究波內素桑阿全

龍王德迦叉處現密咒

ཚོམ་བུ་འབུམ་དང་བཅས་ཏེ་མངོན་སངས་རྒྱས།།

聰布崩唐界德溫桑給

與十萬眾共同現成佛

ཀླུ་ཡི་རིག་འཛིན་རྣམས་ལ་གསོལ་བ་འདེབས།།

路以仁增南拉梭瓦德

至誠祈請龍之持明眾

ཨོ་རྒྱན་པདྨ་འབྱུང་གནས་ལ་གསོལ་བ་འདེབས།།

歐根貝瑪炯內拉梭瓦德

至誠祈請烏金蓮花生尊

རི་རྒྱལ་མེ་རི་འབར་བའི་རྩེ་མོ་རུ།།

日給美日巴威則莫如

熾燃火山山王之峰頂

ཕྱག་ན་རྡོ་རྗེའི་ཐུགས་ཀྱི་དགོངས་པ་ཡིས།།

恰納斗節圖己貢巴以

依由金剛手之心密意

རྒྱལ་པོ་ཛཿཡི་གནས་སུ་གསང་སྔགས་སྟོན། །

給波匝以內素桑阿全
國王匝之處所現密咒

གང་ཟག་ལས་ཅན་མ་ལུས་བྱང་ཆུབ་ཐོབ། །

康薩雷間瑪呂強去透
無餘具業士夫得菩提

མི་ཡི་རིག་འཛིན་རྣམས་ལ་གསོལ་བ་འདེབས། །

米以仁增南拉梭瓦德
至誠祈請人之持明眾

ཨོ་རྒྱན་པདྨ་འབྱུང་གནས་ལ་གསོལ་བ་འདེབས། །

歐根貝瑪炯內拉梭瓦德
至誠祈請烏金蓮花生尊

ནུབ་ཕྱོགས་ཨོ་རྒྱན་དབང་གི་ཕོ་བྲང་དུ། །

努秋歐根汪己剖章圖
西方烏金懷攝宮殿中

བདེ་གཤེགས་སྐུ་གསུང་ཐུགས་ཀྱི་སྤྲུལ་པ་སྟེ། །

德謝固松圖己珠巴得
如來身語意所幻化者

འཛམ་བུ་གླིང་དུ་འགྲོ་བའི་དོན་ལ་བྱོན།།

贊布林圖周威屯拉全

為利眾生而來贍部洲

རིག་འཛིན་མཁའ་འགྲོ་མང་པོའི་འཁོར་གྱིས་བསྐོར།།

仁增康周芒波扣己勾

眾多持明空行眷屬繞

པདྨ་འབྱུང་གནས་ཀྱི་ལྷ་ཚོགས་ལ་གསོལ་བ་འདེབས།།

貝瑪炯內己哈湊拉梭瓦德

至誠祈請蓮花生之天尊眾

ཨོ་རྒྱན་པདྨ་འབྱུང་གནས་ལ་གསོལ་བ་འདེབས།།

歐根貝瑪炯內拉梭瓦德

至誠祈請烏金蓮花生尊

ཆོས་སྐུ་ལོངས་སྐུ་སྤྲུལ་སྐུ་ཡང་སྤྲུལ་དང་།།

卻固隆固珠固揚珠堂

法身報身化身再化身

འདས་དང་མ་བྱོན་ད་ལྟ་དུས་གསུམ་གྱི།།

德堂瑪全塔大圖松己

過去未來現在三世之

ཕྱོགས་བཅུའི་སངས་རྒྱས་རིག་འཛིན་བྱང་སེམས་ལ།།

秋句桑給仁增強森拉

十方諸佛持明及菩薩

བདག་ཅག་ལུས་ངག་ཡིད་གསུམ་གུས་པ་ཡིས།།

達架旅阿宜松庫巴以

我等恭敬身口意三門

ཡིད་གཉིས་ཐེ་ཚོམ་མེད་པར་གསོལ་བ་འདེབས།།

以尼特聰美巴梭瓦德

無有二心懷疑誠祈請

ཨོ་རྒྱན་པདྨ་འབྱུང་གནས་ལ་གསོལ་བ་འདེབས་སོ།།

歐根貝瑪炯內拉梭瓦德搜

至誠祈請烏金蓮花生大士

ཞེས་གསུངས་སོ།

如是宣說。

རྒྱལ་པོ་ཆེན་པོ་ཚེ་འདིའི་ཞེ་གྲགས་དང་འདུ་འཛིའི་དབང་དུ་མ་བཏང་བར་དུས་རྒྱུན་དུ་གསོལ་བ་ཐོབ། གསང་ སྔགས་ཀྱི་རྩ་བ་དམ་ཚིག་ཡིན། དམ་ཚིག་གི་རྩ་བ་སོ་ཐར་གྱིས་དང་བཟོད་འགྱུས་ཡིན། དེ་གཉིས་ཀྱི་རྩ་བ་རླ་བ་མ་དང་ ཡི་དམ་ལ་གསོལ་བ་འདེབས་པ་ཡིན་པས། བརྟེན་འགྱུས་ཅན་གྱིས་ཉམས་སུ་བླངས་ན། ཚེ་འདིར་ཕྱག་རྒྱ་ཆེན་པོ་ མཆོག་གི་དངོས་གྲུབ་ཐོབ་པར་འགྱུར་ཞེས་གསུངས་སོ།

又云：「大王！此生莫受制於名聲和喧擾，平常應祈請。密

咒之根本乃三昧耶，三昧耶之根本乃虔敬與精進，此二者之
根本乃是祈請上師和本尊。精進者若能實修，此生將得大手
印殊勝悉地也！」

---

1. 「仁波切」意為「珍寶」，一般用以指稱受尊敬的上師、修行者，亦可用以指稱珍貴的
   事物，諸如佛陀教法乃至菩提心，在某些語境或文字脈絡中也被稱作是仁波切。

2. 「瑪章如札」為一個妖魔之名。

3. 藏文 དཔལ་ཆེན་（巴千）在中文常被譯作「大吉祥」，恐為誤譯。此詞常用以指涉忿怒尊，
   在本書中譯為大威聖。

4. 「亞曼達嘎」（Yamantaka）為梵音，是文殊忿怒的化現。

5. 即馬頭明王，又作馬頭金剛。

6. 金剛童子即普巴金剛，中文又作金剛孺童。

7. 即無量壽佛，中文常譯作長壽佛。

第三品 · 耶喜措嘉空行母所請求之祈請文

དེ་ནས་མཁའ་འགྲོ་ཡེ་ཤེས་མཚོ་རྒྱལ་གྱིས་ཞུས་པ། ཀྱེ་སློབ་དཔོན་ཆེན་པོ་ལགས། སྤྱིར་སངས་རྒྱས་ཤཱཀྱ་ཐུབ་པའི་
ཞིང་ཁམས་འདིར་ ཐེག་པ་ཆེན་པོའི་གསང་སྔགས་བྱོན་པ་འགྲོ་བ་ལ་བཀའ་དྲིན་ཆེ་ལགས། གསང་སྔགས་
ཀྱི་ལྷ་ཐམས་ཅད་ཀྱི་སྐུའི་དོ་བོ་རྡོ་རྗེ་བོད་ཕྱིན་རྒྱལ་ གསུང་ཤེག་པ་ཆེན་པོའི་ཨན་ངག་གིས་འགྲོ་བ་འདྲེན་ ཕྱག་
ཀྱིས་དགོངས་པ་ནས་མཁའ་ལ་ཉི་མ་ཤར་ཕུའི་དགོངས་པ་རབ་མཱ་མངའ་བ། འདི་གཤེགས་ཀྱི་འདུན་
པ་སྐུ་འབྱུང་གནས་ཞིང་ནས་ལྷག་པའི་སངས་རྒྱས་ནི་བདག་འཡེ་ཤེས་མཚོ་རྒྱལ་གྱིས་གཞན་ནས་འཚོལ་དུ་མེ་
ཉེད་པར་འཆལགས་པ། བདག་ལ་ཚིག་ཉུང་ལ་དོན་འདུས་པ། དོན་ཟབ་ལ་བྱིན་རླབས་ཆེ་བ། ཀུ་རུ་ཏིང་
ལ་གསོལ་བ་བཏབ་པ་ཚ་གྱིས་བྱེད་རྣམས་ནས་མཁའི་སྒྲིན་སྤྲ་གཡོ་ཞུས་པ། བདག་ཐ་མལ་པ་རྣམས་ཀྱི་བོད་
ཡུལ་དུ་གསོལ་བ་བཏབ་པས། ཀུ་ལ་ཉིད་ཟངས་མ་ཅན་ གཤེགས་པའི་དུས་མཁའ་འགྲོའི་གླིང་ནས་ཐུགས་རྗེ་
བོད་ཀྱི་དད་པ་ཅན་རྣམས་ཀྱི་གནས་སུ་བྱོན་ཏེ་བྱིན་གྱིས་རློབ་ནས་ཞིག་ལུ་ཞེས་ཞུས་པ།

爾後，空行耶喜措嘉啟白言：「喔！大阿闍黎！一般而言，於此釋迦牟尼佛剎土出現大乘密咒，是為大恩德也。一切密咒天尊之身本性乃是金剛顱鬘力，以大乘竅訣之聖語引領眾生，其意念有如太陽昇天一般，坐擁如是甚深密意。如我耶喜措嘉之輩，自認無法從他處覓得比如來總集蓮花生您還要更超勝之佛。是故請求傳授我一法，詞少而含攝義理，意涵深奧而加持強大；僅僅透過祈請蓮師您，加持便可如空中雲一般湧動；得以在蓮師您前去烏金之時，我等凡夫於藏境祈請，您便會從空行洲以大悲心前來具信者之處賜予加持。」

བཀའ་སྩལ། གཉེན་ཆེ་ཐེ་རྫོ་མ་མཚོ་རྒྱལ། འཁམས་གསུམ་གྱི་སེམས་ཅན་ཐམས་ཅད་ཉོན་མོངས་པའི་དབང་གིས་རྟོག་པ་ལ་འཁྲུམས་ཤིང་གཉིས་སྣང་གི་རྟོག་པ་བདག་ཏུ་བཟུང་བས་འཁྲུལ་ལ་ང་ནི་ཆོས་སྐུའི་སངས་རྒྱས་ཐམས་ཅད་ཀྱི་བྱིན་གྱིས་བརླབས། ལོངས་སྤྱོད་རྫོགས་པའི་སངས་རྒྱས་ཐམས་ཅད་ཀྱི་དབང་བསྐུར། སྤྲུལ་སྐུའི་སངས་རྒྱས་དང་བྱང་ཆུབ་སེམས་དཔའ་ཐམས་ཅད་ཀྱི་བཀའ་བགྲོས་ཏེ་འཛམ་བུའི་གླིང་དུ་བྱོན། ཁྱད་པར་བོད་ཡུལ་མུན་པའི་གླིང་དུ་སངས་རྒྱས་ཀྱི་བསྟན་པ་དར་བར་བྱ་བ་དང་། གསང་སྔགས་འབྲས་བུའི་ཆོས་ཀྱི་འགྲོ་བ་འདྲེན་པའི་ཕྱིར། རིན་ཆེན་མཚོ་གླིང་པདྨའི་སྡོང་པོ་ལས། རང་བྱུང་སྤྲུལ་པའི་སྐུ་རུ་བདེ་ཡིས་ཨོངས། གང་ཞིག་ལས་ཅན་སྐྱེས་བུ་དད་པ་ཅན། བདག་ལ་གདུང་བའི་སེམས་ཀྱིས་གསོལ་འདེབས་ན། རྒྱུ་འབྲས་རྟེན་འབྲེལ་སྨོན་ལམ་ཁྱད་པར་གྱིས། སངས་རྒྱས་གཞན་བས་བདག་ཉིད་ཐུགས་རྗེ་མྱུར། མཚོ་རྒྱལ་ལྟོས་པས་རྒྱུན་དུ་གསོལ་བ་ཐོབ། ཅེས་གསུངས་སོ།།

蓮師云：「諦聽！聖女措嘉！三界一切有情因煩惱之故，妄念紛飛，二相妄念執為我，因而迷亂。我乃經一切法身佛加持，一切圓滿報身佛傳授灌頂，依一切化身佛及菩薩決議而來到瞻部洲，特別為了在西藏闇黑境域傳揚佛教，並且以祕密咒果法引導眾生。珍寶湖洲蓮花枝莖中，自生幻身表意而現世，凡是具足業緣信心者，感動之情向我誠祈請，藉由因果緣起特殊願，吾之大悲較他佛猶快，措嘉平時當虔敬祈請。」如是宣說。

དེའི་དུས་སུ་ཞལ་ལྷོ་ནུབ་ཏུ་གཟིགས་ཏེ། རིན་པོ་ཆེ་དང་རུས་པའི་རྒྱན་སྣ་ཚོགས་ཀྱིས་བརྒྱན། ཕྱག་གཡས་པས་ཐོད་པའི་ད་མ་རུ་འཁྲོལ། ཕྱག་གཡོན་པ་རྫོ་མ་མཚོ་རྒྱལ་གྱི་སྤྱི་བོར་བཞག་སྟེ། འདི་སྐད་ཅེས་གསུངས་སོ།

彼時，蓮師面朝西南觀視，以各式珍寶和骨飾為莊嚴，右手搖動顱鼓，左手置於聖女措嘉頭上，說如是言：

ཨེ་མ་ཧོ། འདི་ནས་ཉི་མ་ནུབ་ཀྱི་མཚམས་ཤེད་ན།།

埃瑪后！迪內尼瑪后努餐謝納
甚希奇！由此西南日落之方位

གནས་ཆེན་རྡོ་རྗེ་གདན་གྱི་ནུབ་བྱང་མཚམས།།

內千斗節登己努強燦

聖地金剛座之西北隅

ཨ་ཡབ་གླིང་ཕྲན་ཟ་བྱེད་སྲིན་པོའི་ཡུལ།།

阿雅林稱薩切森貝於

小妙拂洲食人羅剎境

དུས་གསུམ་སངས་རྒྱས་རྣམས་ཀྱིས་བྱིན་བརླབས་པའི།།

圖松桑給南己琴拉貝

三世一切諸佛所加持

གླིང་མཆོག་ཁྱད་པར་ཅན་ལ་གསོལ་བ་འདེབས།།

林秋克巴間拉梭瓦德

至誠祈請殊勝之勝域

ཨོ་རྒྱན་པདྨ་འབྱུང་གནས་ལ་གསོལ་བ་འདེབས།།

歐根貝瑪炯內拉梭瓦德

至誠祈請烏金蓮花生尊

ཧཱུྃཿསྔོན་གྱི་བསྐལ་པ་དང་པོ་འདས་པའི་དུས།།

吽！溫己給巴唐波德北圖

吽！往昔初劫過往之時代

> མ་ཏུ་ར་ཏུ་བསྒྲལ་བའི་ཟུས་བརྒྱད་ལ།།

瑪章如札哲為則給拉

度脫瑪章如札之八物

> གསང་སྔགས་འཕྲིན་པའི་གནས་བརྒྱད་བྱིན་གྱིས་བརླབས།།

桑阿捐北內個琴己拉

加持成為傳密咒八地

> ཙིཏྟ་ཨོ་རྒྱན་གནས་སུ་བབས་པ་ལས།།

茲大歐根內素帕巴雷

心臟落於烏金之聖地

> རྟེན་འབྲེལ་ཁྱད་པར་ཅན་ལ་གསོལ་བ་འདེབས།།

登哲克巴間拉梭瓦德

至誠祈請殊勝之緣起

> ཨོ་རྒྱན་པདྨ་འབྱུང་གནས་ལ་གསོལ་བ་འདེབས།།

歐根貝瑪炯內拉梭瓦德

至誠祈請烏金蓮花生尊

> རྡོ་རྗེ་ཕག་མོས་བྱིན་གྱིས་བརླབས་པའི་གནས།།

斗節帕莫琴己拉貝內

金剛亥母加持之聖地

མ་མོ་མཁའ་འགྲོ་ཐམས་ཅད་འདུ་བའི་གླིང་།།

瑪嫫康周壇皆度為林
一切媽嫫空行聚集處

གསང་སྔགས་བརྡ་ཡི་རང་སྒྲ་དི་རི་རི།།

桑阿達以攘札迪日日
密咒表意自聲甚響亮

གནས་དེར་ཕྱིན་པ་ཙམ་གྱིས་བྱང་ཆུབ་ཐོབ།།

內迪欽巴贊己強去透
僅至彼聖地即得菩提

གནས་མཆོག་ཁྱུད་པར་ཅན་ལ་གསོལ་བ་འདེབས།།

內秋克巴間拉梭瓦德
至誠祈請殊勝之聖地

ཨོ་རྒྱན་པདྨ་འབྱུང་གནས་ལ་གསོལ་བ་འདེབས།།

歐根貝瑪炯內拉梭瓦德
至誠祈請烏金蓮花生尊

ཟངས་མདོག་དཔལ་གྱི་རི་བོ་ཚིཏྟའི་དབྱིབས།།

桑斗巴己日歐自德英
銅色吉祥聖山呈心型

ཆུ་བ་ཀླུ་ཡི་རྒྱལ་པོའི་གནས་སུ་ཐུག །

匝瓦路以給波內素速

彼之根部收於龍王處

སྐེད་པ་ཤུན་ཆགས་མཁའ་འགྲོའི་གནས་ན་བརྗེད།།

給巴倫恰康卓內納吉

山腰莊嚴生姿空行處

རྩེ་མོ་ཚངས་པའི་འཇིག་རྟེན་སྐྱགས་པ་འད།།

則莫倉貝己登涅巴札

頂端有如直入梵天界

རི་རྒྱལ་ཁྱུད་པར་ཅན་ལ་གསོལ་བ་འདེབས།།

日給克巴間拉梭瓦德

至誠祈請殊勝聖山王

ཨོ་རྒྱན་པདྨ་འབྱུང་གནས་ལ་གསོལ་བ་འདེབས།།

歐根貝瑪炯內拉梭瓦德

至誠祈請烏金蓮花生尊

དཔལ་གྱི་རི་བོ་འབར་བའི་རྩེ་མོ་ན།།

巴己日歐巴威則莫納

吉祥山之熾燃頂峰上

ཤར་ཕྱོགས་ཤེལ་ལ་ལྷོ་ཕྱོགས་བཻཌཱུརྻ།།

下秋些拉后秋貝竹亞
東方水晶南方琉璃岩

ནུབ་ཕྱོགས་རཱ་ག་བྱང་ཕྱོགས་མི་ཀྲུའི་མདོག།

努秋惹卡強秋恩哲斗
西方紅寶北方綠寶色

ཕྱི་ནང་མེད་པར་གསལ་བའི་གཞལ་ཡས་ཁང་།།

企囊美巴瑟為協也康
內外無別明澈越量宮

ཕོ་བྲང་ཁྱད་པར་ཅན་ལ་གསོལ་བ་འདེབས།།

剖章克巴間拉梭瓦德
至誠祈請殊勝之宮殿

ཨོ་རྒྱན་པདྨ་འབྱུང་གནས་ལ་གསོལ་བ་འདེབས།།

歐根貝瑪炯內拉梭瓦德
至誠祈請烏金蓮花生尊

གཞལ་ཡས་ཆེན་པོའི་ཕྱོགས་བཞི་མཚམས་བརྒྱད་དང་།།

協也千波秋息燦給堂
大越量宮之四面八方

སྟེང་འོག་ཐམས་ཅད་རིན་པོ་ཆེ་ལས་གྲུབ།།

登偶壇皆仁波切雷竹
上下等方均由珍寶成

ཁྱམས་དང་གྲུ་ཆད་རྣོ་ཕུར་རིགས་བཞི་ཡང་།།

強堂出切樓部日息揚
庭院角落護牆各自為

ཕྱིན་ལས་བཞི་ཡི་ཁ་དོག་སོ་སོར་གསལ།།

稱雷息以卡斗搜搜瑟
明顯四部四業之顏色

ལྷུན་གྲུབ་གཞལ་ཡས་ཁང་ལ་གསོལ་བ་འདེབས།།

倫竹協也康拉梭瓦德
祈請任運而成越量宮

ཨོ་རྒྱན་པདྨ་འབྱུང་གནས་ལ་གསོལ་བ་འདེབས།།

歐根貝瑪炯內拉梭瓦德
至誠祈請烏金蓮花生尊

ཙིག་པ་འདོད་རྣམས་ཕ་གུ་དྲ་བ་དང་།།

自巴對南帕庫查瓦堂
牆及台階房磚瓔珞網

ད་ཕྱེད་མདའ་ཡབ་རིན་ཆེན་སྣ་ལྔ་གསལ།།

查切達亞仁千納阿瑟
樓牆半纓絡及五寶石

སྒོ་བཞི་རྟ་བབས་ཆོས་འཁོར་རྒྱན་རྣམས་ཀུན།།

勾息大帕卻扣根南衮
四門牌坊法輪諸妙飾

སྣ་ཚོགས་རིན་པོ་ཆེ་ཡིས་མཛེས་པར་རྒྱན།།

那湊仁波切以澤巴根
各式珍貴寶物美莊嚴

རིན་ཆེན་གཞལ་ཡས་ཁང་ལ་གསོལ་བ་འདེབས།།

仁千協也康拉梭瓦德
至誠祈請大寶越量宮

ཨོ་རྒྱན་པདྨ་འབྱུང་གནས་ལ་གསོལ་བ་འདེབས།།

歐根貝瑪炯內拉梭瓦德
至誠祈請烏金蓮花生尊

དཔག་བསམ་ཤིང་དང་བདུད་རྩིའི་ཆུ་མིག་དང་།།

巴散辛堂堵自曲蜜堂
滿願樹及甘露之泉水

འཇའ་ཚོན་ལྔ་ལྡན་ཕྱི་ནང་སྤྲིན་ལྟར་གཏིབས༎

加村納俄企囊真達帝
五色彩虹如雲穿內外

མེ་ཏོག་པདྨའི་འོད་ཀྱིས་བར་སྣང་ཞིངས༎

美鬥貝美偉己帕囊肯
蓮花光彩遍滿於天空

གནས་དེ་དྲན་པ་ཙམ་གྱིས་བདེ་ཆེན་ཐོབ༎

內提成巴贊己德千透
僅念彼聖地即獲大樂

པདྨ་འོད་ཀྱི་གཞལ་ཡས་ལ་གསོལ་བ་འདེབས༎

貝瑪偉己協也拉梭瓦德
至誠祈請蓮花光越量宮

ཨོ་རྒྱན་པདྨ་འབྱུང་གནས་ལ་གསོལ་བ་འདེབས༎

歐根貝瑪炯內拉梭瓦德
至誠祈請烏金蓮花生尊

གཞལ་ཡས་ཆེན་པོ་དེ་ཡི་ནང་མེད་ན༎

協也千波提以囊謝納
彼大越量宮之宮殿內

རིན་ཆེན་རྣམ་བརྒྱད་ཉི་མ་ཟླ་བའི་གདན།།

仁千素給尼瑪達為登

珍寶莊嚴八角日月座

མ་ཆགས་པདྨ་འབར་བའི་སྡོང་པོ་ལ།།

瑪恰貝瑪巴威東波拉

無貪燦爛蓮花枝莖上

པདྨ་འབྱུང་གནས་བདེ་གཤེགས་འདུས་པའི་སྐུ།།

貝瑪炯內德些度北固

如來總集蓮花生聖身

རང་བྱུང་སྤྲུལ་པའི་སྐུ་ལ་གསོལ་བ་འདེབས།།

壤穹珠貝固拉梭瓦德

至誠祈請自生幻化身

ཨོ་རྒྱན་པདྨ་འབྱུང་གནས་ལ་གསོལ་བ་འདེབས།།

歐根貝瑪炯內拉梭瓦德

至誠祈請烏金蓮花生尊

ཞི་རྒྱས་དབང་དྲག་དོན་ལ་དགོངས་པའི་ཕྱིར།།

息給汪札屯拉貢貝企

念及息增懷誅事業故

083

ལྕུ་མདོག་ཕྱག་མཚན་རྒྱན་རྣམས་མ་ངེས་ཀྱང་།།

哀斗恰餐根南瑪俄江
身色法器飾品無固定

ཉི་མ་སྟོང་གི་འོད་ལས་གཟི་མདངས་ཆེ།།

尼瑪東己偉雷斯當切
威光熠熠猶勝千日光

རི་རྒྱལ་ལྷུན་པོ་བས་ཀྱང་བརྗིད་རེ་ཆེ།།

日給倫波威江己惹切
莊嚴凜凜勝須彌山王

ཡ་མཚན་སྤྲུལ་པའི་སྐུ་ལ་གསོལ་བ་འདེབས།།

揚餐珠北固拉梭瓦德
至誠祈請希奇幻化身

ཨོ་རྒྱན་པདྨ་འབྱུང་གནས་ལ་གསོལ་བ་འདེབས།།

歐根貝瑪炯內拉梭瓦德
至誠祈請烏金蓮花生尊

ཕྱགས་ཀྱིས་སྤྲུལ་པས་འཇིག་རྟེན་ཁྱབ་པར་འགྱེད།།

圖己珠貝己登恰巴給
意所幻化開展遍世間

སྤྲུལ་ཆ་ཉི་ཟླ་ལྟ་བུ་འཁྱིལ་ཞིང་གཟིགས།།

間匝尼達達布企辛斯
有如日月雙眼凝神觀

ནམ་མཁའི་གློག་ལས་ཐུགས་རྗེའི་ཕྲིན་ལས་མྱུར།།

南開樓雷圖傑稱雷紐
大悲事業較空電猶迅

དགོངས་པ་ཟབ་མོ་ནམ་མཁའི་ཀློང་དང་མཉམ།།

貢巴薩莫南開隆堂釀
甚深密意等同虛空界

ཐུགས་རྗེ་ཁྱད་པར་ཅན་ལ་གསོལ་བ་འདེབས།།

圖傑克巴間拉梭瓦德
至誠祈請殊勝大悲尊

ཨོ་རྒྱན་པདྨ་འབྱུང་གནས་ལ་གསོལ་བ་འདེབས།།

歐根貝瑪炯內拉梭瓦德
至誠祈請烏金蓮花生尊

འགྲོ་ལ་བརྩེ་བའི་ཐབས་ཀྱིས་འགྲོ་དོན་མཛད།།

周拉則為塔己周屯則
慈憫眾生以方便利眾

ཞལ་འཛུམ་མཛེས་པའི་མདངས་ཕྱུན་ཡ་ལ་ལ།།

協宗則貝當登亞拉拉
微笑莊嚴光采赫赫相

འབྲུག་སྟོང་ཐྱིར་བས་གསུང་གི་གདངས་སྒྲ་ཆེ།།

竹東迪為松己當札切
聖語音響猶勝千龍吼

གསང་སྔགས་ཟབ་མོའི་ཆོས་སྒྲ་དི་རི་རི།།

桑阿薩莫卻札迪日日
甚深密咒法聲極響亮

ཚངས་པའི་གསུང་དབྱངས་སྒྲོགས་ལ་གསོལ་བ་འདེབས།།

倉貝松央周拉梭瓦德
至誠祈請梵音妙聲響

ཨོ་རྒྱན་པདྨ་འབྱུང་གནས་ལ་གསོལ་བ་འདེབས།།

歐根貝瑪炯內拉梭瓦德
至誠祈請烏金蓮花生尊

སྤྲུལ་སྐུ་ཆེན་པོའི་ཕྲྱོགས་བཞི་མཚམས་བརྒྱད་ན།།

珠固千波秋息參給納
大幻化身之四面八方

ཐོག་པའི་དགྲ་བགེགས་བརྫིས་པའི་གདན་སྟེང་དུ།།

樓貝札給自貝登登圖
踩壓邪惡敵魔之墊上

སྐུ་གསུང་ཐུགས་དང་ཡོན་ཏན་ཕྲིན་ལས་ཀྱི།།

固松圖堂元登稱雷己
身語意及功德事業之

རིགས་ལྔ་བདེ་གཤེགས་བདུད་འདུལ་ཁྲོ་པོའི་ཚོགས།།

日阿德謝堵度抽歐湊
五部如來降魔忿尊眾

སྒྲུབ་ཆེན་བཀའ་བརྒྱད་ཀྱི་ལྷ་ཚོགས་ལ་གསོལ་བ་འདེབས།།

竹千嘎給己哈湊拉梭瓦德
祈請大修八大法行天尊眾

ཨོ་རྒྱན་པདྨ་འབྱུང་གནས་ལ་གསོལ་བ་འདེབས།།

歐根貝瑪炯內拉梭瓦德
至誠祈請烏金蓮花生尊

ཕྱོགས་བཞི་པདྨ་འདབ་བཞིའི་གདན་སྟེང་དུ།།

秋息貝瑪達息登登圖
四方四瓣蓮花之墊上

རིགས་བཞིའི་གྱིང་དང་མཁའ་འགྲོ་སྡེ་བཞིའི་ཚོགས།།

日息肯堂康周德息湊
四部骷髏四部空行眾

ཐམས་ཅད་མ་ལུས་དུར་ཁྲོད་ཆས་དང་ལྡན།།

壇皆瑪呂土垂切堂登
一切無餘完備屍林裝

མཛེས་པའི་རྒྱན་ལྡན་རོལ་པའི་སྟབས་སུ་བཞུགས།།

澤貝根登若貝達素許
美妙裝飾遊戲之身姿

ཡེ་ཤེས་མཁའ་འགྲོ་ཡབ་ཡུམ་ལ་གསོལ་བ་འདེབས།།

耶謝康周亞雲拉梭瓦德
祈請智慧之空行父母尊

ཨོ་རྒྱན་པདྨ་འབྱུང་གནས་ལ་གསོལ་བ་འདེབས།།

歐根貝瑪炯內拉梭瓦德
至誠祈請烏金蓮花生尊

གཞལ་ཡས་ཆེན་པོའི་ཕྱོགས་བཞིའི་བར་ཁྱམས་དང་།།

協耶千波秋息帕強堂
大越量宮四方之迴廊

གུ་ཆད་ཕྲོ་འབྱུར་རིག་འཛིན་མཁའ་འགྲོས་ཁེངས།།

出切樓布仁增康卓堪
角落護牆持明空行滿

ཧ་དང་ཧ་མོ་མང་པོ་སྤྲིན་ལྟར་གཏིབས།།

哈堂哈莫芒波真達帝
眾多天及天女如雲聚

ཕྱི་ནང་གསང་བའི་མཆོད་པ་སྣ་ཚོགས་འབུལ།།

企囊桑威卻巴納湊布
獻上各種外內密供養

མ་མོ་མཁའ་འགྲོའི་ལྷ་ཚོགས་ལ་གསོལ་བ་འདེབས།།

瑪嫫康卓哈湊拉梭瓦德
祈請媽嫫空行之天尊眾

ཨོ་རྒྱན་པདྨ་འབྱུང་གནས་ལ་གསོལ་བ་འདེབས།།

歐根貝瑪炯內拉梭瓦德
至誠祈請烏金蓮花生尊

རིན་ཆེན་གཞལ་ཡས་ཁང་གི་འདོད་སྐམ་ལ།།

仁千協也康己對南拉
珍寶越量宮之台階上

མཆོད་པའི་ལྷ་མོ་ཁར་སྤྲིན་ལྟ་བུར་གཏིབས།།

卻貝哈莫恰真達布地
供養天女群聚如雨雲

འདོད་ཡོན་དྲུག་གི་མཆོད་པས་འཛིག་རྟེན་ཁེངས།།

對元出己卻貝己登堪
六妙欲供充遍全世界

ཀུན་ཏུ་བཟང་པོའི་མཆོད་པས་བདེ་གཤེགས་མཆོད།།

袞度桑波卻貝德謝卻
向諸如來獻上普賢供

ཡོན་ཏན་ཀུན་འབྱུང་གི་ལྷ་ཚོགས་ལ་གསོལ་བ་འདེབས།།

元登袞炯己哈湊拉梭瓦德
至誠祈請功德本源天尊眾

ཨོ་རྒྱན་པདྨ་འབྱུང་གནས་ལ་གསོལ་བ་འདེབས།།

歐根貝瑪炯內拉梭瓦德
至誠祈請烏金蓮花生尊

གཞལ་ཡས་ཆེན་པོའི་ཕྱོགས་ཀྱི་སྒོ་བཞི་ན།།

協也千波秋己勾息納
大越量宮四方之四門

རྒྱལ་ཆེན་སྡེ་བཞི་བསྐོ་བའི་བཀའ་ཉན་མཛད།།

給千德息勾為嘎年澤
復令四大天王聽命令

ལྷ་སྲིན་སྡེ་བརྒྱད་ཕྲན་དང་པོ་ཉེར་འགྱེད།།

哈森德給成堂剖納給
派遣天龍八部及僕使

བདུད་དང་མུ་སྟེགས་དུལ་ཕྲན་བཞིན་དུ་འདུལ།།

堵堂木嗲度稱辛土堵
降伏魔及外道如微塵

ཆོས་སྐྱོང་སྲུང་མའི་ལྷ་ཚོགས་ལ་གསོལ་བ་འདེབས།།

卻炯松美哈湊拉梭瓦德
至誠祈請護法之天尊眾

ཨོ་རྒྱན་པདྨ་འབྱུང་གནས་ལ་གསོལ་བ་འདེབས།།

歐根貝瑪炯內拉梭瓦德
至誠祈請烏金蓮花生尊

ཧཱུྃ། བཞེངས་ཤིག་པདྨ་འབྱུང་གནས་མཁའ་འགྲོའི་ཚོགས།།

吽！賢細貝瑪炯內康卓湊
吽！蓮花生空行眾請起身

དགོངས་ཤིག་ཕྱོགས་བཅུ་དུས་གསུམ་བདེ་གཤེགས་རྣམས།།

貢細秋句圖松德謝南

十方三世如來請垂念

རྗེ་བཙུན་ཆེན་པོ་པདྨ་ཐོད་ཕྲེང་རྩལ།།

傑尊千波貝瑪妥稱澤

至尊大士蓮花顱鬘力

རིག་འཛིན་མཁའ་འགྲོའི་གནས་ནས་གཤེགས་སུ་གསོལ།།

仁增康卓內內謝素梭

祈從持明空行處前來

དབུ་སྐྲ་མཛེས་པའི་ཐོར་ཚུགས་ཤིགས་སེ་ཤིག།

烏乍則北透促細瑟細

解開美麗束髻髮飄逸

རིན་ཆེན་རྒྱན་ཆ་མང་པོ་སི་ལི་ལི།།

仁千根恰芒波斯里里

眾多珍寶妙飾響叮噹

དུར་ཁྲོད་རུས་པའི་རྒྱན་ཆ་ཁྲ་ལོ་ལོ།།

土垂如貝根恰抽樓樓

屍林骨頭飾品鏗鏘響

སྒྲ་དང་རོལ་མོ་མང་པོ་ཐུ་ར་ར།།

札堂若莫芒波烏如如
眾多音聲妙樂齊飛揚

ཡི་དམ་ལྷ་ཚོགས་ཧཱུྃ་སྒྲ་དི་རི་རི།།

以單哈湊吽札迪日日
本尊天眾吽聲震撼響

མཁའ་འགྲོ་སྡེ་ལྔས་གར་བྱེད་ཤིགས་སེ་ཤིག།

康周德俄卡切細瑟細
五部空行隨性舞翩翩

གིང་ཆེན་དཔའ་བོས་བྲོ་བརྡུང་ཁྲབས་སེ་ཁྲབ།།

肯千巴威抽東查瑟查
大骷勇士妙舞震大地

མ་མོ་མཁའ་འགྲོ་སྤྲིན་ལྟར་ཐིབས་སེ་ཐིབ།།

瑪嫫康周真達替瑟替
媽嫫空行有如雲潮湧

ཆོས་སྐྱོང་སྡེ་བརྒྱད་ལས་བྱེད་ཁྱུགས་སེ་ཁྱུག།།

卻炯德給雷切庫瑟庫
護法八部行事迅如電

ཁྲབ་ཆེན་སྟོང་གི་སྒྲ་སྐད་སི་ལི་ལི།།

許千東己札給斯里里
千百鎧甲出聲極響亮

གཡས་ན་ཕོ་རྒྱུད་ཐམས་ཅད་ཤ་ར་ར།།

耶納剖句壇皆夏惹惹
右方一切父續猛赫赫

གཡོན་ན་མོ་རྒྱུད་ཐམས་ཅད་ཤ་ར་ར།།

元納莫句壇皆夏惹惹
左方一切母續威凜凜

བར་སྣང་ཐམས་ཅད་དར་གདུགས་ལྷབས་ཤེ་ལྷབ།།

帕囊壇皆塔度哈瑟哈
滿天旗幡寶傘齊飄揚

དྲི་ཞིམ་སྤོས་ཀྱི་དྲི་ལྡང་ཐུ་ལུ་ལུ།།

尺辛貝己俄當圖路路
妙氣焚香氣味普瀰漫

མཁའ་འགྲོ་གསང་བའི་བརྡ་སྐད་དི་རི་རི།།

康周桑威達給迪日日
空行表意祕音震撼響

གིང་ཆེན་དཔའ་བོའི་བཤུག་གླུ་ཀྱུ་རུ་རུ།།

肯千巴威許路固如如
大骷勇父口哨歌響亮

ཅུ་གི་སྲང་གླུ་མང་པོ་དི་རི་རི།།

吽己囊路芒波迪日日
諸多吽之歌聲極嘹亮

ཕཊ་ཀྱི་བརྡ་སྐད་དྲག་པོ་སང་སེ་སང་།།

吥之達給查波桑瑟桑
威猛吥之祕語清澈響

བདག་དང་འགྲོ་དྲུག་སེམས་ཅན་ཐམས་ཅད་ལ།།

達堂周竹森間壇皆拉
對我以及六道諸有情

ཐུགས་རྗེས་གཟིགས་ལ་གནས་འདིར་གཤེགས་སུ་གསོལ།།

圖界斯拉內迪謝素梭
祈以大悲眷顧來此地

གནས་འདིར་ཐུགས་རྗེ་དགོངས་ཏེ་གཤེགས་ནས་ཀྱང་།།

內迪圖界貢德謝內江
大悲垂念蒞臨此地後

བདག་གིས་བྱང་ཆུབ་སྙིང་པོ་མ་ཐོབ་བར།།

達己強去寧波瑪透帕
直至我得菩提心藏前

བགེགས་དང་ལོག་འདྲེན་བར་ཆད་འདུལ་བ་དང་།།

給堂隆正帕切堵瓦堂
降伏魔擾邪引及障難

མཆོག་དང་ཐུན་མོང་དངོས་གྲུབ་སྩལ་དུ་གསོལ།།

秋堂屯孟沃竹澤土梭
祈賜殊勝共同諸悉地

འཁོར་བ་སྡུག་བསྔལ་གྱི་རྒྱ་མཚོ་ལས་བསྒྲལ་དུ་གསོལ།།

扣瓦堵俄己嘉措雷哲圖梭
祈請度脫輪迴痛苦之大海

མཚོ་རྒྱལ་དེ་ལྟར་མོས་པས་གསོལ་བ་ཐོབ། པད་འབྱུང་བདག་ལ་འགྲོ་བའི་དོན་ལས་མེད། དམ་ཚིག་དབང་གིས་བོད་ཀྱི་ཡུལ་དུ་འོང་། དད་པ་ཅན་ལ་དངོས་སུ་ལུང་སྟོན་འགྱུར། ཞེས་གསུངས་སོ།

又云：「措嘉如是虔敬而祈請，我蓮花生只為眾生利，因誓
言力而前來藏地，於具信者直接示授記。」

ཀུ་རུའི་ཞལ་ནས། གསོལ་བ་འདེབས་པ་ལ་དང་པོ་ལོ་རྒྱུས་བཤད་པས་དང་བ་འདྲེན། ཡོན་ཏན་མཐོང་བས་དད་པ་སྐྱེ། ཡིད་ཆེས་ཤེས་ཀྱི་དད་པས་བྱིན་རླབས་འཇུག །སེམས་ཐེ་ཚོམ་དང་བྲལ་བས་བསམ་པ་འགྲུབ། ཅེས་གསུངས་སོ།

蓮師云：「關於祈請，首先當述說歷史來引發清淨心，透過
觀見功德來生起信心，藉著全然信心令加持注入，藉由使心
遠離疑惑來實現願望。」

第四品 · 南開寧波所請求之祈請文

> དེ་ནས་དགེ་སློང་ནམ་མཁའི་སྙིང་པོས་ཞུས་པ། ཀྱེ་སློབ་དཔོན་ཆེན་པོ་ལགས། བརྒྱུད་ལ་བརྒྱུད་པའི་བླ་མ་རྣམས་ལ་གསོལ་བ་འདེབས་པ། སྣང་བ་ལྷ་དང་ལྷ་མོར་གསལ་བ། སྒྲ་གྲགས་ཚང་ཡེ་དམ་ལྷའི་གསུང་དུ་གོ་བ། རྟོག་པ་ཅི་ཤར་ཆོས་ཉིད་དུ་གྲོལ་བའི་གསོལ་འདེབས་ཞིག་ཞུ་ཞེས་ཞུས་པས།

爾後，南開寧波比丘啟白言：「喔！大阿闍黎呀！請求您傳授我一篇向傳承上師們祈請、明觀顯相為天和天女、了知一切聲響乃本尊聖語、任何妄念升起均在法性中解脫之祈請文！」

> བཀའ་སྩལ་པ།

蓮師云：

> ཨེ་མ་ཧོ། སྤྲོས་བྲལ་བདེ་ཆེན་ཀུན་ཏུ་བཟང་།།

埃瑪后！卓車德千給瓦衮度桑

甚希奇！離戲大樂普賢王如來

> རིགས་ལྔའི་སངས་རྒྱས་དྲུག་པ་རྡོ་རྗེ་འཆང་།།

日額桑給出巴斗節槍

五方佛及第六金剛持

འགྲོ་དྲུག་དོན་མཛད་བྱང་ཆུབ་སེམས་དཔའི་སྐུ།།

周出屯澤強去森貝固
利益六道眾生菩薩身

ཆོས་སྐུ་ལོངས་སྐུ་སྤྲུལ་སྐུ་རྣམ་པ་གསུམ།།

卻固隆固珠固南巴松
法身報身化身三佛身

རྒྱལ་བ་དགོངས་པའི་བརྒྱུད་པ་ལ་གསོལ་བ་འདེབས།།

給瓦貢北局巴拉梭瓦德
至誠祈請勝佛密意傳承

ཨོ་རྒྱན་པདྨ་འབྱུང་གནས་ལ་གསོལ་བ་འདེབས།།

歐根貝瑪炯內拉梭瓦德
至誠祈請烏金蓮花生尊

གྲགས་ལྡན་མཆོག་སྐྱོང་གཟོད་སྨྱིན་སྐར་མདའ་གདོང་།།

查登秋炯諾金嘎達東
具稱勝護流星面藥叉

བློ་གྲོས་ཐབས་ལྡན་སྐུ་རྒྱལ་འཇོག་པོ་དང་།།

樓垂塔登路給久波堂
聰智方便德迦叉龍王

ཏི་མེད་གྲགས་པ་ལས་ཅན་རྒྱལ་པོ་དང་།།

尺美查巴雷間給波匝

無垢稱及具業國王匝

རིག་འཛིན་ཧཱུ་དབང་བརྒྱ་བྱིན་ལ་སོགས་ཏེ།།

仁增哈旺佳金拉搜德

持明帝釋天王等諸眾

རིག་འཛིན་རིག་པའི་བརྒྱུད་པ་ལ་གསོལ་བ་འདེབས།།

仁增日貝局巴拉梭瓦德

至誠祈請持明明覺傳承

ཨོ་རྒྱན་པདྨ་འབྱུང་གནས་ལ་གསོལ་བ་འདེབས།།

歐根貝瑪炯內拉梭瓦德

至誠祈請烏金蓮花生尊

ཆོས་སྐུ་ཀུན་ཏུ་བཟང་པོའི་དགོངས་པ་ཡིས།།

卻固衰度桑貝貢巴以

法身普賢王佛依密意

རྡོ་རྗེ་སེམས་དཔའ་དགའ་རབ་རྡོ་རྗེ་དང་།།

斗節森巴嘎惹斗節堂

金剛薩埵與極喜金剛

ཐྲི་སྲི་ཧའི་བར་དུ་བྱིན་བརླབས་ཏེ།།

師利森嘿帕圖琴拉德

直至師利星哈賜加持

འདས་དང་མ་བྱོན་ད་ལྟ་དུས་གསུམ་གྱི།།

德堂瑪全塔大圖松己

祈請過去未來及現在

རྫོགས་ཆེན་བརྒྱུད་པའི་བླ་མ་ལ་གསོལ་བ་འདེབས།།

走千局貝喇嘛拉梭瓦德

三世大圓滿傳承之上師

ཨོ་རྒྱན་པདྨ་འབྱུང་གནས་ལ་གསོལ་བ་འདེབས།།

歐根貝瑪炯內拉梭瓦德

至誠祈請烏金蓮花生尊

རྒྱལ་བ་ཆོས་ཀྱི་སྐུ་ཡི་དགོངས་པ་ཡིས།།

給瓦卻己固以貢巴以

勝佛法身藉由其密意

བདེ་གཤེགས་རིགས་ལྔ་རིགས་གསུམ་མགོན་པོ་དང་།།

德謝日阿日松貢波堂

五方如來以及三怙主

སངས་རྒྱས་གསང་བའི་བར་དུ་བྱིན་བརླབས་ཏེ།།

桑給桑威帕圖琴拉德
直至佛密尊者賜加持

འདས་དང་མ་བྱོན་ད་ལྟ་རུས་གསུམ་གྱི།།

德堂瑪全塔大圖松己
祈請過去未來及現在

སྒྱུ་འཕྲུལ་བརྒྱུད་པའི་བླ་མ་ལ་གསོལ་བ་འདེབས།།

古出局北喇嘛拉梭瓦德
三世幻化傳承之上師眾

ཨོ་རྒྱན་པདྨ་འབྱུང་གནས་ལ་གསོལ་བ་འདེབས།།

歐根貝瑪炯內拉梭瓦德
至誠祈請烏金蓮花生尊

འཇམ་དཔལ་ཡ་མནྟཀའི་དགོངས་པ་ཡིས།།

蔣貝亞曼達給貢巴以
文殊亞曼達嘎以密意

སློབ་དཔོན་ཆེན་པོ་འཇམ་དཔལ་བཤེས་གཉེན་དང་།།

樓奔千波蔣貝謝年堂
大阿闍黎文殊友尊者

101

རོ་ལངས་བདེ་བའི་བར་དུ་བྱིན་བརླབས་ཏེ༔

柔朗德威帕圖琴拉德
直至柔朗德瓦賜加持

འདས་དང་མ་བྱོན་ད་ལྟ་དུས་གསུམ་གྱི༎

德堂瑪全塔大圖松己
祈請過去未來及現在

སྐུ་ཡི་བརྒྱུད་པའི་བླ་མ་ལ་གསོལ་བ་འདེབས༎

固以局北喇嘛拉梭瓦德
三世聖身傳承之上師眾

ཨོ་རྒྱན་པདྨ་འབྱུང་གནས་ལ་གསོལ་བ་འདེབས༎

歐根貝瑪炯內拉梭瓦德
至誠祈請烏金蓮花生尊

པདྨ་ཧེ་རུ་ཀ་ཡི་དགོངས་པ་ཡིས༎

貝瑪嘿如嘎以貢巴以
蓮花嘿如嘎尊以密意

དབང་གི་ལྷ་མོ་ན་གཀྟ་ན་དང་༎

汪己哈莫納卡祖納堂
懷攝天女納卡祖納尊

པད་འབྱུང་གནས་བར་དུ་བྱིན་བརླབས་ཏེ།།

貝瑪炯內帕圖琴拉德
直至蓮花生間賜加持

འདས་དང་མ་བྱོན་ད་ལྟ་དུས་གསུམ་གྱི།།

德堂瑪全塔大圖松己
祈請過去未來及現在

གསུང་གི་བརྒྱུད་པའི་བླ་མ་ལ་གསོལ་བ་འདེབས།།

松己局北喇嘛拉梭瓦德
三世聖語傳承之上師眾

ཨོ་རྒྱན་པད་འབྱུང་གནས་ལ་གསོལ་བ་འདེབས།།

歐根貝瑪炯內拉梭瓦德
至誠祈請烏金蓮花生尊

བཛྲ་ཧེ་རུ་ཀ་ཡི་དགོངས་པ་ཡིས།།

班匝嘿如嘎以貢巴以
金剛嘿如嘎尊以密意

དགའ་རབ་རྡོ་རྗེ་འཇམ་དཔལ་བཤེས་གཉེན་དང་།།

嘎惹斗節蔣貝謝年堂
極喜金剛以及文殊友

ཧཱུྃ་ཆེན་ཀཱ་རའི་བར་དུ་བྱིན་བརླབས་ཏེ།།

吽千嘎惹帕圖琴拉德

直至吽千嘎拉賜加持

འདས་དང་མ་བྱོན་ད་ལྟ་དུས་གསུམ་གྱི།།

德堂瑪全塔大圖松己

祈請過去未來及現在

ཐུགས་ཀྱི་བརྒྱུད་པའི་བླ་མ་ལ་གསོལ་བ་འདེབས།།

圖己局北喇嘛拉梭瓦德

三世聖意傳承之上師眾

ཨོ་རྒྱན་པདྨ་འབྱུང་གནས་ལ་གསོལ་བ་འདེབས།།

歐根貝瑪炯內拉梭瓦德

至誠祈請烏金蓮花生尊

ཆེ་མཆོག་ཧེ་རུ་ཀ་ཡི་དགོངས་པ་ཡིས།།

千秋嘿如嘎以貢巴以

大勝嘿如嘎尊以密意

སྤྲུལ་པའི་མཁའ་འགྲོ་རིག་འཛིན་མང་པོ་དང་།།

珠貝康周仁增芒波堂

眾多幻化空行持明者

མི་འགྱུར་ནམ་མཁའི་བར་དུ་བྱིན་བརླབས་ཏེ།།

敏久南開帕圖琴拉德
直至敏久南開賜加持

འདས་དང་མ་བྱོན་ད་ལྟ་དུས་གསུམ་གྱི།།

德堂瑪全塔大圖松己
祈請過去未來及現在

ཡོན་ཏན་བརྒྱུད་པའི་བླ་མ་ལ་གསོལ་བ་འདེབས།།

元登局北喇嘛拉梭瓦德
三世功德傳承之上師眾

ཨོ་རྒྱན་པདྨ་འབྱུང་གནས་ལ་གསོལ་བ་འདེབས།།

歐根貝瑪炯內拉梭瓦德
至誠祈請烏金蓮花生尊

དཔལ་ཆེན་རྡོ་རྗེ་གཞོན་ནུའི་དགོངས་པ་ཡིས།།

巴千斗節玄奴貢巴以
大威金剛童子以密意

ལྷུན་གྲུབ་ཕྱག་རྒྱ་ཆེན་པོའི་རིག་འཛིན་དང་།།

倫珠恰佳千波仁增堂
任運大手印之持明眾

རྡོ་རྗེ་བོད་ཕྱེན་རྩལ་ལ་ཕྱིན་བཅབས་ཏེ།།

斗節妥稱澤拉琴拉德
以及加持金剛顯鬘力

འདས་དང་མ་བྱོན་ད་ལྟ་དུས་གསུམ་གྱི།།

德堂瑪全塔大圖松己
祈請過去未來及現在

ཕྲིན་ལས་བརྒྱུད་པའི་བླ་མ་ལ་གསོལ་བ་འདེབས།།

稱雷局北喇嘛拉梭瓦德
三世事業傳承之上師眾

ཨོ་རྒྱན་པདྨ་འབྱུང་གནས་ལ་གསོལ་བ་འདེབས།།

歐根貝瑪炯內拉梭瓦德
至誠祈請烏金蓮花生尊

མངོན་རྫོགས་རྒྱལ་པོ་ཆེ་མཆོག་ཧེ་རུ་ཀ།།

溫奏給波千秋嘿如給
現圓之王大勝嘿如嘎

མ་རྒྱུད་ལྷ་མོ་ཡོངས་འབྱུང་བདེ་མ་དང་།།

瑪局哈莫永庫德瑪堂
母續天女全擁樂佛母

ཧྲ་ན་ས་སྐྱེའི་བར་དུ་བྱིན་བརླབས་ཏེ།།

達納桑直帕圖琴拉德
直至達納桑直賜加持

འདས་དང་མ་བྱོན་ད་ལྟ་དུས་གསུམ་གྱི།།

德堂瑪全塔大圖松己
祈請過去未來及現在

སྲིད་པ་མ་རྒྱུད་ཀྱི་བླ་མ་ལ་གསོལ་བ་འདེབས།།

斯巴瑪局己喇嘛拉梭瓦德
三世有之母續傳承上師眾

ཨོ་རྒྱན་པདྨ་འབྱུང་གནས་ལ་གསོལ་བ་འདེབས།།

歐根貝瑪炯內拉梭瓦德
至誠祈請烏金蓮花生尊

བཅོམ་ལྡན་དྲེགས་པ་ཀུན་འདུལ་དགོངས་པ་ཡིས།།

炯登哲巴衰度貢巴以
世尊降諸驕慢以密意

རྣུ་གུ་ཆུ་ཙཏྟེའི་ཕུགས་བརྒྱུད་ནས།།

榮布固夏贊哲圖局內
意傳榮布固夏贊札尊

ཤཱཀྱ་སེངྒེའི་བར་དུ་བྱིན་བརླབས་ཏེ།།

夏佳僧給帕圖琴拉德
直至釋迦獅子賜加持

འདས་དང་མ་བྱོན་ད་ལྟ་དུས་གསུམ་གྱི།།

德堂瑪全塔大圖松己
祈請過去未來及現在

མཆོད་བསྟོད་བརྒྱུད་པའི་བླ་མ་ལ་གསོལ་བ་འདེབས།།

卻對局北喇嘛拉梭瓦德
三世供贊傳承之上師眾

ཨོ་རྒྱན་པདྨ་འབྱུང་གནས་ལ་གསོལ་བ་འདེབས།།

歐根貝瑪炯內拉梭瓦德
至誠祈請烏金蓮花生尊

དཔལ་ཆེན་སྟོབས་ལྡན་ནག་པོའི་དགོངས་པ་ཡིས།།

巴千斗登那貝貢巴以
大威黑力士尊以密意

སློབ་དཔོན་པ་རྗེ་གཉིས་ཀྱི་ཐུགས་བརྒྱུད་ནས།།

樓奔賢帝噶貝圖局內
意傳賢帝噶巴阿闍黎

རྡོ་རྗེ་གྲོ་ལོད་རྩལ་ལ་བྱིན་བརླབས་ཏེ།།

斗節抽略澤拉琴拉德
給予多傑緯洛尊加持

འདས་དང་མ་བྱོན་ད་ལྟ་དུས་གསུམ་གྱི།།

德堂瑪全塔大圖松己
祈請過去未來及現在

དྲག་སྔགས་བརྒྱུད་པའི་བླ་མ་ལ་གསོལ་བ་འདེབས།།

查阿局北喇嘛拉梭瓦德
三世猛咒傳承之上師眾

ཨོ་རྒྱན་པདྨ་འབྱུང་གནས་ལ་གསོལ་བ་འདེབས།།

歐根貝瑪炯內拉梭瓦德
至誠祈請烏金蓮花生尊

མགོན་པོ་ཚེ་དཔག་མེད་ཀྱི་དགོངས་པ་ཡི།།

貢波策巴美己貢巴以
怙主無量壽佛以密意

ལྷ་མོ་ཙནྡྲ་ལི་ལ་བརྒྱུད་བརྒྱུད་ནས།།

哈莫贊達莉拉圖局內
心意傳予天女贊達莉

འཆི་མེད་པདྨ་འབྱུང་གནས་བྱིན་བརླབས་ཏེ།།

企美貝瑪炯內琴拉德
加持無死蓮花生大士

འདས་དང་མ་བྱོན་ད་ལྟ་དུས་གསུམ་གྱི།།

德堂瑪全塔大圖松己
祈請過去未來及現在

ཚེ་ཡི་རིག་འཛིན་རྣམས་ལ་གསོལ་བ་འདེབས།།

策以仁增南拉梭瓦德
三世長壽持明諸聖眾

ཨོ་རྒྱན་པདྨ་འབྱུང་གནས་ལ་གསོལ་བ་འདེབས།།

歐根貝瑪炯內拉梭瓦德
至誠祈請烏金蓮花生尊

རྡོ་རྗེ་ཕག་མོའི་ཐུགས་ཀྱི་དགོངས་པ་ཡིས།།

斗節帕莫圖己貢巴以
金剛亥母以其心密意

མཁའ་འགྲོ་སེང་གེའི་གདོང་ཅན་ཐུགས་རྒྱུད་ནས།།

康周森給東間圖局內
心意傳予獅面空行母

ནོ་རྗེ་དྲག་པོ་རྩལ་ལ་ཕྱིན་བརླབས་ཏེ།།

斗節查波澤拉琴拉德

給予金剛威猛力加持

འདས་དང་མ་བྱོན་ད་ལྟ་དུས་གསུམ་གྱི།།

德堂瑪全塔大圖松己

祈請過去未來及現在

གསང་སྔགས་མ་བརྒྱུད་ཀྱི་བླ་མ་ལ་གསོལ་བ་འདེབས།།

桑阿瑪局己喇嘛拉梭瓦德

三世密咒母續傳承上師眾

ཨོ་རྒྱན་པདྨ་འབྱུང་གནས་ལ་གསོལ་བ་འདེབས།།

歐根貝瑪炯內拉梭瓦德

至誠祈請烏金蓮花生尊

ནོ་རྗེ་ཁྲག་འཐུང་ཐུགས་ཀྱི་དགོངས་པ་ཡིས།།

斗節查通圖己貢巴以

飲血金剛以其心密意

སྤྲུལ་སྐུ་པདྨ་འབྱུང་གནས་ཐུགས་བརྒྱུད་ནས།།

珠固貝瑪炯內圖局內

意傳化身蓮花生大士

འཛམ་གླིང་བོད་ཀྱི་ལས་ཅན་བྱིན་བརླབས་ཏེ།།

贊林培己雷間琴拉德
加持贍洲西藏具業眾

འདས་དང་མ་བྱོན་ད་ལྟ་དུས་གསུམ་གྱི།།

德堂瑪全塔大圖松己
祈請過去未來及現在

གསང་སྔགས་འདུས་བརྒྱུད་ཀྱི་བླ་མ་ལ་གསོལ་བ་འདེབས།།

桑阿堵局己喇嘛拉梭瓦德
三世密咒總集傳承上師眾

ཨོ་རྒྱན་པདྨ་འབྱུང་གནས་ལ་གསོལ་བ་འདེབས།།

歐根貝瑪炯內拉梭瓦德
至誠祈請烏金蓮花生尊

འདས་པའི་སངས་རྒྱས་རྣམས་ཀྱི་དགོངས་པ་ཡིས།།

德北桑給南己貢巴以
過去諸佛聖眾以密意

སངས་རྒྱས་ཤཱཀྱ་ཐུབ་པའི་ཐུགས་བརྒྱུད་ནས།།

桑給夏佳圖北圖局內
心意傳予釋迦牟尼佛

བོ་རྗེ་སངས་རྒྱས་བར་དུ་བྱིན་བརླབས་ཏེ།།

波帝薩德帕圖琴拉德
直至菩提薩埵賜加持

འདས་དང་མ་བྱོན་ད་ལྟ་དུས་གསུམ་གྱི།།

德堂瑪全塔大圖松己
祈請過去未來及現在

རྒྱ་འབས་དོན་སྟོན་གྱི་བླ་མ་ལ་གསོལ་བ་འདེབས།།

均哲屯敦己喇嘛拉梭瓦德
三世開顯因果義理上師眾

ཨོ་རྒྱན་པདྨ་འབྱུང་གནས་ལ་གསོལ་བ་འདེབས།།

歐根貝瑪炯內拉梭瓦德
至誠祈請烏金蓮花生尊

རིག་འཛིན་བྱང་ཆུབ་སེམས་དཔའི་དགོངས་པ་ཡིས།།

仁增強去森貝貢巴以
持明菩提薩埵以密意

གང་ཟག་ལས་ཅན་རྣམས་ལ་བྱིན་བརླབས་ཏེ།།

康薩雷間南拉琴拉德
加持具業補特伽羅眾

དུས་ཚོད་འདི་ནས་ལྔ་བརྒྱའི་ཐ་མའི་བར།།

圖粹迪內阿給塔美帕
從今直至最終五百年

གསང་སྔགས་བཀའ་བཞིན་བསྒྲུབ་པའི་དམ་ཚིག་ཅན།།

桑阿嘎辛竹北坦次間
密咒依教奉行具誓者

གང་ཟག་སྙན་ཁུང་བརྒྱུད་པ་ལ་གསོལ་བ་འདེབས།།

康薩年空局巴拉梭瓦德
至誠祈請補特伽羅耳傳

ཨོ་རྒྱན་པདྨ་འབྱུང་གནས་ལ་གསོལ་བ་འདེབས།།

歐根貝瑪炯內拉梭瓦德
至誠祈請烏金蓮花生尊

འདི་ལྟར་མིག་གི་ཡུལ་དུ་སྣང་བ་ཡི།།

迪達米以於圖囊瓦以
如是顯現作為眼對境

ཕྱི་ནང་སྣོད་བཅུད་དངོས་པོ་ཐམས་ཅད་ཀུན།།

企囊諾具沃波壇皆哀
一切外情內器所有物

སྣང་ཡང་བདག་འཛིན་མེད་པའི་ངང་ལ་ཞོག།

囊揚單增美北昂拉秀
顯而安住無我執境界

གཟུང་འཛིན་དག་པ་གསལ་སྟོང་ལྷ་ཡི་སྐུ།།

松增塔巴瑟東哈以固
能所清淨明空天尊身

འདོད་ཆགས་རང་གྲོལ་གྱི་བླ་མ་ལ་གསོལ་བ་འདེབས།།

對恰攘卓己喇嘛拉梭瓦德
祈請貪欲自解脫之上師眾

ཨོ་རྒྱན་པདྨ་འབྱུང་གནས་ལ་གསོལ་བ་འདེབས།།

歐根貝瑪炯內拉梭瓦德
至誠祈請烏金蓮花生尊

འདི་ལྟར་ན་བའི་ཡུལ་དུ་གྲགས་པ་ཡི།།

迪達納威於圖查巴以
如是耳對境之諸聲響

སྙན་དང་མི་སྙན་འཛིན་པའི་སྒྲ་རྣམས་ཀུན།།

年堂米年增貝札南袞
執為悅不悅耳一切音

115

གདགས་སྟོང་བསམ་མནོ་བྲལ་བའི་ངང་ལ་ཞོག།

查東散諾車威昂拉秀
安住遠離思想響空中

གདགས་སྟོང་སྐྱེ་འགགས་མེད་པ་རྒྱལ་བའི་གསུང་།།

查東根嘎美巴給為松
響空無生無滅佛之語

གདགས་སྟོང་རྒྱལ་བའི་གསུང་ལ་གསོལ་བ་འདེབས།།

查東給為松拉梭瓦德
至誠祈請響空佛聖語

ཨོ་རྒྱན་པདྨ་འབྱུང་གནས་ལ་གསོལ་བ་འདེབས།།

歐根貝瑪炯內拉梭瓦德
至誠祈請烏金蓮花生尊

འདི་ལྟར་ཡིད་ཀྱི་ཡུལ་དུ་འགྱུ་བ་ཡི།།

迪達以己於圖古瓦以
如是流動作為心對境

ཉོན་མོངས་དུག་ལྔའི་རྟོག་པ་ཅི་ཤར་ཡང་།།

紐孟圖額斗巴計夏揚
所現任何煩惱五毒念

ཕྱིན་བསུ་རྗེས་དཔྱོད་བློ་ཡིས་བཅོས་མི་གཞུག།

溫素節決樓以決米許
不迎不追心識不造作

འགྱུ་བ་རང་སར་བཞག་པས་ཆོས་སྐུར་གྲོལ།།

古瓦壞薩俠貝卻固垂
識流即放解脫為法身

རིག་པ་རང་གྲོལ་གྱི་བླ་མ་ལ་གསོལ་བ་འདེབས།།

日巴攘卓己喇嘛拉梭瓦德
祈請明覺自解脫之上師眾

ཨོ་རྒྱན་པདྨ་འབྱུང་གནས་ལ་གསོལ་བ་འདེབས།།

歐根貝瑪炯內拉梭瓦德
至誠祈請烏金蓮花生尊

ཕྱི་སྣར་གཟུང་བའི་ཡུལ་སྣང་དག་པ་དང་།།

企達松威於囊塔巴堂
外在所執境相得清淨

ནང་སྣར་འཛིན་པའི་སེམས་ཉིད་གྲོལ་བ་དང་།།

囊達增貝森尼垂瓦堂
內在能執之心得解脫

117

བར་དུ་འོད་གསལ་རང་ངོ་ཤེས་པ་རུ།།

帕圖瑋瑟攘偶謝巴如
中間了知光明本面目

དུས་གསུམ་བདེ་གཤེགས་རྣམས་ཀྱི་ཐུགས་རྗེ་ཡིས།།

圖松德謝南己圖界以
三世一切如來以大悲

བདག་འདྲའི་རང་རྒྱུད་གྲོལ་བར་བྱིན་གྱིས་རློབས།།

當哲攘局垂瓦琴己樓
加持如我心續得解脫

ཨོ་རྒྱན་པདྨ་འབྱུང་གནས་ལ་གསོལ་བ་འདེབས་སོ།།

歐根貝瑪炯內拉梭瓦德搜
至誠祈請烏金蓮花生大士

དེ་ལྟར་རྒྱུན་ཆད་མེད་པར་གསོལ་བ་ཐོབ། ནས་མཁའི་སྙིང་པོ་རིག་པའི་བཙན་ས་ཟུངས། བདག་དང་འབྲལ་བ་མེད་པར་བདེ་ཆེན་གནས་སུ་སྙོན། ཞེས་གསུངས་སོ།

復云：「如是無有間斷誠祈請，南開寧波持明覺堅地，與我無別前往大樂處。」

第五品 · 納南敦炯所請求之祈請文

བདེ་ནས་སྤྲུལ་ནས་དོ་རྗེ་བདུད་འཛོམས་ཀྱིས་ཞུས་པ། ཀྱེ་སློབ་དཔོན་ཆེན་པོ་ལགས། ཉིད་སངས་རྒྱས་ཐམས་ཅད་འདུས་པའི་སྐུ། སངས་རྒྱས་ཐམས་ཅད་འདུས་པའི་གསུང༌། སངས་རྒྱས་ཐམས་ཅད་འདུས་པའི་ཐུགས། བདེ་གཤེགས་ཀུན་འདུས་ཐུགས་རྗེ་ཅན། པདྨ་འབྱུང་གནས་རྒྱལ་བའི་སྐུ། ཁྱོད་ལས་ལྷག་པ་གཞན་ན་མེད། བདག་དང་མ་འོངས་དོན་ཆེད་དུ། ཉིད་ཀྱི་ཕྱོག་ཚུལ་མཛད་ཚུལ་ལ། བརྩེན་ནས་དང་དུ་འཛིན་པ་དང༌། ཡིད་ཆེས་གུས་ཀྱིས་སྐྱེ་བ་ཡི། གསོལ་འདེབས་བྱིན་ཀྱིས་རློབས་པའི་གསུང༌། བདག་ལ་ཐུགས་རྗེས་གནང་བར་ཞུ་ཞེས་ཞུས་སོ།

爾後，納南敦炯請求言：「喔！大阿闍黎呀！您乃總集諸佛身，
總集一切佛之語，總集一切佛之意，如來總集大悲尊。蓮花
生之勝佛身，無有比您超勝者，為利我與未來眾，您之現世
及行儀，依之可引清淨心，復生信任與虔敬，加持聖語祈請
文，請以大悲傳予我。」

བཀའ་སྩལ་པ། ཧོན་ཅིག་སྔགས་ཀྱི་རྣལ་འབྱོར་པ། ང་ཡི་རྣམ་ཐར་མཛད་ཚུལ་ནི། བསམ་གྱིས་མི་ཁྱབ་བརྗོད་མི་ལང༌། འོན་ཀྱང་འཛམ་གླིང་བོད་ཡུལ་དུ། སྤྲུལ་པས་འགྲོ་དོན་བྱས་པའི་ཚུལ། ཅུང་ཟིག་བཤད་ཀྱིས་གུས་པས་ཉོན། རྒྱུན་ཆད་མེད་པར་གསོལ་བ་ཐོབ། ཅེས་གསུངས་སོ།

蓮師云：「諦聽咒之瑜伽士，我之傳記及行儀，不可思議無
可詮，然於贍部洲藏地，幻化利益眾生理，稍加講說當恭聽，
無有間斷誠祈請！」

ༀ་མ་སྒྲུབ༔

ཨེ་མ་ཧོ། སྟོ་ནུབ་ང་ཡབ་སྲིང་ཕྲན་སྲིན་པོའི་ཡུལ།།

埃瑪后！后努阿亞林成森貝於
甚希奇！西南妙拂小洲羅剎境

སིནྡྷུ་རྒྱ་མཚོ་རོལ་པོའི་མཚོ་གླིང་དུ།།

辛度嘉措若北湊林圖
辛度遊戲海之海島上

ཀླུ་རྒྱལ་འཇོག་པོ་གནས་པའི་ཁང་སྟེང་དུ།།

路給久波內貝康登圖
龍王德迦叉之住處上

པདྨ་འབར་བའི་སྡོང་པོའི་རྩེ་ལས་འཁྲུངས།།

貝瑪巴威東貝澤雷充
燦爛蓮花莖頂中誕生

རང་བྱུང་རྡོ་མཚར་ཅན་ལ་གསོལ་བ་འདེབས།།

壤穹偶擦間拉梭瓦德
至誠祈請神奇自生尊

ཨོ་རྒྱན་པདྨ་འབྱུང་གནས་ལ་གསོལ་བ་འདེབས།།

歐根貝瑪炯內拉梭瓦德
至誠祈請烏金蓮花生尊

120

ཕ་དང་མ་མེད་ཁྱེའུ་སྤྲུལ་པའི་སྐུ།།

帕堂瑪美克屋珠北固

無父無母童子幻化身

རྒྱུ་མེད་ཀྱེན་མེད་རྒྱ་མཚོའི་ཀློང་ལས་བྱོན།།

局美根美佳崔隆雷全

無依因緣而從大海來

མ་རིག་ལོག་པའི་སེམས་ཅན་འདྲེན་པའི་དཔལ།།

瑪日樓北森間正貝巴

引領無明顛倒有情尊

བདེ་གཤེགས་སྐུ་གསུང་ཐུགས་ཀྱི་སྤྲུལ་པ་སྟེ།།

德謝固松圖己珠巴德

您乃如來身語意幻化

སྤྲུལ་སྐུ་མཚོ་སྐྱེས་རྡོ་རྗེ་ལ་གསོལ་བ་འདེབས།།

珠固湊給斗節拉梭瓦德

至誠祈請化身海生金剛

ཨོ་རྒྱན་པདྨ་འབྱུང་གནས་ལ་གསོལ་བ་འདེབས།།

歐根貝瑪炯內拉梭瓦德

至誠祈請烏金蓮花生尊

121

ལས་ཅན་རྒྱལ་པོ་ཨི་ཙྪ་བྷུ་ཏི་ཡིས།།

雷間給波恩札布帝以
具足業緣因札菩提王

རྒྱ་མཚོ་ཆེན་པོའི་གླིང་ནས་རྙེད་དེ་བྱོན།།

嘉措千貝林內涅提全
從大海島尋獲而現世

དད་པས་སྤྱན་དྲངས་རྒྱལ་པོར་མངའ་གསོལ་མཛད།།

特貝間常給波阿梭澤
信心恭迎加冕為國王

རྒྱལ་སྲིད་ཆོས་ཀྱི་ཁྲིམས་ཀྱིས་བདེ་ལ་བཀོད།།

給斯卻己稱己德拉貴
以法治國安置於安樂

རྒྱལ་པོ་ཐོར་ཅོག་ཅན་ལ་གསོལ་བ་འདེབས།།

給波透究間拉梭瓦德
至誠祈請具髮髻國王

ཨོ་རྒྱན་པདྨ་འབྱུང་གནས་ལ་གསོལ་བ་འདེབས།།

歐根貝瑪烔內拉梭瓦德
至誠祈請烏金蓮花生尊

ཕྲ་ཕྱོགས་བསིལ་བ་ཚལ་གྱི་དུར་ཁྲོད་དུ།།

后秋斯瓦策己圖垂土
南方清涼苑之屍陀林

རྒྱལ་སྲིད་སྤངས་ནས་བརྟུལ་ཞུགས་སྤྱོད་པ་མཛད།།

給斯邦內度許決巴澤
捨棄王位而修持禁行

ཏ་ན་གྲ་ནའི་སྦྱོར་སྒྲོལ་དགོངས་པ་ཡིས།།

達納嘎內就卓貢巴以
達那嘎納合度之密意

མ་མོ་མཁའ་འགྲོ་ཐམས་ཅད་དབང་དུ་བསྡུས།།

瑪嫫康周壇皆汪圖度
權攝一切媽嫫空行眾

ཤནྟ་རཀྵི་ཏ་ལ་གསོལ་བ་འདེབས།།

香達拉悉達拉梭瓦德
至誠祈請香達拉悉達

ཨོ་རྒྱན་པདྨ་འབྱུང་གནས་ལ་གསོལ་བ་འདེབས།།

歐根貝瑪炯內拉梭瓦德
至誠祈請烏金蓮花生尊

ཕྱོགས་བཞིའི་དུར་ཁྲོད་ཀུན་ཏུ་སྤྱོད་པ་མཛད།།

秋息土垂袞度決巴澤
四方諸屍陀林中修行

ཡེ་ཤེས་མཁའ་འགྲོ་རྣམས་ཀྱིས་བྱིན་གྱིས་བརླབས།།

耶謝康周南己琴己拉
智慧空行聖眾予加持

རྡོ་རྗེ་ཕག་མོའི་ཞལ་མཐོང་དངོས་གྲུབ་ཐོབ།།

斗節帕莫協通沃竹透
親見金剛亥母得悉地

ནམ་མཁའི་གཟའ་ཆེན་ཐམས་ཅད་བྲན་དུ་བཀོལ།།

南開薩千壇皆成圖過
盡納虛空大星曜為僕

རྡོ་རྗེ་དྲག་པོ་རྩལ་ལ་གསོལ་བ་འདེབས།།

斗節查波澤拉梭瓦德
至誠祈請金剛威猛力

ཨོ་རྒྱན་པདྨ་འབྱུང་གནས་ལ་གསོལ་བ་འདེབས།།

歐根貝瑪炯內拉梭瓦德
至誠祈請烏金蓮花生尊

བྲག་དམར་བྱ་ཁྱུང་ཚལ་གྱི་ཀེའུ་ཚང་དུ།།

查瑪恰空策己格倉圖
紅巖鵬鳥苑之洞窟中

སློབ་དཔོན་པ་ཛྲ་ཧསྟིའི་སྤྱན་སྔར་ཕྱིན།།

樓本札巴哈帝[1] 間阿全
來到札巴哈帝大師前

རྣལ་འབྱོར་ཡོ་གའི་ཆོས་ལ་སྦྱངས་པ་མཛད།།

南久右給卻拉江巴則
修學瑜伽續部之法門

ཡོ་གའི་ལྷ་ཚོགས་རྣམས་ཀྱི་ཞལ་གཟིགས་པའི།།

右給哈湊南己協斯貝
親見瑜伽部之天尊眾

ཤཱཀྱ་སེང་གེའི་སྐུ་ལ་གསོལ་བ་འདེབས།།

夏佳森給固拉梭瓦德
至誠祈請釋迦獅子尊

ཨོ་རྒྱན་པདྨ་འབྱུང་གནས་ལ་གསོལ་བ་འདེབས།།

歐根貝瑪炯內拉梭瓦德
至誠祈請烏金蓮花生尊

རྒྱ་གར་ཡུལ་གྱི་ཕྱོགས་བཞིའི་གནས་ཆེན་དུ།།

嘉嘎於己秋息內千圖
印度境中四方大聖地

རིག་འཛིན་གྲུབ་ཐོབ་མང་པོའི་སྤྱན་སྔར་ཕྱོན།།

仁增竹透芒貝間阿全
前往持明成就者尊前

ཡོ་ག་རྣམ་གསུམ་ཆོས་ལ་སྦྱངས་པ་མཛད།།

右嘎南松卻拉江巴則
修學三種瑜伽之法門

མཚན་ཉིད་རྒྱུ་ཡི་ཆོས་ཀྱི་སྒྲོ་འདོགས་བཅད།།

餐尼局以卻己中斗介
透過相性因法斷增益 [2]

མཁས་པ་བློ་ལྡན་མཆོག་སྲིད་ལ་གསོལ་བ་འདེབས།།

克巴樓登秋斯拉梭瓦德
至誠祈請愛慧上師尊

ཨོ་རྒྱན་པདྨ་འབྱུང་གནས་ལ་གསོལ་བ་འདེབས།།

歐根貝瑪炯內拉梭瓦德
至誠祈請烏金蓮花生尊

བྲག་ཕུག་མ་ར་ཏེ་ཀའི་ཀེའི་ཚང་དུ།།

查菩瑪慈帝給格倉圖
岩洞瑪拉蒂卡聖窟中

འཆི་མེད་ཚེ་ཡི་རིག་འཛིན་བསྒྲུབས་པའི་ཚེ།།

企美策以仁增竹貝策
修持無死長壽持明時

མགོན་པོ་ཚེ་དཔག་མེད་ཀྱིས་བྱིན་གྱིས་བརླབས།།

貢波策巴美己琴己拉
怙主無量壽佛賜加持

སྐུ་འཆི་མེད་པ་རྡོ་རྗེའི་ལུས་སུ་གྱུར།།

根企美巴斗節呂素久
轉為無生無死金剛身

འཆི་མེད་པདྨ་འབྱུང་གནས་ལ་གསོལ་བ་འདེབས།།

企美貝瑪炯內拉梭瓦德
祈請無死蓮花生大士尊

ཨོ་རྒྱན་པདྨ་འབྱུང་གནས་ལ་གསོལ་བ་འདེབས།།

歐根貝瑪炯內拉梭瓦德
至誠祈請烏金蓮花生尊

ཟ་ཏོར་རྒྱལ་ཁམས་འདུལ་དུ་གཤེགས་པའི་ཚེ།།

薩后給堪堵圖謝北策
前去調伏薩霍王國時

མ་རིག་འཁྲུལ་པའི་སེམས་ཅན་ཆོས་ལ་བཙུད།།

瑪日出貝森間卻拉租
無明迷亂有情入佛門

ཡ་མཚན་རྨད་དུ་བྱུང་བའི་རྫུ་འཕྲུལ་བསྟན།།

揚參美圖穹威總出登
示現神奇絕妙之神通

རྒྱལ་ཁམས་ཐམས་ཅད་ཆོས་ཀྱིས་གང་བར་མཛད།།

給堪壇界卻己康瓦則
復令佛法充滿全國境

པདྨ་སམྦྷའི་སྐུ་ལ་གསོལ་བ་འདེབས།།

貝瑪桑貝固拉梭瓦德
至誠祈請貝瑪桑巴瓦

ཨོ་རྒྱན་པདྨ་འབྱུང་གནས་ལ་གསོལ་བ་འདེབས།།

歐根貝瑪炯內拉梭瓦德
至誠祈請烏金蓮花生尊

ཨོ་རྒྱན་རྒྱལ་ཁམས་འདུལ་དུ་གཤེགས་པའི་ཚེ།།

歐根給堪堵圖謝貝策
前往調化烏金國境時

གཤེད་མས་མེ་ཡི་དབུས་སུ་བསྲེགས་པ་ན།།

謝美美以玉素瑟巴納
遭受屠夫焚燒大火中

མེ་དཔུང་མཚོ་རུ་བསྒྱུར་ཏེ་ཆུ་འཕྱུལ་བསྟན།།

美崩湊如久德總出登
示現轉火成湖之神通

ཨེ་ཙ་བྷུ་ཏེ་བྱང་ཆུབ་ལམ་ལ་བཀོད།།

恩札布帝強去藍拉貴
因札菩提置於菩提道

སྲས་མཆོག་པདྨ་རྒྱལ་པོ་ལ་གསོལ་བ་འདེབས།།

瑟秋貝瑪給波拉梭瓦德
祈請殊勝佛子蓮花國王

ཨོ་རྒྱན་པདྨ་འབྱུང་གནས་ལ་གསོལ་བ་འདེབས།།

歐根貝瑪炯內拉梭瓦德
至誠祈請烏金蓮花生尊

འོག་མིན་གནས་དང་བདེ་ཆེན་དུར་ཁྲོད་དང་། །

偶明內堂德千土垂堂
奧明刹土及大樂屍林

ལྷུན་གྲུབ་བརྩེགས་དང་པདྨ་བརྩེགས་ལ་སོགས། །

倫竹則堂貝瑪則拉搜
任成積與蓮花積等地

རང་བྱུང་མཆོད་རྟེན་དྲུང་དུ་བཞུགས་པའི་ཚེ། །

壞穹卻登崇圖許貝策
安住自生佛塔之前時

མ་མོ་མཁའ་འགྲོ་ཆོས་སྐྱོང་འཁོར་གྱིས་བསྐོར། །

瑪嫫康周卻炯扣己勾
媽嫫空行護法眷屬繞

གུ་རུ་ཉི་མ་འོད་ཟེར་ལ་གསོལ་བ་འདེབས། །

咕如尼瑪瑋瑟拉梭瓦德
至誠祈請太陽光芒上師

ཨོ་རྒྱན་པདྨ་འབྱུང་གནས་ལ་གསོལ་བ་འདེབས། །

歐根貝瑪炯內拉梭瓦德
至誠祈請烏金蓮花生尊

ཕྱི་ཕྱོགས་རྒྱ་གར་ཡུལ་དུ་གཤེགས་པའི་ཚེ།།

后秋佳嘎於圖謝貝策
前往南方印度國境時

མཁའ་འགྲོ་བདུད་འདུལ་མ་ཡིས་བྱིན་གྱིས་བརླབས།།

康周堵度瑪以琴己拉
得到降魔空行母加持

མུ་སྟེགས་སྟོན་པ་ལྔ་བརྒྱའི་ཚིག་པ་བཟློག།

木嗲敦巴阿給最巴斗
回遮五百外道師之諍

ངན་སྔགས་བདག་པོ་མུ་སྟེགས་ཐོག་གིས་བརླག།

恩阿達波木嗲透己哲
雷劈惡咒之主外道師

འཕགས་པ་སེང་གེ་སྒྲ་སྒྲོགས་ལ་གསོལ་བ་འདེབས།།

帕巴森給札周拉梭瓦德
至誠祈請獅吼聲響聖尊

ཨོ་རྒྱན་པདྨ་འབྱུང་གནས་ལ་གསོལ་བ་འདེབས།།

歐根貝瑪炯內拉梭瓦德
至誠祈請烏金蓮花生尊

བལ་ཡུལ་ཡང་ལེ་ཤོད་ཀྱི་བྲག་ཕུག་ཏུ།།

培於揚雷雪己查菩度

尼泊爾之揚列雪石窟

ཡང་དག་བདེ་ཆེན་སྙིང་པོ་བསྒྲུབས་པའི་ཚེ།།

央大德千寧波竹貝策

修持真實大樂心藏時 [3]

བར་ཆད་བགེགས་རྣམས་རྡོ་རྗེ་ཕུར་པས་བསྒྲལ།།

帕切給南斗節普貝哲

您依普巴金剛滅魔障

ཕྱག་རྒྱ་ཆེན་པོའི་དངོས་གྲུབ་གནས་དེར་ཐོབ།།

恰佳千貝沃竹內提透

於彼得到大手印悉地

རྡོ་རྗེ་ཕོད་ཕྲེང་རྩལ་ལ་གསོལ་བ་འདེབས།།

斗節妥稱則拉梭瓦德

至誠祈請金剛顯豐力

ཨོ་རྒྱན་པདྨ་འབྱུང་གནས་ལ་གསོལ་བ་འདེབས།།

歐根貝瑪烱內拉梭瓦德

至誠祈請烏金蓮花生尊

བྱང་ཕྱོགས་རྒྱལ་པོའི་དོན་ལ་ཕྱིན་པའི་ཚེ།།

強秋給貝屯拉全北策
為利國王前往北方時

བོད་ཀྱི་གནོད་སྦྱིན་ཐམས་ཅད་དམ་ལ་བཏགས།།

培己諾金壇皆坦拉達
令諸西藏藥剎皆立誓

བསམ་ཡས་མངའ་གསོལ་རྒྱལ་པོའི་དགོངས་པ་བསྐྲུབས།།

散耶阿梭給貝貢巴竹
桑耶落成實現國王願

བོད་ཡུལ་ཐམས་ཅད་ཆོས་ཀྱིས་གང་བར་མཛད།།

培於壇皆卻己康瓦則
令法充滿西藏之全境

སྤྲུལ་སྐུ་པདྨ་འབྱུང་གནས་ལ་གསོལ་བ་འདེབས།།

珠固貝瑪炯內拉梭瓦德
至誠祈請化身蓮花生尊

ཨོ་རྒྱན་པདྨ་འབྱུང་གནས་ལ་གསོལ་བ་འདེབས།།

歐根貝瑪炯內拉梭瓦德
至誠祈請烏金蓮花生尊

བསམ་ཡས་མཆིམས་ཕུའི་བྲག་དམར་ཀེའུ་ཚང་དུ།།

散耶青普查瑪格倉圖

桑耶青朴紅岩聖窟中

སྒྲུབ་ཆེན་བཀའ་བརྒྱད་གསང་སྔགས་དཀྱིལ་འཁོར་དུ།།

竹千嘎給桑阿金扣圖

大修八大密咒壇城中 [4]

ལས་ཅན་རྒྱལ་པོ་རྗེ་འབངས་སྨིན་པར་མཛད།།

雷間給波間邦明巴則

成熟具足業緣王臣眾

གསང་སྔགས་འབྲས་བུའི་ཐེག་པ་རྒྱས་པར་མཛད།།

桑阿哲布特巴給巴則

廣大宏傳祕密咒果乘

བཀའ་དྲིན་བསམ་ལས་འདས་ལ་གསོལ་བ་འདེབས།།

嘎真散雷德拉梭瓦德

大恩超越想像誠祈請

ཨོ་རྒྱན་པདྨ་འབྱུང་གནས་ལ་གསོལ་བ་འདེབས།།

歐根貝瑪炯內拉梭瓦德

至誠祈請烏金蓮花生尊

སྟག་ཚང་སེང་གེ་བསམ་འགྲུབ་ཀྱི་ཚང་དུ།།

達倉森給散竹格倉圖
虎穴滿足願望獅窟中

གདུག་པའི་ཤུ་སྟེགས་བདུད་དང་དམ་སྲི་བཏུལ།།

堵貝木嗲堵堂坦斯度
降伏邪惡外道魔厲鬼

གནས་ཆེན་གངས་བྲག་རྣམས་ལ་གཏེར་ཆེན་སྦས།།

內千康札南拉德千北
雪岩大聖地中埋大藏

མ་འོངས་སྙིགས་མའི་སེམས་ཅན་ཐུགས་རྗེ་གཟིགས།།

瑪翁寧美森間圖界斯
大悲觀視未來濁世眾

རྡོ་རྗེ་གྲོ་ལོད་རྩལ་ལ་གསོལ་བ་འདེབས།།

斗節抽略則拉梭瓦德
至誠祈請多傑綽洛尊

ཨོ་རྒྱན་པདྨ་འབྱུང་གནས་ལ་གསོལ་བ་འདེབས།།

歐根貝瑪炯內拉梭瓦德
至誠祈請烏金蓮花生尊

135

བོད་ཀྱི་གངས་ཆེན་བཞི་ལ་སྒྲུབ་ཁང་མཛད།།

培己康千息拉竹康則
西藏四大雪山建關房

བྲག་ཕུག་ཆེན་པོ་བརྒྱད་ལ་ཡང་དབེན་མཛད།།

查菩千波給拉揚溫則
八大岩窟當中靜謐修

ཕྱོགས་བཞིའི་བྲག་ལ་སྤྲུལ་སྐུའི་ཞབས་རྗེས་བཞག།

秋息查拉珠固俠節俠
四方岩上留化身足印

བྲགས་པའི་མཚོ་ཆེན་བཞི་ལ་ཕྱག་རྗེས་བཞག།

查貝湊千息拉恰節俠
四大名湖之中留手印

འགྲོ་དྲུག་སྒྲིབ་སྦྱོང་མཛད་ལ་གསོལ་བ་འདེབས།།

周出直炯則拉梭瓦德
淨除六道蓋障誠祈請

ཨོ་རྒྱན་པདྨ་འབྱུང་གནས་ལ་གསོལ་བ་འདེབས།།

歐根貝瑪炯內拉梭瓦德
至誠祈請烏金蓮花生尊

ཟླ་ཕྱོགས་མོན་ཁབའི་བྲག་ལ་སྐུ་རྗེས་བཞག།།

后秋門可查拉固節俠
南方門境岩上留身印 [5]

སྐུ་ཚབ་གཏེར་ལྔ་བོད་ཀྱི་དོན་ལ་བཞག།།

固擦德阿培己屯拉俠
為利西藏留五替身像

སངས་རྒྱས་བསྟན་པ་མཐའ་རུ་རྒྱས་པར་མཛད།།

桑給登巴塔如給巴則
廣大宏揚佛陀之聖教

བོད་ཀྱི་སྐྱ་གཅིག་འགྲོ་བ་ཡོངས་ཀྱི་དཔལ།།

培己哈計周瓦永己巴
西藏眾生聖主唯一天

ཐུགས་རྗེ་ཁྱད་པར་ཅན་ལ་གསོལ་བ་འདེབས།།

圖界克巴間拉梭瓦德
至誠祈請殊勝大悲尊

ཨོ་རྒྱན་པདྨ་འབྱུང་གནས་ལ་གསོལ་བ་འདེབས།།

歐根貝瑪炯內拉梭瓦德
至誠祈請烏金蓮花生尊

ནུབ་ལྷ་ང་ཡབ་གླིང་ཕྲན་དཔལ་རིའི་རྩེར།།

后努阿亞林稱巴日則
西南小妙拂洲祥山頂

རིག་འཛིན་མཁའ་འགྲོ་མང་པོའི་རྒྱལ་པོ་མཛད།།

仁增康周芒貝給波澤
成為眾多持明空行王

ཤ་ཟ་སྲིན་པོ་ཐམས་ཅད་དམ་ལ་བཏགས།།

夏薩森波壇皆坦拉達
令諸食肉羅剎皆立誓

བོད་ལ་རྒྱུན་ཆད་མེད་པར་ཐུགས་རྗེས་གཟིགས།།

培拉均切美巴圖界斯
大悲眷顧西藏無間斷

དྲིན་ཅེན་སྤྲུལ་པའི་སྐུ་ལ་གསོལ་བ་འདེབས།།

真千珠貝固拉梭瓦德
至誠祈請大恩幻化身

ཨོ་རྒྱན་པདྨ་འབྱུང་གནས་ལ་གསོལ་བ་འདེབས།།

歐根貝瑪炯內拉梭瓦德
至誠祈請烏金蓮花生尊

ལྷ་བརྒྱའི་ཐ་མར་བོད་ཀྱི་སེམས་ཅན་ལ།།

阿給塔瑪培己森間拉
五百末年西藏之有情

ལས་ངན་དབང་གིས་སྡུག་བསྔལ་རྒྱུན་ཆད་མེད།།

雷恩汪己堵額均切美
惡業力故痛苦無間斷

ཁྱེད་ཀྱི་རྣམ་ཐར་དྲན་ཅིང་གསོལ་འདེབས་ན།།

奎己南塔成金梭德納
憶念您之傳記並祈請

བདག་དང་འགྲོ་དྲུག་སེམས་ཅན་ཐམས་ཅད་ལ།།

達堂周出森間壇皆拉
於我以及六道諸有情

ཐུགས་རྗེ་གཟིགས་ལ་བྱིན་གྱིས་བརླབ་ཏུ་གསོལ།།

圖界斯拉琴己拉度梭
祈以大悲眷顧賜加持

ཨོ་རྒྱན་པདྨ་འབྱུང་གནས་ལ་གསོལ་བ་འདེབས་སོ།།

歐根貝瑪炯內拉梭瓦德搜
至誠祈請烏金蓮花生大士

རྡོ་རྗེ་བདུད་འཛོམས་ལེགས་པར་གྱུས་པས་ཉོན། ང་ཡི་རྣམ་ཐར་དྲན་ཞིང་གསོལ་བ་ཐོབ། ཚེ་འདིར་པདྨ་ང་ཡི་
བྱིན་གྱིས་རློབ། ཕྱི་མ་བྱང་ཆུབ་ལམ་ལ་འགོད་པར་ངེས། ཞེས་གསུངས་སོ།

復云：「多傑敦炯恭敬善諦聽，憶念我之傳記並祈請，此生
蓮花吾人予加持，來世必定置於菩提道。」

---

1. 梵語實際發音較接近「普拉巴哈斯帝」。

2. 相性因法指的是顯教。

3. 指八大法行中的真實嘿如嘎。

4. 指八大法行。

5. 門境位於現今不丹以及印度境內的阿魯納恰爾邦（Arunachal Pradesh）。

第六品 · 穆赤贊布王子所請求之祈請文

དེ་ནས་ལྷ་སྲས་མུ་ཁྲི་བཙན་པོས་ཞུས་པ།

ཀྱེ་སློབ་དཔོན་ཆེན་པོ་ལགས། དུས་མ་འོངས་པ་ལྔ་བརྒྱ་སྙིགས་མ་ལ་ཐུག་པའི་ཚེ། སེམས་ཅན་ཐམས་ཅད་ལས་
ངན་གྱི་དབང་གིས་སྡུག་བསྔལ་ལ་སྤྱོད་དགོས་པར་གསུངས་གདའ། དེ་རྣམས་ལ་ཐུགས་རྗེ་གཟིགས་ནས་
སྡུག་བསྔལ་ལས་སྐྱོབ་ནུས་པའི་གསོལ་འདེབས་ཤིག་ཞུ་ཞེས་ཞུས་སོ།

爾後，穆赤贊布王子啟白言：「喔！大阿闍黎呀！您曾說過，未來遭逢濁時五百年之際，一切有情因惡業之力，所受盡是痛苦。請求您以大悲眷顧彼等，傳授一篇可救拔痛苦之祈請文。」

བཀའ་སྩལ་པ།

ཉོན་ཅིག་མུ་ཁྲི་བཙན་པོ། ཚ་བའི་ཡུལ་མེད་ན་རྒྱུ་སྙིགས་ཀྱི་ནུས་པ་མི་འགོ། དད་པའི་ཞིང་ས་མེད་ན་བྱང་ཆུབ་ཀྱི་
མྱུ་གུ་མི་སྐྱེ། ཡིད་ཆེད་ཤེས་ཀྱི་བློ་མ་ཞིག་ན་དཀོན་མཆོག་གསུམ་གྱི་བྱིན་རླབས་རྒྱང་རིང་། ཉོན་ཅིག་ལྷ་སྲས་སངས་
རྒྱས་དང་བྱང་ཆུབ་སེམས་དཔའ་རྣམས་འགྲོ་བའི་དོན་རྒྱུན་ཆད་མེད་པར་མཛད་དེ། འགྲོ་དྲུག་དུག་ལྔའི་བདག་
འཛིན་སྟོབས་ཆེ་བས། འཁོར་བ་དོང་ནས་སྤྲུགས་པར་མ་གྱུར། ལྷ་སྲས་རང་ཡང་བོད་འབངས་ཕྱི་མ་རྣམས་སྒྲུག
བསྔལ་ལས་སྐྱོབ་པར་འདོད་ན། ཡིད་ཆེད་ཤེས་ཀྱི་དད་པ་བརྟན་པར་གྱིས་ལ་བློ་དཀོན་མཆོག་གསུམ་ལ་གཏོད་ཅིག
ཅེས་ཞལ་ཆེམས་སུ་འབངས་ལ་ཞིག། དུས་རྒྱུན་དུ་གསོལ་བ་འདི་ལྟར་དུ་གསོལ་བ་ཐོབ་ཅེས་གསུངས་སོ།

蓮師云：「穆赤贊布諦聽！若無熱境，染劑不起作用；若無信心之田，菩提苗芽不生；若無全然寄託之心，則遠三寶加持。王子諦聽！佛菩薩眾無有間斷地利益眾生，六道五毒之我執勢力強大，無法根除輪迴。王子，你若也想救拔藏民後代之苦，當堅穩全然信心，將心思寄託於三寶。」如是對子民交付遺囑。又云：「平時當如是恭敬祈請。」

ཨེ་མ་ཧོ། ནུབ་ཕྱོགས་བདེ་བ་ཅན་གྱི་ཞིང་ཁམས་སུ།།

埃瑪后！努秋德瓦間己辛堪素

甚希奇！西方極樂世界淨土中

མགོན་པོ་ཆེ་དཔག་མེད་ཀྱི་ཐུགས་རྗེ་ཡིས།།

貢波策巴美己圖界以

怙主阿彌陀佛以大悲

འཛམ་བུའི་གླིང་དུ་འགྲོ་བའི་དོན་ལ་དགོངས།།

贊布林圖周威屯貢

垂念瞻部洲中眾生事

ཕྱོགས་བཅུའི་སངས་རྒྱས་ཀུན་གྱིས་བྱིན་བརླབས་པའི།།

秋句桑給袞己琴拉貝

十方一切諸佛賜加持

དུས་གསུམ་བདེ་གཤེགས་རྣམས་ལ་གསོལ་བ་འདེབས།།

圖松德謝南拉梭瓦德

至誠祈請三世諸如來

ཨོ་རྒྱན་པདྨ་འབྱུང་གནས་ལ་གསོལ་བ་འདེབས།།

歐根貝瑪炯內拉梭瓦德

至誠祈請烏金蓮花生尊

辛度嘉措若貝湊林圖

辛度遊戲大海之島上

美斗貝瑪巴為東波拉

您於燦爛蓮花枝莖上

帕堂瑪美壤穹序雷穹

無父無母自然而誕生

局美根美周為屯拉全

不藉因緣為利眾而來

壤穹偶擦間拉梭瓦德

至誠祈請自生神奇尊

歐根貝瑪炯內拉梭瓦德

至誠祈請烏金蓮花生尊

143

བདས་རྒྱས་ཀུན་གྱི་སྐུ་ཡི་སྤྲུལ་པ་སྟེ།།

桑給衰己固以珠巴德
您乃一切諸佛身幻化

རང་བྱུང་མཚན་དང་དཔེ་བྱད་ཕུན་པར་ཚོན།།

壞穹參堂貝切登巴全
具足自生諸相及隨行

ཉི་མ་སྟོང་གི་འོད་ལས་གཟི་མདངས་ཆེ།།

尼瑪東己偉雷斯當切
威風凜凜猶勝千日光

ཁྱོད་ཀྱི་སྤྲུལ་པས་འཛིག་རྟེན་ཁྱབ་པར་འགྱེད།།

奎己珠貝己登恰巴給
您之幻化開展遍世間

ཡ་མཚན་སྤྲུལ་པའི་སྐུ་ལ་གསོལ་བ་འདེབས།།

揚參珠貝固拉梭瓦德
至誠祈請神奇幻化身

ཨོ་རྒྱན་པདྨ་འབྱུང་གནས་ལ་གསོལ་བ་འདེབས།།

歐根貝瑪炯內拉梭瓦德
至誠祈請烏金蓮花生尊

སངས་རྒྱས་ཀུན་གྱི་གསུང་གི་སྤྲུལ་པ་སྟེ།།

桑給衮己松己珠巴德
您乃一切諸佛語幻化

མ་ཆགས་པདྨའི་སྡོང་པོའི་རྩེ་ལས་འཁྲུངས།།

瑪恰貝美東貝則雷崇
誕生無貪蓮花莖頂上

འབྲུག་ཆེན་སྡོང་གི་སྒྲ་བས་གསུང་གདངས་ཆེ།།

竹千東己札維松當切
語聲響亮猶勝千龍音

འགྲོ་བའི་དོན་དུ་ཐེག་ཆེན་ཆོས་སྒྲ་སྒྲོགས།།

周威屯圖特千卻札周
為利眾生宣大乘法音

འབྲུག་ལྟར་སྒྲོགས་པའི་གསུང་ལ་གསོལ་བ་འདེབས།།

竹達周北松拉梭瓦德
至誠祈請如龍響聖語

ཨོ་རྒྱན་པདྨ་འབྱུང་གནས་ལ་གསོལ་བ་འདེབས།།

歐根貝瑪炯內拉梭瓦德
至誠祈請烏金蓮花生尊

སངས་རྒྱས་ཀུན་གྱི་ཐུགས་ཀྱི་སྤྲུལ་པ་སྟེ།།

桑給衮己圖己珠巴德
您乃一切諸佛意幻化

རྒྱ་མཚོ་གཏིང་མཐའ་མེད་པའི་ཀློང་ལས་སྐྱེས།།

嘉措丁塔美北隆雷給
生於深不可測之大海

ནམ་མཁའི་གློག་ལས་ཐུགས་རྗེའི་ཕྲིན་ལས་མྱུར།།

南開樓雷圖界稱雷紐
大悲事業較空電猶迅

དགོངས་པ་ཟབ་མོ་ནམ་མཁའི་མཐའ་དང་མཉམ།།

貢巴薩莫南開塔堂釀
密意甚深等同虛空際

ཅིར་ཡང་ས་ལེའི་ཐུགས་ལ་གསོལ་བ་འདེབས།།

計揚薩雷圖拉梭瓦德
至誠祈請知曉萬事意

ཨོ་རྒྱན་པདྨ་འབྱུང་གནས་ལ་གསོལ་བ་འདེབས།།

歐根貝瑪炯內拉梭瓦德
至誠祈請烏金蓮花生尊

འགྲོ་བའི་དོན་དུ་ཡིད་བཞིན་ནོར་བུའི་སྐུ།།

周威屯圖以辛諾布固

為利眾生如意寶珠身

ཁྱོད་ཀྱི་མཚན་ཐོས་ཙམ་གྱིས་སྡུག་བསྔལ་སེལ།།

奎己參妥贊己堵額瑟

僅聞您名便去除痛苦

འཇའ་ཚོན་བཞིན་དུ་ཡོན་ཏན་སོ་སོར་གསལ།།

甲村辛圖元登搜搜瑟

功德個個昭然若虹彩

སྐད་ཅིག་དྲན་པས་བྱང་ཆུབ་ལམ་སྣ་འདྲེན།།

給計成貝強去藍納正

剎那憶念便引菩提道

ཡོན་ཏན་ཀུན་འབྱུང་ཁྱོད་ལ་གསོལ་བ་འདེབས།།

元登袞炯奎拉梭瓦德

至誠祈請功德本源您

ཨོ་རྒྱན་པདྨ་འབྱུང་གནས་ལ་གསོལ་བ་འདེབས།།

歐根貝瑪炯內拉梭瓦德

至誠祈請烏金蓮花生尊

ཕྱགས་རྗེའི་ཕྲིན་ལས་དབང་གིས་དོན་མཛད་པའི།།

圖界稱雷汪己屯則北

大悲事業力故而行事

ཞི་རྒྱས་དབང་དྲག་ཕྲིན་ལས་རྣམ་བཞི་ཡིས།།

息給汪札稱雷南息以

藉由息增懷誅四事業

ཐོན་མོངས་གདུལ་དཀའི་སེམས་ཅན་ཐབས་ཀྱིས་འདུལ།།

紐孟堵給森間塔己度

方便調伏難調煩惱眾

ནམ་མཁའི་སྐར་ལྟར་ཕྲིན་ལས་བསམ་མི་ཁྱབ།།

南開嘎達稱雷散米恰

不可思議佛行如天星

ཕྲིན་ལས་རྒྱ་མཚོའི་རྣབས་ལ་གསོལ་བ་འདེབས།།

稱雷嘉措拉拉梭瓦德

至誠祈請事業之海浪

ཨོ་རྒྱན་པདྨ་འབྱུང་གནས་ལ་གསོལ་བ་འདེབས།།

歐根貝瑪炯內拉梭瓦德

至誠祈請烏金蓮花生尊

སྟེང་འོག་ཕྱོགས་བཞིར་འགྲོ་བའི་དོན་མཛད་ཀྱང་།།

登偶秋息周威屯則江
您於上下四方利眾生

བོད་ཡུལ་ཁ་བ་ཅན་དུ་ཐུགས་རྗེས་གཟིགས།།

培於卡瓦間土圖界斯
大悲眷顧西藏雪域境

བོད་ཀྱི་མངའ་བདག་རྗེ་འབངས་ཐམས་ཅད་ལ།།

培己阿大間邦壇皆拉
對於西藏一切王臣眾

དུས་གསུམ་རྒྱུན་ཆད་མེད་པར་བྱིན་གྱིས་རློབས།།

圖松均切美巴琴己樓
三世無有間斷賜加持

འཁོར་བ་སྡུག་བསྔལ་གྱི་རྒྱ་མཚོ་ལས་སྒྲལ་དུ་གསོལ།།

扣瓦堵額己嘉措雷哲土梭
祈請救拔輪迴痛苦之大海

ཨོ་རྒྱན་པདྨ་འབྱུང་གནས་ལ་གསོལ་བ་འདེབས་སོ།།

歐根貝瑪炯內拉梭瓦德搜
至誠祈請烏金蓮花生大士

如是言迄。

དེ་ནས་འཁོར་གྱི་ནུ་བོ་རྣམ་པ་ལྔས་ཚོགས་ཀྱི་མཆོད་པ་རྒྱ་ཆེན་པོ་ཕུལ། ཕྱག་དང་བསྐོར་བ་བྱས་ཏེ་ཞུས་པ། ཀྱེ་སློབ་དཔོན་ཆེན་པོ་ལགས། འདི་ལྟ་བུའི་གསོལ་འདེབས་ཁྱད་པར་ཅན་གསུངས་པ་བཀའ་དྲིན་ཆེ་ལགས། གསོལ་བ་འདེབས་པ་ལ་གང་ཟག་ན་མ་ལག་པའི་ཅ་ཅོའི་སྐྲ་མི་གཏང་ཞིང༌། དུས་མ་འོངས་པའི་གང་ཟག་རྣམས་སྡུག་བསྔལ་གྱིས་ཉེན་པས། སློབ་དཔོན་ཉིད་རྗེས་སུ་དྲན་ནས་གསོལ་བ་འདེབས་ན། དག་གི་གདངས་ཇི་ལྟར་དུ་གདགས་ལགས་ཞེས་ཞུས་སོ།

爾後，請求祈請文之五位眷屬獻上廣大薈供，在頂禮及轉繞之後又言：「喔！大阿闍黎呀！感念大恩傳授如此殊勝祈請文。於祈請中，不應發出凡夫嘈雜之聲，而未來時代之補特伽羅眾，因受痛苦逼迫，若憶念阿闍黎您而進行祈請，當誦如何音調呢？」

བཀའ་སྩལ་པ།

蓮師云：

ང་ཡི་རྗེས་འཇུག་འཁོར་བ་སྤོང་འདོད་རྣམས༎

阿以間具扣瓦崩對南
吾之徒眾欲斷輪迴者

དད་གུས་མོས་པས་རྒྱུན་དུ་གསོལ་བ་ཐོབ༎

提古莫貝根圖梭瓦透
虔誠恭信平時誠祈請

ཙེ་གཅིག་གདུང་བའི་དབྱངས་ནི་འདི་ལྟ་སྟེ༎

則計東維央尼迪大德
專注感動音調當如是

ཁྱིའུ་ཕ་མར་འབོད་འདྲའི་གདུང་དབྱངས་ལ༎

克烏帕瑪波哲東央拉
如兒傷悲呼喚父母音

པི་ཝཾ་གླིང་བུའི་གདངས་ལྟར་སྙན་པ་ཡིས༎

必汪林布當達年巴以
有如藏琴笛音般悅耳

ཉིན་མཚན་དུས་དྲུག་རྣམས་སུ་གསོལ་བ་ཐོབ༎

寧參圖除南素梭瓦透
當於日夜六時誠祈請

འདི་མན་སྔོ་ཀ་བཞི་དང་ཀང་པ་གཉིས་པོ་འདི་ཁྲི་སྲོང་རྣམ་འཕྲུལ་དཔལ་བཀྲ་ཤིས་སྟོབས་རྒྱལ་གྱིས་ཁ་སྐོང་དུ་མཛད༎

以下四偈又二句，乃由赤松德贊之幻化——札西斗嘉——增
補寫下。

ཅེས་གསུངས་སྟོན་གྱི་ཕྱགས་དམ་ཞལ་བཞེས་བཞིན༎

界松溫己圖丹協謝辛
如您往昔誓願及承諾

གུས་ཤིང་གདུང་ཤུགས་དྲག་པོས་གསོལ་འདེབས་བུར།།

枯辛東旭查貝梭爹菩
恭敬猛悲祈請之孩兒

ཀྱི་མ་ཐུགས་རྗེས་གཟིགས་ཤིག་མ་ཧཱ་གུ་རུ།།

給瑪圖界斯細瑪哈咕如
嗚呼大悲眷顧摩訶蓮師

བྱིན་གྱིས་རློབས་ཤིག་རྗེ་བཙུན་ཐོད་ཕྲེང་རྩལ།།

琴己樓細傑尊妥稱則
請賜加持至尊顱鬘力

བར་ཆད་ཀུན་སོལ་བདུད་འདུལ་དྲག་པོ་རྩལ།།

帕切哀梭堵度查波澤
盡除障礙降魔威猛力

དངོས་གྲུབ་མཆོག་སྩོལ་ཨོ་རྒྱན་རིན་པོ་ཆེ།།

沃竹秋最歐根仁波切
賜勝悉地烏金仁波切

ད་ལྟ་ཆོད་དུས་ལྔ་བརྒྱའི་སྙིགས་དུས་འདིར།།

塔達最圖阿給寧度迪
現在亂世濁惡五百年

འབྱུང་པོས་རྒྱུད་དཀྲུགས་སྐྱེ་བོས་ལོག་པར་འཚེ།།

炯貝局住給威樓巴策
妖鬼擾心眾生邪危害

མཐའ་ཡི་དམག་དཔུང་ནད་ཚོན་མུ་གེ་སོགས།།

塔以瑪崩內村木給搜
軍隊犯境疾疫饑荒等

བྱུར་དང་ལྟས་ངན་གནོད་པ་ཀུན་ཞི་ཞིང་།།

取堂德恩諾巴袞息辛
災禍惡兆傷害均平息

རྒྱལ་བའི་བསྟན་དང་ཁྱད་པར་ཐེག་དགུའི་སྲོལ།།

給為登堂克巴特古梭
佛陀聖教尤其九乘規

དེ་འཛིན་ཚོགས་རྣམས་དར་སྨིན་རྒྱས་གྱུར་ཅིག །

提增湊南塔名給久計
願持教眾廣流傳成熟

ཕུན་ཚོགས་བསམ་ཡས་ལྷུན་གྲུབ་པོ་བྲང་ནས།།

彭湊散耶倫竹剖章內
圓滿桑耶任運成就宮

པདྨ་འབྱུང་གནས་ལམ་ཟབ་ཆོས་སྟོན་པ།།

貝瑪炯內藍薩卻敦巴
蓮花生尊開顯深道法

ཐེག་ཆེན་རྒྱལ་སྲིད་རིན་ཆེན་སྣ་བདུན་ཆོས།།

特千給斯仁千納敦卻
大乘鎮教七種珍寶法

སྐལ་ལྡན་ལས་ཅན་དག་པ་རྣམ་ལྔའི་འཁོར།།

給登雷間塔巴南額扣
具足清淨業緣五眷屬

འོད་དཀར་རྒྱལ་གྱི་གང་བའི་བཀྲ་ཤིས་དུས།།

偉嘎給己康維札西圖
充滿昭勝白光吉祥時

དེང་འདིར་བསམ་པ་ལྷུན་གྲུབ་བཀྲ་ཤིས་ཤོག།

亭迪散巴倫竹札西秀
所想於此皆成願吉祥

མ་འོང་ཐ་མའི་དུས་སུ་ནུབ་ཕྱོགས་སུ། ང་ཡི་རྗེས་འཇུག་སྦས་པའི་རྣལ་འབྱོར་པ། འགྲོ་དོན་ཆེར་སྤྱོད་ཤྭ་བར་ང་ལ་མོས། ཐེ་ཚོམ་རྒྱལ་ཞིང་ཆོས་རྒྱལ་གདུང་བརྒྱུད་སྐྱོབ། དེ་འདྲའི་ལས་ཅན་སྙིགས་མའི་དུས་སུ་འབྱུང་། ཞེས་པའི་ལས་ཅན་དོན་དུ་གཏེར་དུ་སྦས། ས་མ་ཡ།།

「未來末法最終於西方，我之弟子隱密瑜伽士，大行利眾特於我虔敬，少有懷疑守護王嗣脈，濁世出現如是具業者，為利具業者而埋伏藏。」薩瑪卡嗒。

第七品・願望任運成就祈請文
（桑巴倫珠瑪）

皈敬上師

སྐྱབ་དཔོན་བཀའ་འགྱུང་གནས་སྟོ་ནུབ་ཤྲིན་པོའི་ཡུལ་དུ་གཤེགས་པའི་དུས་སུ། གུང་ཐང་ལ་སོགས་ཏུ་ལྷ་སྲས་སུ་ཁྲི་
བཙན་པོས་ཕྱག་དང་བསྐོར་བ་བྱས། ཞབས་སྙི་པོས་གཏུགས་ནས། ན་བཟའི་བཞི་མོ་ལ་འཛིན་ཏེ་སྨྲན་ཁབ་ཕུངས་ནས་
འབུམ་ཞིང་སྟེ་ཤྲགས་ཀྱི་ཞུ་བ་ཕུལ་བ། ཀྱི་མ་གུ་རུ་རིན་པོ་ཆེ། ལྷ་བཟང་དུས་ཀྱི་ཐ་མ་ལ། མང་ཡུལ་གུང་ཐང་གནས་
འཇམས་འཛིར། བདག་གི་བུ་བརྒྱུད་གནས་བྱས་ཏེ། དབང་སྱུ་འབེབས་ཤིང་ཕུལ་བསྐུལ་བ། བོད་ཀྱི་རྒྱལ་པོ་སྲིན་རེ་
ཏེ། བདག་གི་བུ་བརྒྱུད་སུ་ལ་རེ། ལས་སུ་དགག་དང་འཁྲུགས་པ་ཤེད། དབིན་གནས་གཉན་པོ་འཕལ་བ་དང༌། རེ་
གྱུང་ཐག་པའི་རྒྱལ་ས་ཤེད། ཆོས་ལ་སྦྱར་བོད་མེད་པ་ན། སྲ་མཆོད་རྣམ་གཉིས་བོ་རེ་བསྐུལ། ཕྲིན་འཕྲུང་དང་
ཕྲན་སྟིང་རེ་ཏེ། གཚུག་ལག་ཁང་ལ་དུ་འཁྲུགས་ཁང་ཏེད། སྐུ་གསུང་ཐུགས་ཀྱི་ཉེན་རྣམས་བཤིག །དམ་ཐུམ་མི་ནག
སྲེ་པོས་སྱིད། དཔེན་བར་པོས་ཀྱིས་བསྱོ་སྟྱ་སྟོགས། ཆོས་འཁོར་འཇིག་ལ་ཕུགལ་བ་ན། དམ་པའི་ཉེན་རྣམས་ལོ་རེ་
བསྐུལ། ཆོས་འཁོར་བཀའ་སྱུང་ལ་སུ་རེ། ཆེ་བཙུན་ཐམས་ཅན་དུ་གཱ་གསོང༌། མི་ཆེན་སྲོག་ལ་ཧྱར་ཕྱས་ཏེད། ཡ་
རབས་མཚོང་པོས་དམངས་སུ་འབེབས། སྱིང་བཞིའི་གཤོགས་ཀྱི་སྐྲ་བརྱུ་ན། བོད་ཀྱི་ཞང་སྟོན་སྲིང་རེ་ཏེ། རྒྱལ་པོའི་
ཕྱགས་གཤེམ་སུ་ལ་རེ། ནད་མཆོན་སུ་གཞིའི་བཀླག་པ་ན་དང༌། མཐའ་ཡི་མི་བཞི་དཀྲུགས་སུ་ཟོར། འདེ་བཀོག་ས་འབྱུང་
པོས་རག་གཏོང༌། ཅི་མི་འདོད་པ་འབྱུང་བ་ན། བོད་འབངས་ཕྱག་བཤལ་སྲིང་རེ་ཏེ། སྨྲབས་མེད་སེམས་ཅན་སྱུ་
ལ་རེ། བྲི་སྲོང་སྟྱི་བཙན་དགུང་ལ་གཤེགས། གུ་ རུ་མོ་རྒྱལ་གནས་ལ་གཤེགས། སྨ་བྲི་བཙན་པོ་བོད་དུ་ཟོར། ཡབ་
རྒྱལ་པོ་སྐུ་ཆེ་ཟུང་ལགས་སོ། གུ་རུ་ཕྱགས་ཏེ་རྒྱུད་ལགས་སོ། བདག་གི་བསོད་ནམས་རྒུང་ལགས་སོ། ཆོས་འཁོར་
བསྟན་པ་ཉམས་ལགས་སོ། བོད་འབངས་སྱིང་པ་རད་ལགས་སོ། ཡབ་དང་གུ་རུ་བཞུགས་དུས་སུ། གུ་བྲི་བཙན་
པོ་མི་འཕལ་བ། བདག་གི་བློ་གཏད་སུ་ལ་འཆལ། སྱིང་བཞིའི་གཤོས་ནེ་སུ་ཡིས་འཇབས། དམ་པའི་ཆོས་ནེ་སུ་ལ་
ཞུ། འཆི་བདུད་འཕོ་བ་སུ་ཡིས་འདེབས། བར་དོའི་ཕྲག་བསལ་སུ་ཡིས་སེལ། སྲིང་སྟོང་ཕྲིན་ལས་སུ་ཡིས་མཛད། ཀྱི་མ་
ཀྱི་ཧུད་ཐུགས་རྗེ་རྒུང༌། ཞེས་སྨ་ཕྱགས་འདོན་ཅིང་ལྷ་སྲས་དྲན་མེད་དུ་བརྒྱལ་ལོ།

蓮花生阿闍黎前往西南羅剎境時，穆赤贊布王子於貢塘隘口高處頂禮及轉繞，以頭禮敬蓮師足，手抓蓮師衣角，於淚眼潸潸之中哀傷啟白言：

「嗚呼蓮花生大士，於此末法五百年，芒余貢塘雪山旁，吾之子嗣安住此，倘若淪為平民苦，西藏君王實可憫，吾之子嗣當依誰？

戰爭動亂成日常，嚴謹蘭若遭毀壞，山谷成盜往來處，倘若無暇修佛法，上師施主皆辛勞，後代信眾甚可憫。

經堂殿宇成戰場，毀壞身語意所依，聖物淪惡人享用，苯教嘶喊響靜處，倘若法輪值毀滅，神聖所依甚艱難，法輪護法當依誰？尊者遭毒食所弒，菁英命脈遭計殺，高尚罪罰成平民，親信友人若背叛，西藏官臣誠可憫，國王又當信賴誰？疾疫戰爭饑荒盛，四方邊人入中地，妖魔鬼怪盡肆虐，凡所不欲若發生，藏民受苦實可憫。赤松德贊已仙逝，烏金蓮師往他處，棄穆赤贊布於藏，父王壽命實為短，蓮師悲心實微小，吾之福德甚渺小，法輪聖教將衰退，藏民喜樂竭盡矣！父與蓮師安住時，穆赤贊布未亡故，如今心當寄託誰？真心忠告誰可說？正法當向何人求？死時靠誰修頗瓦？中陰痛苦靠誰除？淨障事業誰可行？嗚呼哀哉悲心小！」

如是哀語後，王子昏厥而失去意識。

དེ་ནས་སྐྱོབ་དཔོན་པདྨ་འབྱུང་གནས་ཀྱིས་རྒྱལ་པོའི་སྲན་ཁུང་དུ་ལྷགས་ཀྱི་ཆབ་གཏོར་ནས་དཏ་པ་གསོས། ལྷ་སྲས་ཀྱི་དཔུ་སྐྲ་པང་དུ་བླངས་ཏེ། འདི་སྐད་གསུངས་སོ།། ཉོན་ཅིག་བོད་ཀྱི་རྒྱལ་པོ་དང་པ་ཅན། ལས་ཅན་ཚོས་གུས་ཤུན་པ་ང་ཡི་བུ། ཁྲི་སྲོང་ལྡེའུ་བཙན་སྐུ་ཚེ་མཐའང་དུ་འཁྱིལ། ཕྱགས་པང་མ་མཛད་ལྷ་སྲས་བོད་ཀྱི་རྗེ།། བདག་ནི་ད་དུང་བོད་ཀྱི་དོན་ལ་མཆི། དང་པ་ཅན་ལ་དངོས་སུ་དཔ་ཚོས་སྟོན། ཕྱགས་པང་མ་མཛད་ལྷ་སྲས་བོད་ཀྱི་རྗེ།། ཁྱོད་ཀྱི་ཕྱག་སྟེག་ཐམས་ཅད་མ་ལུས་པ། ང་ཡི་ཞལ་མཛོང་ཚ་ལ་འདག་པར་ཟེག ཕྱགས་པང་མ་མཛད་ལྷ་སྲས་བོད་ཀྱི་རྗེ།། འདི་དང་ཕྱི་མ་བར་དོའི་གནས་གསུམ་དུ། ང་དང་ཁྱད་ཁྱད་མཛལ་ཞིང་ཕྲད་བཟླས་སོལ། ཕྱགས་པང་མ་མཛད་ལྷ་སྲས་བོད་ཀྱི་རྗེ།། འདི་ནས་སྐྱེ་བ་བཅུ་དྲུག་འགྲོ་དོན་མཛད། དེ་ནས་ཚེ་རྒྱུན་མཁའ་འགྲོའི་སྐྱོང་དུ་གྱོད། ཕྱགས་པང་མ་མཛད་ལྷ་སྲས་བོད་ཀྱི་རྗེ།། མང་ཡུལ་གུང་ཐང་གནས་རེའི་འདབས་འདི་རུ། ཞིང་ཀྱི་གཏུང་བརྒྱུད་ཕྱི་མ་འཆོན་པ་རྣམས། གདུང་བརྒྱུད་མ་ནོར་ཚོས་ཀྱིས་རྒྱལ་སྲིད་སྐྱོངས། ང་ཡི་ཕྱགས་རྗེའི་རྒྱུན་ཆད་མེད། པར་གཟིགས། ཕྱགས་པང་མ་མཛད་ལྷ་སྲས་བོད་ཀྱི་རྗེ།། དབེན་གནས་ཚོས་མཛད་དང་གུས་ཤུན་པ་ཡིས། རྒྱལ་བའི་བཀའ་དང་མཐུན་པའི་གདུལ་བྱ་རྣམས། ང་ཡི་བྱིན་རླབས་ཕྱགས་རྗེ་སྐྱོབ་ལགས་ཀྱི། ཕྱགས་པང་མ་མཛད་ལྷ་སྲས་བོད་ཀྱི་རྗེ།། རྒྱལ་མེད་ཕྱག་སྐྱོང་ཤོག་ལྔ་བདུད་ཀྱི་རིགས། ཏོ་དཔྱོད་འཁྲུན་སེམས་ནན་ནའི་སེམས་ཅན། ཉི། བདག་གིས་མི་སྐྱོབ་ལས་ངན་དག་ལ་སྐྱོང་ད་སྐྱེའི་ནང་སྐོབ་ནན་པོ་འདི་རྣམས་ཀྱང་། རྗེ་ཡི་ཕྱགས་དཀྱུ་གས། བདག་གི་དས་ལས་ཚུམས་ད་དུང་དང་སོང་གསུམ་དུ་ཟེན་པར་འགྲོ་ཕོན་ཀྱང་ང་ཡི་ཞལ་མཛོང་ཕྱུང་ཕོས། པས། ཐ་མ་ལས་ངན་དག་ནས་བདག་གི་གདུལ་བར་སྐྱེ། ཕྱགས་པང་མ་མཛད་ལྷ་སྲས་བོད་ཀྱི་རྗེ།། དུས་ངན་ཐ་མ་མཐར་ཕྱུག་སྟེབ་ཀ་དུ། རི་བོ་བཀྲ་བཟང་ཞེས་བྱའི་ཤར་འདབས་སུ། སྲས་པའི་རྒྱལ་འཁྱུར་གཅིག་གི་སྐྱོན་ལས་ཀྱིས། ང་ཡི་གཏེར་འདོན་ལྷ་སྲས་གདུང་བརྒྱུད་སྐྱོང་། ཕྱགས་པང་མ་མཛད་ལྷ་སྲས་བོད་ཀྱི་རྗེ།། དུས་ངན་ཐ་མའི་སེམས་ཅན་ཚོག་པོས་འདུལ། དེ་ཡི་སྐྱོན་ཀྱིས་ཤོག་ལྔའི་འདས་ལ་ལྕུག །ཚོས་དང་ཆོས་འདུ་མི་བྱེད་ཐེ་ཚོམ་ཆེ། རི་བོ་བཀྲ་བཟང་འདབས་སུ་འབྱུང་བ་ཏེ། གནས་ལ་ཕྱགས་ཤོག་པ་ཅན་པོའི་བཀའ་དང་མཆུངས། དགེ་བའི་རྒྱལ་སྐྱོང་གསས། པའི་རྒྱལ་འཁྱུར་པས། ཀུང་ཐང་རྒྱལ་པོ་རྗེ་འབངས་སྐྱོབས་པར་ཟེག ཕྱགས་པང་མ་མཛད་ལྷ་སྲས་བོད་ཀྱི་རྗེ། ཞེས་གསུངས་སོ། དེའི་དུས་སུ་རྒྱལ་པོའི་ཕྱག་བཟླས་སེལ་བྱེད་ཉོན་ཚོངས་རང་གྲོལ་ཞེས་བྱ་བ་གསུངས་སོ།

爾後，蓮花生阿闍黎施灑口水到國王耳中，令他恢復意識，將王子的頭擁入懷中，如是云：

「具信西藏君王汝當聽，具足業緣虔敬吾孩兒，赤松德贊已達壽命限，王子西藏之君莫傷悲。

吾人仍將前來利西藏，向具信者親自授正法，王子西藏之君莫傷悲。

汝之無餘一切諸罪障，僅憑見我容顏必得淨，王子西藏之君莫傷悲。

此世來生以及中陰時，將會一再見我除痛苦，王子西藏之君莫傷悲。

爾後十六世中利眾生，之後前往烏金空行洲，王子西藏之君莫傷悲。

此鄰芒余貢塘雪山旁，汝之未來後代子嗣眾，血脈無誤護持佛聖教，我以大悲眷顧無間斷，王子西藏之君莫傷悲。

靜處修持佛法具虔信，隨順佛之教言所化眾，我以加持大悲予救護，王子西藏之君莫傷悲。

無緣罪行邪見魔族類，妄想競逐邪惡之有情，恣行惡業吾不予救護，如今此等邪惡內臣眾，擾亂君心違背吾誓言，爾後肯定趣往三惡道，然由見我容顏聞我語，最後淨諸惡業生為吾弟子，王子西藏之君莫傷悲。

瀕臨最終惡劣末日時，名為乍桑之山東山腳，由一隱密瑜伽士願力，取吾伏藏救王子血脈，王子西藏之君莫傷悲。

假師調化惡時末世眾，因彼過患入邪見泥沼，法與像法不分懷疑盛，乍桑山旁出現之彼人，符合密咒大乘之教法，善法行徑隱密瑜伽士，必將救護貢塘王君臣，王子西藏之君莫傷悲。」

如是言迄。彼時宣說去除國王痛苦之「煩惱自解脫」。

གུ་ཅུའི་ཞལ་ནས། སྐུ་སྲས་ཉིད་ཕུ་འབངས་ཀྱི་དོན་དུ་ཐུགས་ཤིན་ཏུ་བརྩེ་བས། ངས་རྒྱལ་པོའི་གདུང་བརྒྱུད་རྣམས་ལ་དུས་སྙིགས་མའི་མཐར་ཐུག་པའི་བར་དུ་ཐུགས་རྗེ་སྐྱོབ་ཀྱི་སྐུ་སྲས་རང་ཏུ་འབངས་ཤིན་ལ་ཆེམས་འདི་ལྟར་དུ་ཞིག་ཅེས་གསུངས་སོ། རིགས་བཟང་ཁྱུངས་བཙུན་འོད་གསལ་ལྷ་ཡི་བརྒྱུད། སྨུ་ཁྲི་བཙན་པོ་མན་ཆད་གདུང་བརྒྱུད་མ་ཆད་པར། བདག་གི་ཐུགས་རྗེ་རྒྱུ་དུ་བཟུང་ལགས་ཀྱི། ཕྱག་སྐྱོད་སྒྲོགས་དང་སློན་པོའི་བར་མ་བཏང་། རྒྱལ་ཁྲིམས་ཆོས་ཀྱི་ཁྲིམས་ཀྱིས་འཛིན་པར་མཛོད། ཆོས་མེད་ངེད་ཕོ་ཐོག་ལ་ཡུ་སྐུ་ཅན། སྙིགས་དུས་འབྱུང་བས་ཆོད་ཆོམ་ཁྲིམས་ཀྱིས་ཆགས། ཆོས་བཞིན་སྐྱོང་པས་རྒྱལ་ཁམས་བདེ་བར་འགྱུར། སྲོག་ཉེན་ཞིང་མནའ་ཐང་འཕྲོག་པ་དང་། རྒྱལ་པོ་དམངས་སུ་འབེབས་པའི་གལ་སྲུང་ན། ལྷ་སྲིན་དཔང་དུ་ཚུགས་ལ་བཟློག་པ་མཛོད། སྙིགས་དུས་གུང་ཐང་རྒྱལ་པོར་སྙིང་བཙེའི་ཕྱིར། ཐག་རི་དུག་སྦྲུལ་སྤྲུངས་འདྲིའི་མེད་པ་ལ། ལྷ་སྲས་གདུང་བརྒྱུད་སྐྱོབ་པའི་མན་ངག་བདོག། དེ་དུས་སྐྱེ་འགྲོ་མི་རྣམས་ཐེ་ཚོམ་ཆེ། ལོག་ལྟ་མ་བྱེད་ང་ཡི་བཀའ་ལྟར་སྒྲུབས། གུང་ཐང་རྒྱལ་པོའི་བསམ་པ་དེ་ཡིས་འགྲུབ། ཆོས་མེད་རྒྱལ་པོ་བདག་གིས་སྐྱོབ་མི་འགྱུར། ཞེས་གསུངས་སོ།

蓮師復云：「王子甚為關愛臣民利益，是故我直至濁世終結之前，將以加持大悲救護國王子嗣。我如是對王子你和臣民交付遺言：

善種正源光明天族系，穆赤贊布此後子嗣不間斷，吾以悲心時常予攝受。切莫聽從惡行友伴臣，依佛法規建國家法治，無法油子虛偽狡詐者，濁時現身汝當消滅之，立佛法規如法國則安。倘若命危復又遭奪權，君王淪為平民百姓家，天神羅剎見證行回遮。關愛濁時貢塘國王故，有如毒蛇盤繞岩山腰，有救王子血脈之竅訣。彼時人們心懷大疑惑，莫生邪見依吾囑而行，依此實現貢塘王心願。惡行君王吾不予救護！」

གུ་ཅུའི་ཞལ་ནས།

ལྔ་སྐྱེས་ཀྱི་གདུང་རབས་ཁ་མ་མང་ཕྱལ་གུང་ཐང་ད་ང་ཡི་གཏེར་ཁྱེ་སྐྱོབ་པའི་དུས་སུ། བོད་ལྗུགས་པའི་དུས་ལ་
བབས་པ་ཡིན་ཏེ། སེམས་ཅན་ལ་ཇི་མི་འདོད་པ་འབྱུང་། སྟེང་ལྷ་སྲིན་འཁྲུགས། བོག་སྲུ་གདོན་འཁྲུགས། བར་གཞི་
བདག་འཁྲུགས། ཕྱག་སྟོང་རྒྱལ་པོ་འཁྲུགས། དམངས་ཕལ་པ་འཁྲུགས། ཕ་སྤུན་ཟན་འཁྲུགས། དེའི་དུས་སུ་སངས་
རྒྱས་བསྟན་པ་མཐའ་ལ་ཐུག། ཡི་དམ་ལྷའི་དངོས་གྲུབ་ཡལ། མཁའ་འགྲོ་ཆོས་སྐྱོང་རེ་རར་ལ་ལས་གཟིགས། སེམས་
ཅན་གྱི་སྐྱིད་པ་ཟད་པ་ཡིན། གུང་ཐང་རྒྱལ་པོ་ཡོན་མཆོད་རྗེ་འབངས་རྣམས། ང་ཡི་བཀའ་བཞིན་སྒྲུབས་ན་གཏེར་
གྱི་ཆོས་ལ་སྐྱོད། བདུ་བདག་གི་ཐུགས་རྗེ་སྙུར་ལ་སྟོབས་ཆེ་བ་དེའི་དུས་སུ་འབྱུང་ངོ་། དུས་རྒྱུན་ཆད་མེད་པར་ང་
ལ་གསོལ་བ་ཐོབ་ཅེས་གསུངས་སོ།

蓮師又云：

「我的伏藏在貢塘救護王子的末代子嗣時，乃逢西藏艱苦時
期。凡是不希欲事都會發生在有情身上。上有天和羅剎騷亂，
下有龍和妖鬼騷亂，中間有地祇騷亂，惡行國王騷亂，平民
百姓騷亂，親子手足騷亂。彼時佛陀聖教瀕臨終結，本尊的
悉地消散，空行護法目光瞥向須彌，有情之喜樂耗盡矣。貢
塘國王供施王臣眾，依奉吾之教囑修持伏藏法，我蓮師迅速
而強大的悲心將於彼時出現。平常當無有間斷地向我祈請！」

ཨེ་མ་ཧོ། ནུབ་ཕྱོགས་བདེ་བ་ཅན་གྱི་ཞིང་ཁམས་སུ།།

埃瑪后！努秋德瓦間己行堪素

甚希奇！西方極樂世界淨土中

སྣང་བ་མཐའ་ཡས་ཐུགས་རྗེའི་བྱིན་རླབས་གཡོས།།

囊瓦塔耶圖界琴拉月

阿彌陀佛撼動悲加持

སྤྲུལ་སྐུ་པདྨ་འབྱུང་གནས་བྱིན་བརླབས་ཏེ།།

珠固貝瑪炯內琴拉得

加持化身蓮花生大士

འཛམ་བུའི་གླིང་དུ་འགྲོ་བའི་དོན་ལ་བྱོན།།

贊布林圖周威屯拉全

為利眾生前來瞻部洲

འགྲོ་དོན་རྒྱུན་ཆད་མེད་པའི་ཐུགས་རྗེ་ཅན།།

周屯君切美貝圖界間

利眾無有間斷大悲尊

ཨོ་རྒྱན་པདྨ་འབྱུང་གནས་ལ་གསོལ་བ་འདེབས།།

歐根貝瑪炯內拉梭瓦德

至誠祈請烏金蓮花生尊

བསམ་པ་ལྷུན་གྱིས་འགྲུབ་པར་བྱིན་གྱིས་རློབས།།

散巴倫己竹巴琴己樓

祈請加持心願任運成

རྒྱལ་པོ་ཁྲི་སྲོང་ལྡེའུ་བཙན་མན་ཆད་ནས།།

給波赤松德贊門切內

自從赤松德贊王以降

ཆོས་རྒྱལ་གདུང་བརྒྱུད་མཐའ་ལ་མ་སྟོངས་བར།།

卻給東具塔拉瑪東帕
直至法王血脈未盡前

དུས་གསུམ་རྒྱུན་ཆད་མེད་པར་བྱིན་གྱིས་རློབས།།

圖松君切美巴琴己樓
三時無有間斷賜加持

བོད་ཀྱི་ཆོས་སྐྱོང་རྒྱལ་པོའི་གཉེན་གཅིག་པུ།།

培己卻炯給貝年計布
西藏護法國王唯一親

རྒྱལ་པོ་ཆོས་སྐྱོང་སྐྱོང་བའི་ཐུགས་རྗེ་ཅན།།

給波卻決炯貝圖界間
護持國王法行大悲尊

ཨོ་རྒྱན་པདྨ་འབྱུང་གནས་ལ་གསོལ་བ་འདེབས།།

歐根貝瑪炯內拉梭瓦德
至誠祈請烏金蓮花生尊

བསམ་པ་ལྷུན་གྱིས་འགྲུབ་པར་བྱིན་གྱིས་རློབས།།

散巴倫己竹巴琴己樓
祈請加持心願任運成

ཀླུ་ནི་ཚོ་ཉུབ་སྲིན་པོའི་ཁ་གནོན་མཛད།།

固尼后努森貝卡農則
尊身鎮壓西南羅剎眾

ཐུགས་རྗེས་བོད་ཀྱི་སེམས་ཅན་ཡོངས་ལ་གཟིགས།།

圖界培己森間永拉斯
大悲眷顧全西藏有情

མ་རིག་ལོག་པའི་སེམས་ཅན་འདྲེན་པའི་དཔལ།།

瑪日樓北森間珍貝巴
引領無明顛倒有情尊

ཉོན་མོངས་གདུལ་དཀའི་སེམས་ཅན་ཐབས་ཀྱིས་འདུལ།།

紐孟堵給森間塔己堵
方便調化難馴煩惱眾

བརྩེ་གདུང་རྒྱུན་ཆད་མེད་པའི་ཐུགས་རྗེ་ཅན།།

則東君切美貝圖界間
慈憫無有間斷大悲尊

ཨོ་རྒྱན་པདྨ་འབྱུང་གནས་ལ་གསོལ་བ་འདེབས།།

歐根貝瑪炯內拉梭瓦德
至誠祈請烏金蓮花生尊

བསམ་པ་ལྷུན་གྱིས་འགྲུབ་པར་བྱིན་གྱིས་རློབས༎

散巴倫己竹巴琴己樓
祈請加持心願任運成

དུས་ངན་སྙིགས་མའི་མཐའ་ལ་ཐུག་པའི་ཚེ༎

圖恩寧美塔拉圖貝側
污濁惡劣時代終局時

ནངས་རེ་དགོང་རེ་བོད་ཀྱི་དོན་ལ་བྱོན༎

囊日貢日培己屯拉全
每日每夜為利西藏來

ཉི་ཟེར་འཆར་སྡུད་མདངས་ལ་བཅིབས་ཏེ་བྱོན༎

尼色恰堵當拉計德全
日升日落乘著陽光來

ཡར་ཚོ་ཚེས་བཅུའི་དུས་སུ་དངོས་སུ་བྱོན༎

亞偶側具圖素沃素全
上旬初十之際親身來

འགྲོ་དོན་སྟོབས་ཆེན་མཛད་པའི་ཐུགས་རྗེ་ཅན༎

周屯斗千則貝圖界間
大力利益眾生大悲尊

164

ཨོ་རྒྱན་པདྨ་འབྱུང་གནས་ལ་གསོལ་བ་འདེབས།།

歐根貝瑪炯內拉梭瓦德
至誠祈請烏金蓮花生尊

བསམ་པ་ལྷུན་གྱིས་འགྲུབ་པར་བྱིན་གྱིས་རློབས།།

散巴倫己竹巴琴己樓
祈請加持心願任運成

ལྔ་བརྒྱའི་ཐ་མ་ཙོད་དུས་སྙིགས་མ་ལ།།

阿給塔瑪最度尼瑪拉
濁劣五百末年諍亂時

སེམས་ཅན་ཐམས་ཅད་ཉོན་མོངས་དུག་ལྔ་རགས།།

森間壇皆紐孟圖阿惹
有情煩惱五毒皆粗猛

ཉོན་མོངས་འཕྲོལ་ཉོག་དུག་ལྔ་རང་རྒྱུད་སྤྱོད།།

紐孟決紐圖阿攘具決
煩惱滋生五毒恣意行

དེ་འདྲའི་དུས་ན་ཁྱེད་འདྲའི་ཐུགས་རྗེས་སྐྱོབས།།

騰折圖納克折圖界究
如此之時如您大悲救

དད་ལྡན་མཆོ་རིས་འདྲེན་པའི་ཐུགས་རྗེ་ཅན།།

特登透日珍北圖界間
引信眾往善趣大悲尊

ཨོ་རྒྱན་པདྨ་འབྱུང་གནས་ལ་གསོལ་བ་འདེབས།།

歐根貝瑪炯內拉梭瓦德
至誠祈請烏金蓮花生尊

བསམ་པ་ལྷུན་གྱིས་འགྲུབ་པར་བྱིན་གྱིས་རློབས།།

散巴倫己竹巴琴己樓
祈請加持心願任運成

ཧོར་སོག་འཇིགས་པའི་དམག་གིས་མཐའ་བསྐོར་ནས།།

后搜吉北瑪己塔夠內
恐怖霍蒙大軍壓境來

ཆོས་འཁོར་གཉན་པོ་འཇིག་ལ་ཐུག་པའི་ཚེ།།

卻扣年波吉拉圖貝側
威嚴法輪面臨毀壞時

ཡིད་གཉིས་ཐེ་ཚོམ་མེད་པར་གསོལ་བ་འདེབས།།

以尼特聰美巴梭瓦德
無有二心懷疑誠祈請

ཨོ་རྒྱན་ལྷ་སྲིན་སྡེ་བརྒྱད་འཁོར་གྱིས་བསྐོར།།

烏金哈森德給扣己夠
烏金天龍八部眷屬繞

དོར་སོག་དམག་དཔུང་བཟློག་པར་བེ་ཚོམ་མེད།།

后搜瑪崩斗巴特聰美
回遮霍蒙軍隊無懷疑

ཨོ་རྒྱན་པདྨ་འབྱུང་གནས་ལ་གསོལ་བ་འདེབས།།

歐根貝瑪炯內拉梭瓦德
至誠祈請烏金蓮花生尊

བསམ་པ་ལྷུན་གྱིས་འགྲུབ་པར་བྱིན་གྱིས་རློབས།།

散巴倫己竹巴琴己樓
祈請加持心願任運成

ནད་མཚན་ཆན་སྣ་ཚོགས་འཇིགས་པའི་དུས་བྱུང་ཚེ།།

森間谷呂吉北內穹側
疾病毀壞有情幻身時

མི་བཟོད་སྡུག་བསྔལ་ནད་ཀྱིས་ཉེན་པ་ན།།

米所堵俄內己年巴納
若遭難忍痛苦病逼迫

ཡིད་གཉིས་ཐེ་ཚོམ་མེད་པར་གསོལ་བ་འདེབས།།

以尼特聰美巴梭瓦德

無有二心懷疑誠祈請

ཨོ་རྒྱན་སྨན་གྱི་བླ་དང་དབྱེར་མེད་པས།།

歐根門己拉堂耶美北

烏金蓮師與藥師無別

ཚེ་ཟད་མ་ཡིན་བར་ཆད་ངེས་པར་སེལ།།

側瑟瑪音帕切埃巴瑟

壽若未盡必可除障礙

ཨོ་རྒྱན་པདྨ་འབྱུང་གནས་ལ་གསོལ་བ་འདེབས།།

歐根貝瑪炯內拉梭瓦德

至誠祈請烏金蓮花生尊

བསམ་པ་ལྷུན་གྱིས་འགྲུབ་པར་བྱིན་གྱིས་རློབས།།

散巴倫己竹巴琴己樓

心願任運實現祈加持

འབྱུང་བ་དགྲར་ལངས་ས་བཅུད་ཉམས་པའི་ཚེ།།

炯瓦札朗薩具釀北側

四大為敵地精衰損時

སེམས་ཅན་མུ་གེའི་ནད་ཀྱིས་ཉེན་པ་ན།།

森間木給內己年巴納
有情若遭饑荒病威脅

ཡིད་གཉིས་ཐེ་ཚོམ་མེད་པར་གསོལ་བ་འདེབས།།

以尼特聰美巴梭瓦德
無有二心懷疑誠祈請

ཨོ་རྒྱན་མཁའ་འགྲོ་ནོར་ལྷའི་ཚོགས་དང་བཅས།།

歐根康周諾嘿湊堂界
烏金偕同空行財神眾

དབུལ་ཕོངས་བཀྲེས་སྐོམ་སེལ་བར་ཐེ་ཚོམ་མེད།།

烏朋這貢瑟瓦特聰美
去除貧困飢渴無懷疑

ཨོ་རྒྱན་པདྨ་འབྱུང་གནས་ལ་གསོལ་བ་འདེབས།།

歐根貝瑪炯內拉梭瓦德
至誠祈請烏金蓮花生尊

བསམ་པ་ལྷུན་གྱིས་འགྲུབ་པར་བྱིན་གྱིས་རློབས།།

散巴倫己竹巴琴己樓
祈請加持心願任運成

ལས་ཅན་འགྲོ་བའི་དོན་དུ་གཏེར་འདོན་ན།།

雷間周為屯圖德敦納
若為具業眾生取伏藏

དམ་ཚིག་ཟོལ་ཟོག་མེད་པའི་དཔའ་གདིང་གིས།།

坦次所搜美北巴丁己
以無虛偽誓願之勇志

ཡིད་གཉིས་ཐེ་ཚོམ་མེད་པར་གསོལ་བ་འདེབས།།

以尼特聰美巴梭瓦德
無有二心懷疑誠祈請

ཨོ་རྒྱན་ཡི་དམ་ལྷ་དང་དབྱེར་མེད་པས།།

歐根以單哈堂耶美貝
烏金蓮師與本尊無別

ཕ་ནོར་བུ་ཡིས་ལོན་པར་ཐེ་ཚོམ་མེད།།

帕諾普以倫巴特聰美
子取父親之寶無懷疑

ཨོ་རྒྱན་པདྨ་འབྱུང་གནས་ལ་གསོལ་བ་འདེབས།།

歐根貝瑪烔內拉梭瓦德
至誠祈請烏金蓮花生尊

བསམ་པ་ལྷུན་གྱིས་འགྲུབ་པར་བྱིན་གྱིས་རློབས།།

散巴倫己竹巴琴己樓
祈請加持心願任運成

སྲས་ཡུལ་ནགས་ཁྲོད་དབེན་ས་སྐྱོགས་པའི་ཚེ།།

貝於納垂溫薩紐北側
趣往祕境森林靜處時

ཁ་ཆར་བུ་ཡུག་འཚུབས་ཞིང་ལམ་འགགས་ན།།

卡恰普玉粗辛藍嘎那
倘若狂暴雪雨阻去路

ཡིད་གཉིས་ཐེ་ཚོམ་མེད་པར་གསོལ་བ་འདེབས།།

以尼特聰美巴梭瓦德
無有二心懷疑誠祈請

ཨོ་རྒྱན་གཞི་བདག་གཉན་པོའི་འཁོར་གྱིས་བསྐོར།།

歐根息達年貝扣己夠
烏金嚴厲地祇眷屬繞

ཆོས་མཛད་ལམ་སྣ་འདྲེན་པར་ཐེ་ཚོམ་མེད།།

卻則藍納珍巴特聰美
引往佛法道途無懷疑

171

ཨོ་རྒྱན་པདྨ་འབྱུང་གནས་ལ་གསོལ་བ་འདེབས།།

歐根貝瑪炯內拉梭瓦德

至誠祈請烏金蓮花生尊

བསམ་པ་ལྷུན་གྱིས་འགྲུབ་པར་བྱིན་གྱིས་རློབས།།

散巴倫己竹巴琴己樓

心願任運實現祈加持

སྟག་གཟིག་དོམ་དྲེད་དུག་སྦྲུལ་མཆེ་བ་ཅན།།

達斯同折圖竹切瓦間

虎豹熊及毒蛇尖牙獸

འབྲོག་ཆེན་འཇིགས་པའི་འཕྲང་ལ་འགྲིམས་པའི་ཚེ།།

周千吉北常拉正貝側

曠野轉往恐怖險道時

ཡིད་གཉིས་ཐེ་ཚོམ་མེད་པར་གསོལ་བ་འདེབས།།

以尼特聰美巴梭瓦德

無有二心懷疑誠祈請

ཨོ་རྒྱན་དཔའ་བོ་གིང་དང་སྲུང་མར་བཅས།།

歐根巴歐肯堂松瑪界

烏金勇父護法骷髏尊

གདུག་པའི་སེམས་ཅན་ཙུབ་སྤྱོད་པར་ཞེ་ཚོམ་མེད།།

堵貝森間追巴特聰美

驅斥暴惡有情無懷疑

ཨོ་རྒྱན་པདྨ་འབྱུང་གནས་ལ་གསོལ་བ་འདེབས།།

歐根貝瑪炯內拉梭瓦德

至誠祈請烏金蓮花生尊

བསམ་པ་ལྷུན་གྱིས་འགྲུབ་པར་བྱིན་གྱིས་རློབས།།

散巴倫己竹巴琴己樓

祈請加持心願任運成

ས་ཆུ་མེ་རླུང་འབྱུང་བའི་བར་ཆད་ཀྱིས།།

薩去美隆炯為帕切己

地水火風四大之障難

སྒྱུ་ལུས་ཉེན་ཅིང་འཇིག་པའི་དུས་བྱུང་ཚེ།།

谷呂年今吉北圖穹側

逼迫毀壞幻身之時刻

ཡིད་གཉིས་ཞེ་ཚོམ་མེད་པར་གསོལ་བ་འདེབས།།

以尼特聰美巴梭瓦德

無有二心懷疑誠祈請

ཨོ་རྒྱན་འཁྱུང་བ་བཞི་ཡི་ལྷ་མོར་བཅས།།

歐根炯瓦息以哈莫界
烏金協同四大之天女

འབྱུང་བ་རང་སར་ཞི་བར་ཐེ་ཚོམ་མེད།།

炯瓦攘薩息瓦特聰美
四大就此平息無懷疑

ཨོ་རྒྱན་པདྨ་འབྱུང་གནས་ལ་གསོལ་བ་འདེབས།།

歐根貝瑪炯內拉梭瓦德
至誠祈請烏金蓮花生尊

བསམ་པ་ལྷུན་གྱིས་འགྲུབ་པར་བྱིན་གྱིས་རློབས།།

散巴倫己竹巴琴己樓
祈請加持心願任運成

ལམ་སྲང་འཇིགས་པའི་འཕྲང་ལ་འགྲིམས་པའི་ཚེ།།

藍桑吉北常拉正貝側
大道轉入恐怖險道時

བསད་ཁྱེར་ཇག་པ་ཆོམ་པོས་ཉེན་པ་ན།།

瑟克恰巴穹貝年巴納
若遭強盜搶奪害性命

ཡིད་གཉིས་ཐེ་ཚོམ་མེད་པར་གསོལ་བ་འདེབས།།

以尼特聰美巴梭瓦德
無有二心懷疑誠祈請

ཨོ་རྒྱན་ཕྱག་རྒྱ་བཞི་ཡི་དགོངས་པར་ལྡན།།

歐根恰佳息以貢巴登
烏金完具四手印密意

ཙུར་མི་ནོད་ཪྒས་སེམས་བཅག་པར་བྱེད།།

奏惹米桂昂森拉巴切
摧破蠻人貪得無厭心

ཨོ་རྒྱན་པདྨ་འབྱུང་གནས་ལ་གསོལ་བ་འདེབས།།

歐根貝瑪炯內拉梭瓦德
至誠祈請烏金蓮花生尊

བསམ་པ་ལྷུན་གྱིས་འགྲུབ་པར་བྱིན་གྱིས་རློབས།།

散巴倫己竹巴琴己樓
祈請加持心願任運成

གང་ཞིག་གནོད་པའི་དམག་གིས་མཐའ་བསྐོར་ནས།།

康息謝美瑪己塔夠內
若逢屠殺之軍來犯境

མཚོན་ཆ་རྣོན་པོས་འདེབས་ཤིང་ཉེན་པ་ན།།

村恰農貝德辛年巴納

揮動尖銳兵器而進逼

ཡིད་གཉིས་ཐེ་ཚོམ་མེད་པར་གསོལ་བ་འདེབས།།

以尼特聰美巴梭瓦德

無有二心懷疑誠祈請

ཨོ་རྒྱན་རྡོ་རྗེའི་གུར་དང་ཕུན་པ་ཡིས།།

歐根斗節古堂登巴以

烏金蓮師以金剛帳幕

གཤེད་མ་བྲེད་ཅིང་མཚོན་ཆ་འཐོར་བར་འགྱུར།།

謝瑪車金村恰透瓦久

屠人驚惶武器皆散落

ཨོ་རྒྱན་པདྨ་འབྱུང་གནས་ལ་གསོལ་བ་འདེབས།།

歐根貝瑪炯內拉梭瓦德

至誠祈請烏金蓮花生尊

བསམ་པ་ལྷུན་གྱིས་འགྲུབ་པར་བྱིན་གྱིས་རློབས།།

散巴倫己竹巴琴己樓

祈請加持心願任運成

ནམ་ཞིག་ཚེ་ཟད་འཆི་བའི་དུས་བྱུང་ཚེ།།

南息側瑟企為圖穹策
若逢壽盡步入死亡時

གནད་གཅོད་སྡུག་བསྔལ་དྲག་པོས་ཉེན་པ་ན།།

內決堵俄查貝年巴納
面臨強烈臨終之痛楚

ཡིད་གཉིས་ཐེ་ཚོམ་མེད་པར་གསོལ་བ་འདེབས།།

以尼特聰美巴梭瓦德
無有二心懷疑誠祈請

ཨོ་རྒྱན་སྣང་བ་མཐའ་ཡས་སྤྲུལ་པ་སྟེ།།

歐根囊瓦塔耶珠巴德
烏金您乃彌陀之化身

བདེ་བ་ཅན་གྱི་ཞིང་དུ་ངེས་པར་སྐྱེ།།

德瓦間己行圖額巴給
必定令生極樂世界中

ཨོ་རྒྱན་པདྨ་འབྱུང་གནས་ལ་གསོལ་བ་འདེབས།།

歐根貝瑪炯內拉梭瓦德
至誠祈請烏金蓮花生尊

བསམ་པ་ལྷུན་གྱིས་འགྲུབ་པར་བྱིན་གྱིས་རློབས།།

散巴倫己竹巴琴己樓
祈請加持心願任運成

སྒྱུ་ལུས་གཡར་པོ་ཞིག་པའི་བར་དོ་རུ།།

谷呂亞波息貝帕斗如
暫借幻身壞滅入中陰

འཁྲུལ་སྣང་ཉིང་འཁྲུལ་སྤྲུག་བསྐུལ་ཉེན་པ་ན།།

出囊寧出堵俄年巴納
若遇重重幻象而痛苦

ཡིད་གཉིས་ཐེ་ཚོམ་མེད་པར་གསོལ་བ་འདེབས།།

以尼特聰美巴梭瓦德
無有二心懷疑誠祈請

ཨོ་རྒྱན་དུས་གསུམ་མཁྱེན་པའི་ཐུགས་རྗེ་ཡིས།།

歐根圖松肯北圖界以
依您知曉三世之悲心

འཁྲུལ་སྣང་རང་སར་གྲོལ་བར་ཐེ་ཚོམ་མེད།།

出囊壞薩垂瓦特聰美
幻象就地解脫無懷疑

ཨོ་རྒྱན་པདྨ་འབྱུང་གནས་ལ་གསོལ་བ་འདེབས།།

歐根貝瑪炯內拉梭瓦德
至誠祈請烏金蓮花生尊

བསམ་པ་ལྷུན་གྱིས་འགྲུབ་པར་བྱིན་གྱིས་རློབས།།

散巴倫己竹巴琴己樓
祈請加持心願任運成

གཞན་ཡང་ལས་དང་རྐྱེན་གྱི་དབང་གྱུར་ཏེ།།

賢揚雷堂根己旺久德
倘若由於遭業緣所轉

འཁྲུལ་སྣང་དངོས་པོར་ཞེན་ཅིང་སྡུག་བསྔལ་ན།།

出囊沃波賢金堵俄納
貪執幻象為實而痛苦

ཡིད་གཉིས་ཐེ་ཚོམ་མེད་པར་གསོལ་བ་འདེབས།།

以尼特聰美巴梭瓦德
無有二心懷疑誠祈請

ཨོ་རྒྱན་བདེ་ཆེན་རྒྱལ་པོའི་ངོ་བོ་སྟེ།།

歐根德千給貝歐握德
烏金您乃大樂王本性

ཕྱུག་བཤལ་འཁྲུལ་པ་རྩད་ནས་གཞིག་པར་ཤེད།།

堵俄出巴則內息巴切

痛苦迷妄連根盡毀滅

ཨོ་རྒྱན་པདྨ་འབྱུང་གནས་ལ་གསོལ་བ་འདེབས།།

歐根貝瑪炯內拉梭瓦德

至誠祈請烏金蓮花生尊

བསམ་པ་ལྷུན་གྱིས་འགྲུབ་པར་བྱིན་གྱིས་རློབས།།

散巴倫己竹巴琴己樓

祈請加持心願任運成

འགྲོ་དྲུག་སྡུག་བསྔལ་ཆེན་པོས་ཉེན་པ་དང་།།

周竹堵俄千貝年巴堂

六道遭受大苦所逼迫

ཁྱད་པར་བོད་ཀྱི་རྗེ་འབངས་སྡུག་བསྔལ་ན།།

克巴培己簡邦堵俄納

尤其西藏君臣民痛苦

དད་གུས་མོས་པའི་གདུང་ཤུགས་དྲག་པོ་ཡིས།།

特固莫貝東續查波以

藉著強烈虔信真感動

ཡིད་གཉིས་ཐེ་ཚོམ་མེད་པར་གསོལ་བ་འདེབས།།

以尼特聰美巴梭瓦德
無有二心懷疑誠祈請

ཨོ་རྒྱན་ཐུགས་རྗེས་འཕོ་འགྱུར་མེད་པར་གཟིགས།།

歐根圖界剖久美巴斯
烏金大悲眷顧無變改

ཨོ་རྒྱན་པདྨ་འབྱུང་གནས་ལ་གསོལ་བ་འདེབས།།

歐根貝瑪炯內拉梭瓦德
至誠祈請烏金蓮花生尊

བསམ་པ་ལྷུན་གྱིས་འགྲུབ་པར་བྱིན་གྱིས་རློབས།།

散巴倫己竹巴琴己樓
祈請加持心願任運成

ཞེས་གསུངས་ནས། སྲས་སྲས་ལ་ཐུགས་བརྩེ་བས་དགོངས་ཏེ་ཡིད་བཞིན་ནོར་བུ་ལྟ་བུའི་མན་ངག་བཅུ་གསུམ་གནང་ངོ་། དེ་ནས་སྲས་ཀྱིས་གུས་པས་ཕྱག་དང་བསྐོར་བ་བྱས། གུ་རུ་ཨོ་རྒྱན་གྱི་ཡུལ་དུ་ཉལ་གཟིགས་ནས་ཉི་ཟེར་ལ་བཅིབས་ནས་བྱུད་དོ། སྲས་སྲས་སུ་ཕྱི་བཞིན་པོས་ཉིན་མོངས་རང་གྲོལ་གྱི་མན་ངག་དང་། ཡིད་བཞིན་ནོར་བུ་ལྟ་བུའི་མན་ངག་ཟབ་ཆོས་དང་ཕཏ་པ་ལ་མང་ཡུལ་གྱི་བྲག་རིན་ཆེན་སྤུངས་པ་ལ་འདུ་བ་ལ་གཏེར་དུ་སྦས་པ། གཏེར་བདག་བཞིའི་སྲུ་མོ་བཞི་ལ་བཅོལ་ལོ། ནས་ཞིག་དུས་མཐའ་ལ། ང་ཡི་གདུང་བརྒྱུད་ཕྱག་པའི་དུས། རི་བོ་བྲག་བཟང་པར་འདབས་ནས། ལས་ཅན་སྐྱེ་བུ་བྱུང་བའི་ཚེ། དེ་ཚེ་དེ་ཡིས་རྙེད་གྱུར་ནས། བདག་གི་གདུང་བརྒྱུད་སྐྱོབ་པར་ཤོག། ཅེས་གསུངས་སོ། ༈ ༈ ཨཱཿ

言迄，慈憫思及王子，傳授如意寶珠般的十三竅訣。爾後，
王子恭敬頂禮、轉繞。蓮師望向烏金境，乘著陽光而去。穆

赤贊布王子將煩惱自解脫之竅訣以及如意寶珠般的竅訣和遺教，於芒余有如珍寶積聚般的岩石中埋藏為伏藏，託付給伏藏主四瑟天女。復云：「遭逢最終之末世，我之子嗣痛苦時，乍桑山之東山腳，出現具足業緣者，願他彼時取伏藏，救護吾人之血脈。」芒嘎朗。

ཀ྄ྭ་ཧྲས་ཀྱི་ཁྲི་བཙན་པོའི་ཞལ་ནས། ང་ཡི་བུ་འབངས་དད་གུས་ལྡན་པ་རྣམས། བླ་མ་སྐུ་གསུམ་གྱི་གསོལ་འདེབས་ནི། རྒྱབས་བླ་མ་ནམ་དྲན་དུས་ན་གསོལ་བ་ཐོབ། ཡབ་རྒྱལ་པོ་ལ་གསུངས་པ་ནི། སྲོད་དྲག་པོའི་དུས་སུ་གསོལ་བ་ཐོབ། ཇོ་མོ་མཚོ་རྒྱལ་ལ་གསུངས་པ་ནི། ཐོ་རངས་རྒྱལ་བའི་དུས་སུ་གསོལ་བ་ཐོབ། དགེ་སློང་ནམ་མཁའི་སྙིང་པོ་ལ་གསུངས་པ་ནི། ནམ་ལངས་ཞི་བའི་དུས་སུ་གསོལ་བ་ཐོབ། སྣ་ནམ་རྡོ་རྗེ་བདུད་འཇོམས་ལ་གསུངས་པ་ནི། དགོང་མོ་དང་གི་དུས་སུ་གསོལ་བ་ཐོབ། ཁྲི་སྲོང་ཀྱི་ཁྲི་བཙན་པོ་ལ་གསུངས་པ་ནི། ནམ་གུང་མུན་པའི་སྐབས་ལ་གསོལ་བ་ཐོབ། གུང་ཐང་རྒྱལ་པོ་ལ་གསུངས་པ་ནི། ཉིན་གུང་བྱེ་བ་སྤོངས་ལ་གསོལ་བ་ཐོབ། ཕྱིར་སྤྱིར་བཏལ་གྱི་ཉིན་དུ་གསོལ་བ་ཐོབ། བདག་རྒྱལ་པོའི་གདུང་བརྒྱུད་མ་ནོར་ཞིང་། ཆོས་རྒྱལ་བཞིན་སྒྲུབ་པའི་ལས་ཅན་ལ། ཕྱིར་སངས་རྒྱས་ཐམས་ཅད་བཀའ་དྲིན་ཆེ། སློབ་དཔོན་ཆེན་བསམ་མི་ཁྱབ། བདག་གོས་སྲུང་རྒྱལ་པོའི་དགའ་ལ་ཉོན། དུས་རྒྱུན་ཏུ་ཚོས་པས་གསོལ་བ་ཐོབ།

ཅེས་གསུངས་སོ། གུང་ཐང་རྒྱལ་པོ་ལ་གསུངས་པའི་གསོལ་འདེབས་བསམ་པ་ལྷུན་གྲུབ་མ་ཞེས་བྱ་བ་འདི་ནི། ཀྭ་ཧྲས་ཀྱི་ཁྲི་བཙན་པོས་ང་ལ་ཡལ་ཕལ་ཁ་རྒྱལ་གྱི་ལྟ་ཁང་དུ་གསུངས་སོ། གཏེར་བདག་ས་ཡི་ལྷ་མོ་དྲི་ཇ་འཚོན་མོ་ལ་བཅོལ་གོ། ཨ་མྲྀ་ཏ། རཏྣ་ས་མ་ཡ། རྒྱ་རྒྱ་རྒྱ།། ||

穆赤贊布王子云：「我之虔敬具信眾子民，上師三身之祈請文，不論何時憶念怙主上師均可進行祈請。[1] 對父王宣說之祈請文，當於黃昏威猛時分祈請。[2] 向聖女措嘉宣說之祈請文，當於黎明增長時分祈請。[3] 向南開寧波比丘宣說之祈請文，當於天亮平息時分祈請。[4] 向納南多傑敦炯宣說之祈請文，當於晚間懷攝時分祈請。[5] 向穆赤贊布王子宣說之祈請文，當於午夜漆黑時分祈請。[6] 向貢塘國王宣說之祈請文，當於中午斷諸繁忙而祈請。[7] 一般而言，當於痛苦逼迫時祈請。我國王血脈無錯謬，如理修法具業緣者，總之諸佛恩德浩大，蓮師恩尤不可思議。聽我護法國王忠言，平時當虔敬祈請之。」言訖，穆赤贊布將（蓮師）向貢塘王宣說的這篇〈願望任運成就祈

請文〉藏在如拉禪巴將之佛堂，託付給伏藏主騎驢天女。薩
芒嘎。

ཆུ་པོ་འབྲུག་གི་ལོར་རུ་ལག་རྒྱང་གི་ལྷ་ཁང་ནས་སྤྲུལ་སྐུ་བཟང་པོ་གྲགས་པས་གཏེར་ནས་བཏོན་ཏེ། རིག་འཛིན་
ཆེན་པོ་རིན་གྱི་ཕྱག་ཏུ་འཕུལ་ཅན་ལ་གཏད། རིག་འཛིན་ཆེན་པོས་ཤོག་སེར་ལས་བསྒྱུར་བའོ། གཏེར་རྒྱ། སྤྲས་རྒྱ། ཟབ་
རྒྱ། ཨི་ཐི།། །།

祖古桑波札巴於陽水龍年，從如拉將佛堂取出伏藏，交付大
持明仁增果登，復由大持明自黃紙譯出。

---

1. 即七品祈請文之第一品。

2. 指七品中之第二品。

3. 七品之第三品。

4. 此為第四品。

5. 此為第五品。

6. 此為第六品。

7. 即第七品。

༄༅། །གསོལ་འདེབས་བར་ཆད་ལམ་སེལ་བཞུགས།
淨除道障祈請文

秋吉德千林巴 取藏

ཨོཾ་ཨཱཿ་ཧཱུྃ་བཛྲ་གུ་རུ་པདྨ་སིདྡྷི་ཧཱུྃ༎

嗡阿吽班匝咕如貝瑪思帝吽

ཆོས་སྐུ་སྣང་བ་མཐའ་ཡས་ལ་གསོལ་བ་འདེབས༎

卻固囊瓦塔耶拉梭瓦德
至誠祈請法身阿彌陀佛

ལོངས་སྐུ་ཐུགས་རྗེ་ཆེན་པོ་ལ་གསོལ་བ་འདེབས༎

隆固圖界千波拉梭瓦德
至誠祈請報身大悲觀音

སྤྲུལ་སྐུ་པདྨ་འབྱུང་གནས་ལ་གསོལ་བ་འདེབས༎

珠固貝瑪炯內拉梭瓦德
至誠祈請幻化身蓮花生

བདག་གི་བླ་མ་ངོ་མཚར་སྤྲུལ་པའི་སྐུ༎

達己喇嘛偶擦珠貝固
吾之上師神奇幻化身

རྒྱ་གར་ཡུལ་དུ་སྐུ་འཁྲུངས་ཐོས་བསམ་མཛད།།

佳嘎於圖固充妥散則
誕生印度境中行聞思

བོད་ཡུལ་དབུས་སུ་ཞལ་ཕྱིན་ཇེགས་པ་བཏུལ།།

培於玉素協全折巴度
親臨藏地中央降惡魔

ཨོ་རྒྱན་ཡུལ་དུ་སྐུ་བཞུགས་འགྲོ་དོན་མཛད།།

歐根於圖固許周屯則
安住烏金國中利眾生

ཐུགས་རྗེས་བདག་ལ་བྱིན་གྱིས་རློབས།།

圖界達拉親己樓
祈以大悲加持我

བརྩེ་བས་བདག་སོགས་ལམ་སྣ་དྲོངས།།

則為達搜藍納充
慈憫引我等入道

དགོངས་པས་བདག་ལ་དངོས་གྲུབ་སྩོལ།།

貢貝達拉沃竹最
垂念賜予我悉地

ནུས་པས་བདག་སོགས་བར་ཆད་སོལ།།

女貝達搜帕切梭
神力遣除我等障

ཕྱི་ཡི་བར་ཆད་ཕྱི་རུ་སོལ།།

企以帕切企如梭
外之障礙除於外

ནང་གི་བར་ཆད་ནང་དུ་སོལ།།

囊己帕切囊圖梭
內之障礙除於內

གསང་བའི་བར་ཆད་དབྱིངས་སུ་སོལ།།

桑威帕切因素梭
密之障礙除於界

གུས་པས་ཕྱག་འཚལ་སྐྱབས་སུ་མཆི།།

枯貝恰側架素企
恭敬頂禮誠皈依

ༀ་ཨཱཿ་ཧཱུྃ་བཛྲ་གུ་རུ་པདྨ་སིདྡྷི་ཧཱུྃ།།

嗡阿吽班匝咕如貝瑪思帝吽

རྒྱུ་ཡི་རོ་མཆོར་མཐོང་བའི་ཚེ།།

固以偶擦同為側
望見尊身奧妙時

གཡས་པས་རལ་གྲིའི་ཕྱག་རྒྱ་མཛད།།

耶貝惹赤恰佳則
右手持寶劍手印

གཡོན་པས་འགུགས་པའི་ཕྱག་རྒྱ་མཛད།།

元貝谷貝恰佳則
左手持招攝手印

ཞལ་བགྲད་མཆེ་གཚིགས་གྱེན་ལ་གཟིགས།།

協折切自堪拉斯
張口齜牙朝上望

རྒྱལ་བའི་གདུང་འཛིན་འགྲོ་བའི་མགོན།།

給為柬增周為哀
勝佛嫡傳眾生怙

ཕྱགས་རྗེས་བདག་ལ་བྱིན་གྱིས་རློབས།།

圖界達拉親己樓
祈以大悲加持我

བཅེ་བས་བདག་སོགས་ལམ་སྣ་དྲོང་།།

則為達搜藍納充
慈愛引我等入道

དགོངས་པས་བདག་ལ་དངོས་གྲུབ་སྩོལ།།

貢貝達拉沃竹最
垂念賜予我悉地

ནུས་པས་བདག་སོགས་བར་ཆད་སོལ།།

女貝達搜帕切梭
神力遣除我等障

ཕྱི་ཡི་བར་ཆད་ཕྱི་རུ་སོལ།།

企以帕切企如梭
外之障礙除於外

ནང་གི་བར་ཆད་ནང་དུ་སོལ།།

囊己帕切囊圖梭
內之障礙除於內

གསང་བའི་བར་ཆད་དབྱིངས་སུ་སོལ།།

桑威帕切因素梭
密之障礙除於界

188

གུས་པས་ཕྱག་འཚལ་སྐྱབས་སུ་མཆི།།

枯貝恰側架素企
恭敬頂禮誠皈依

ༀ་ཨཱཿ་ཧཱུྃ་བཛྲ་གུ་ར་པདྨ་སིདྡྷི་ཧཱུྃ།།

嗡阿吽班匝咕如貝瑪思帝吽

དམ་ཆོས་རིན་ཆེན་གསན་པའི་ཚེ།།

坦卻仁千森北側
聽聞正法珍寶時

སྐུ་གསལ་འོད་ཟེར་མདངས་དང་ལྡན།།

固瑟瑋瑟當堂登
尊身明亮具光彩

ཕྱག་གཡས་སྟེ་སྙོད་སྐྱེགས་བམ་བསྣམས།།

恰耶德諾雷邦南
右手持法藏經函

གཡོན་པས་ཕུར་པའི་པུསྟི་བསྣམས།།

元貝普貝布地南
左持普巴之法函

ཟབ་མོའི་ཆོས་རྣམས་ཐུགས་སུ་ཆུད།།

薩莫卻南圖素去
內心領略深奧法

ཡང་ལེ་ཤོད་ཀྱི་པཎྜི་ཏ།།

揚雷雪己班智達
揚列雪之班智達

ཐུགས་རྗེས་བདག་ལ་བྱིན་གྱིས་རློབས།།

圖界達拉親己樓
祈以大悲加持我

བརྩེ་བས་བདག་སོགས་ལམ་སྣ་དྲོངས།།

則為達搜藍納充
慈愛引我等入道

དགོངས་པས་བདག་ལ་དངོས་གྲུབ་སྩོལ།།

貢貝達拉沃竹最
垂念賜予我悉地

ནུས་པས་བདག་སོགས་བར་ཆད་སོལ།།

女貝達搜帕切梭
神力遣除我等障

ཕྱི་ཡི་བར་ཆད་ཕྱི་རུ་སོལ།།

企以帕切企如梭

外之障礙除於外

ནང་གི་བར་ཆད་ནང་དུ་སོལ།།

囊己帕切囊圖梭

內之障礙除於內

གསང་བའི་བར་ཆད་དབྱིངས་སུ་སོལ།།

桑威帕切因素梭

密之障礙除於界

གུས་པས་ཕྱག་འཚལ་སྐྱབས་སུ་མཆི།།

枯貝恰側架素企

恭敬頂禮誠皈依

ཨོཾ་ཨཱཿ་ཧཱུྃ་བཛྲ་གུ་རུ་པདྨ་སིདྡྷི་ཧཱུྃ།།

嗡阿吽班匝咕如貝瑪思帝吽

དམ་ཅན་དམ་ལ་བཏགས་པའི་ཚེ།།

坦間坦拉達北側

諭令具誓立誓時

> དྲི་མེད་གནས་མཆོག་ཉམས་རེ་དགའ།།

尺美內秋釀惹嘎
無垢聖地甚宜人

> རྒྱ་གར་བོད་ཡུལ་ས་མཚམས་སུ།།

佳嘎培於散餐素
印度尼泊爾邊界

> བྱིན་གྱིས་བརླབས་ནས་ཕྱིན་པའི་ཚེ།།

琴己拉內全北側
賜予加持親臨時

> དྲི་བཟང་སྤོས་ངད་ལྷུན་པའི་རི།།

尺松貝俄登貝日
薰香瀰漫於山間

> མེ་ཏོག་པདྨ་དགུན་ཡང་སྐྱེ།།

美斗貝瑪恭揚給
蓮花冬日亦生長

> རྒྱ་མིག་བྱང་ཆུབ་བདུད་རྩིའི་ཆུ།།

趣蜜強曲堵自去
菩提聖泉甘露水 [1]

བདེ་ལྡན་དེ་ཡི་གནས་མཆོག་ཏུ།།

特登提以內秋度
於彼安樂聖地中

སྐྱེས་མཆོག་ཚུལ་བཟང་ཆོས་གོས་གསོལ།།

根秋促桑卻奎梭
勝士善戒穿法衣

ཕྱག་གཡས་རྡོ་རྗེ་རྩེ་དགུ་བསྣམས།།

恰耶斗節則古南
右持九股金剛杵

གཡོན་པས་རིན་ཆེན་ཟ་མ་ཏོག།

元貝仁千薩瑪斗
左持珍寶之寶篋

རཀྟ་བདུད་རྩིས་ནང་དུ་གཏམས།།

惹達堵自囊圖丹
其內盛滿血甘露

མཁའ་འགྲོ་དམ་ཅན་དམ་ལ་བཏགས།།

康周坦間坦拉達
空行具誓令立誓

ཨི་དགས་ཞལ་གཟིགས་དངོས་གྲུབ་བརྙེས།།

以單協思沃竹涅
親見本尊獲悉地

ཕྱགས་རྗེས་བདག་ལ་བྱིན་གྱིས་རློབས།།

圖界達拉親己樓
祈以大悲加持我

བརྩེ་བས་བདག་སོགས་ལམ་ལ་སྣ་དྲོངས།།

則為達搜藍納充
慈愛引我等入道

དགོངས་པས་བདག་ལ་དངོས་གྲུབ་ཚོལ།།

貢貝達拉沃竹最
垂念賜予我悉地

ནུས་པས་བདག་སོགས་བར་ཆད་སོལ།།

女貝達搜帕切梭
神力遣除我等障

ཕྱི་ཡི་བར་ཆད་ཕྱི་རུ་སོལ།།

企以帕切企如梭
外之障礙除於外

ནང་གི་བར་ཆད་ནང་དུ་སོལ།།

囊己帕切囊圖梭

內之障礙除於內

གསང་བའི་བར་ཆད་དབྱིངས་སུ་སོལ།།

桑威帕切因素梭

密之障礙除於界

གུས་པས་ཕྱག་འཚལ་སྐྱབས་སུ་མཆི།།

枯貝恰側架素企

恭敬頂禮誠皈依

ཨོཾ་ཨཱཿ_ཧཱུྃ_བཛྲ_གུ_རུ_པདྨ_སིདྡྷི_ཧཱུྃ།།

嗡阿吽班匝咕如貝瑪思帝吽

རྒྱལ་བའི་བསྟན་པ་བཙུགས་པའི་ཚེ།།

給為登巴租北側

豎立勝佛教法時

གཡའ་རིའི་ནགས་ལ་སྒྲུབ་པ་མཛད།།

亞日納拉竹巴則

亞日山林中修持

195

བསྔེན་ཕྱིར་ནས་མཁའི་དབྱིངས་སུ་འཕར།།

年普南開因素帕
近橛升上虛空界 [2]

དོ་རྗེའི་ཕྱག་རྒྱས་བརྡབས་ཤིང་བསྒྱིལ།།

斗節恰給朗辛直
以金剛印取搓動

བསྒྱིལ་ཞིང་ཙནྡན་ནགས་སུ་འཕང་།།

直辛贊登納素旁
搓而擲入栴檀林

མེ་འབར་འཁྲུགས་ཤིང་མཚོ་ཡང་སྐེམ།།

美巴出辛湊揚根
燃火熾盛湖亦乾

ཕྱིབ་ཀྱི་སུ་སྟེགས་ས་གང་བསྲེགས།།

思己木爹薩康瑟
遍地外道瞬間焚

ཡ་ཀྲ་ནག་པོ་རྡུལ་དུ་བརླག།

亞下納波堵圖拉
邪惡羅剎滅為塵

འགྲན་གྱི་དོ་མེད་བདུད་ཀྱི་གཤེད།།

正己透美堵己謝
所向無敵屠魔尊

ཕྱགས་རྗེས་བདག་ལ་བྱིན་གྱིས་རློབས།།

圖界達拉親己樓
祈以大悲加持我

བརྩེ་བས་བདག་སོགས་ལམ་སྣ་དྲོངས།།

則為達搜藍納充
慈愛引我等入道

དགོངས་པས་བདག་ལ་དངོས་གྲུབ་སྩོལ།།

貢貝達拉沃竹最
垂念賜予我悉地

ནུས་པས་བདག་སོགས་བར་ཆད་སོལ།།

女貝達搜帕切梭
神力遣除我等障

ཕྱི་ཡི་བར་ཆད་ཕྱི་རུ་སོལ།།

企以帕切企如梭
外之障礙除於外

ནང་གི་བར་ཆད་ནང་དུ་སོལ།།

囊己帕切囊圖梭
內之障礙除於內

གསང་བའི་བར་ཆད་དབྱིངས་སུ་སོལ།།

桑威帕切因素梭
密之障礙除於界

གུས་པས་ཕྱག་འཚལ་སྐྱབས་སུ་མཆི།།

枯貝恰側架素企
恭敬頂禮誠皈依

ཨོཾ་ཨཱཿཧཱུྂ་བཛྲ་གུ་རུ་པདྨ་སིདྡྷི་ཧཱུྂ།།

嗡阿吽班匝咕如貝瑪思帝吽

སྲིན་པོའི་ཁ་གནོན་མཛད་པའི་ཚེ།།

森波卡農則北側
鎮壓羅剎之時刻

ཁྱེའུ་ཆུང་སྤྲུལ་སྐུའི་ཆ་ལུགས་ཅན།།

克穹珠固恰路間
童子化身之裝束

ཡ་མཚན་གཟུགས་བཟང་ཁ་དོག་ལེགས།།

揚餐素桑卡斗雷
絕妙體態身色美

ཚེམས་འགྲིགས་དབུ་སྐྲ་སེར་ལ་མཛེས།།

餐直烏乍瑟拉則
齒齊頭髮黃而麗

དགུང་ལོ་བཅུ་དྲུག་ལོན་པའི་ཚུལ།།

恭樓具竹輪北促
年齡十六之相貌

རིན་ཆེན་རྒྱན་ཁ་སྣ་ཚོགས་གསོལ།།

仁千根恰納湊梭
穿戴各種珍寶飾

ཕྱག་གཡས་འཁར་བའི་ཕུར་པ་བསྣམས།།

恰耶卡為普巴南
右持銅製普巴杵

བདུད་དང་སྲིན་པོའི་ཁ་གནོན་མཛད།།

堵堂森波卡農則
鎮壓妖魔及羅剎

གཡོན་པས་སེང་ལྡེང་ཕུར་པ་བསྣམས།།

元貝森登普巴南
左持紫檀普巴杵

མོས་པའི་བུ་ལ་སྲུང་སྐྱོབ་མཛད།།

莫北普拉松究則
守衛救護虔敬兒

མགུལ་ན་ལྕགས་ཀྱི་ཕུར་པ་བསྣམས།།

古納架己普巴南
頸戴鐵製普巴杵

ཡི་དམ་ལྷ་དང་གཉིས་སུ་མེད།།

以單哈堂尼素美
您與本尊無分別

གཉིས་མེད་སྤྲུལ་སྐུ་འཛམ་གླིང་རྒྱན།།

尼美珠固贊林根
無二化身瞻洲嚴

ཐུགས་རྗེས་བདག་ལ་བྱིན་གྱིས་རློབས།།

圖界達拉親己樓
祈以大悲加持我

བཙེ་བས་བདག་སོགས་ལམ་ལ་སྣ་དྲོངས།།

則為達搜藍納充
慈愛引我等入道

དགོངས་པས་བདག་ལ་དངོས་གྲུབ་སྩོལ།།

貢貝達拉沃竹最
垂念賜予我悉地

ནུས་པས་བདག་སོགས་བར་ཆད་སོལ།།

女貝達搜帕切梭
神力遣除我等障

ཕྱི་ཡི་བར་ཆད་ཕྱི་རུ་སོལ།།

企以帕切企如梭
外之障礙除於外

ནང་གི་བར་ཆད་ནང་དུ་སོལ།།

囊己帕切囊圖梭
內之障礙除於內

གསང་བའི་བར་ཆད་དབྱིངས་སུ་སོལ།།

桑威帕切因素梭
密之障礙除於界

གུས་པས་ཕྱག་འཚལ་སྐྱབས་སུ་མཆི།།

枯貝恰側架素企
恭敬頂禮誠皈依

ཨ་ཨུཿ཈྄ུ་བཛྲ་གུ་ར་པདྨ་སིདྡྷི་ཧཱུྃ།།

嗡阿吽班匝咕如貝瑪思帝吽

འདི་ཡི་ཤུལ་དུ་དགོངས་པའི་ཚེ།།

折以於圖貢北側
垂念鬼怪之境時

མེ་དཔུང་གོང་གི་ས་གཞི་ལ།།

美崩雪己薩息拉
火團谷之大地上

མདའ་རྒྱང་གང་གི་མཚོ་ནང་དུ།།

達將康己湊囊圖
一箭之遙湖當中

པདྨའི་སྟེང་དུ་བསིལ་བསིལ་འདུག།

貝美登圖斯斯札
蓮花之上甚清涼

པདྨའི་ནང་ན་དགོངས་པ་མཛད།།

貝美囊納恭巴則
垂念生於蓮花中

མཚན་ཡང་པདྨ་འབྱུང་གནས་ཞེས།།

餐揚貝瑪炯內協
名號亦稱蓮花生

རྫོགས་པའི་སངས་རྒྱས་དངོས་སུ་བྱོན།།

走貝桑給沃素全
正覺佛尊親降臨

དེ་འདྲའི་སྤྲུལ་སྐུ་ཡ་མཚན་ཅན།།

提折珠固揚餐間
如此神奇幻化身

ཐུགས་རྗེས་བདག་ལ་བྱིན་གྱིས་རློབས།།

圖界達拉親己樓
祈以大悲加持我

བརྩེ་བས་བདག་སོགས་ལམ་སྣ་དྲོངས།།

則為達搜藍納充
慈愛引我等入道

203

དགོངས་པས་བདག་ལ་དངོས་གྲུབ་སྩོལ།།

貢貝達拉沃竹最
垂念賜予我悉地

ནུས་པས་བདག་སོགས་བར་ཆད་སོལ།།

女貝達搜帕切梭
神力遣除我等障

ཕྱི་ཡི་བར་ཆད་ཕྱི་རུ་སོལ།།

企以帕切企如梭
外之障礙除於外

ནང་གི་བར་ཆད་ནང་དུ་སོལ།།

囊己帕切囊圖梭
內之障礙除於內

གསང་བའི་བར་ཆད་དབྱིངས་སུ་སོལ།།

桑威帕切因素梭
密之障礙除於界

གུས་པས་ཕྱག་འཚལ་སྐྱབས་སུ་མཆི།།

枯貝恰側架素企
恭敬頂禮誠皈依

ཨོཾ་ཨཱཿ་ཧཱུྃ་བཛྲ་གུ་ར་པདྨ་སིདྡྷི་ཧཱུྃ༎

嗡阿吽班匝咕如貝瑪思帝吽

བོད་ཀྱི་ཉི་མ་མཛད་པའི་ཚེ༎

培己尼瑪則北側
您令西藏日昇時

དད་ལྡན་འགྲོ་བ་འདྲེན་པའི་དཔལ༎

特登周瓦正北巴
引領具信眾生主

གང་ལ་གང་འདུལ་སྐུར་བསྟན་ནས༎

康拉康度固登內
隨機應化顯尊身

གཙང་ཁ་ལ་ཡི་ལ་ཐོག་ཏུ༎

藏卡拉以拉透度
藏卡拉之隘高點

དགྲ་ལྷའི་དགེ་བསྙེན་དམ་ལ་བཏགས༎

札嘿給年坦拉達
令戰神格年立誓

ཡུལ་ནི་ཚ་བའི་ཚ་ཤོད་དུ།།

於尼擦為擦雪圖
擦瓦境之山谷中

ལྷ་ཡི་དགེ་བསྙེན་རྗེ་གནས་པ་ཅན།།

哈以給年折巴間
驕惡天之格年眾

ཉི་ཤུ་རྩ་གཅིག་དམ་ལ་བཏགས།།

尼續匝計坦拉達
二十一眾皆立誓

མང་ཡུལ་དེ་ཡི་བྱམས་སྤྲིན་དུ།།

芒於提以強真圖
芒余境中慈雲裡

དགེ་སློང་བཞི་ལ་དངོས་གྲུབ་གནང་།།

給隆息拉沃竹囊
賜予四比丘悉地

ཁྱད་པར་འཕགས་པའི་རིག་འཛིན་མཆོག།

克巴帕貝仁增秋
尤其超勝持明尊

ཕྱགས་རྗེས་བདག་ལ་བྱིན་གྱིས་རློབས།།

圖界達拉親己樓
祈以大悲加持我

བརྩེ་བས་བདག་སོགས་ལམ་སྣ་དྲོངས།།

則為達搜藍納充
慈愛引我等入道

དགོངས་པས་བདག་ལ་དངོས་གྲུབ་སྩོལ།།

貢貝達拉沃竹最
垂念賜予我悉地

ནུས་པས་བདག་སོགས་བར་ཆད་སོལ།།

女貝達搜帕切梭
神力遣除我等障

ཕྱི་ཡི་བར་ཆད་ཕྱི་རུ་སོལ།།

企以帕切企如梭
外之障礙除於外

ནང་གི་བར་ཆད་ནང་དུ་སོལ།།

囊己帕切囊圖梭
內之障礙除於內

གསང་བའི་བར་ཆད་དབྱིངས་སུ་སོལ།།

桑威帕切因素梭
密之障礙除於界

གུས་པས་ཕྱག་འཚལ་སྐྱབས་སུ་མཆི།།

枯貝恰側架素企
恭敬頂禮誠皈依

ཨོཾ་ཨཱཿ་རུ་བཛྲ་གུ་ར་པདྨ་སིདྡྷི་ཧཱུྃ།།

嗡阿吽班匝咕如貝瑪思帝吽

དཔལ་མོ་ཐང་གི་དཔལ་ཐང་དུ།།

貝莫堂己巴堂圖
貝莫塘之豐饒原

བཅུན་མ་བཅུ་གཉིས་དམ་ལ་བཏགས།།

登瑪具尼坦拉達
令十二地母立誓

བོད་ཡུལ་ཁ་ལའི་ལ་ཐོག་ཏུ།།

培於卡雷拉透度
藏地卡拉隘高點

208

གངས་དཀར་ཤ་མེད་དམ་ལ་བཏགས།།

康嘎夏美坦拉達
令康嘎夏美立誓

འདམ་ཧོད་ཧ་བུའི་སྙིང་དུང་དུ།།

單雪哈布寧充圖
沼澤哈布寧之前

ཐང་ཧ་ཡར་ཞུད་དམ་ལ་བཏགས།།

唐哈亞旭坦拉達
令唐哈亞旭立誓

ཧས་པོ་རི་ཡི་ཡང་གོང་དུ།།

嘿波日以揚空圖
嘿波山之更高處

ལྷ་སྲིན་ཐམས་ཅད་དམ་ལ་བཏགས།།

哈森壇皆坦拉達
令諸天羅剎立誓

ཆེ་བའི་ལྷ་འདྲེ་ཐམས་ཅད་ཀྱིས།།

切為韓折壇皆己
一切勢大神鬼眾

ལ་ལས་སྲོག་གི་སྙིང་པོ་ཕུལ།།

拉雷搜己寧波普
有些獻上命精華

ལ་ལས་བསྟན་པ་བསྲུང་བར་བྱས།།

拉雷登巴松瓦切
有些守護佛聖教

ལ་ལས་བྲན་དུ་ཁས་བླངས་བྱས།།

拉雷誠圖克朗切
有些承諾做僕從

མཐུ་དང་རྫུ་འཕྲུལ་སྟོབས་པོ་ཆེ།།

圖堂總出斗波切
神威神通大力尊

ཕྱག་རྗེས་བདག་ལ་བྱིན་གྱིས་རློབས།།

圖界達拉親己樓
祈以大悲加持我

བརྩེ་བས་བདག་སོགས་ལམ་སྣ་དྲོངས།།

則為達搜藍納充
慈愛引我等入道

དགོངས་པས་བདག་ལ་དངོས་གྲུབ་སྩོལ།།

貢貝達拉沃竹最

垂念賜予我悉地

ནུས་པས་བདག་སོགས་བར་ཆད་སོལ།།

女貝達搜帕切梭

神力遣除我等障

ཕྱི་ཡི་བར་ཆད་ཕྱི་རུ་སོལ།།

企以帕切企如梭

外之障礙除於外

ནང་གི་བར་ཆད་ནང་དུ་སོལ།།

囊己帕切囊圖梭

內之障礙除於內

གསང་བའི་བར་ཆད་དབྱིངས་སུ་སོལ།།

桑威帕切因素梭

密之障礙除於界

གུས་པས་ཕྱག་འཚལ་སྐྱབས་སུ་མཆི།།

枯貝恰側架素企

恭敬頂禮誠皈依

ཨོཾ་ཨཱཿ་ཧཱུྃ་བཛྲ་གུ་རུ་པདྨ་སིདྡྷི་ཧཱུྃ༎

嗡阿吽班匝咕如貝瑪思帝吽

དམ་པ་ཆོས་ཀྱི་བསྟན་པ་ནི༎

坦巴卻己登巴尼
至於神聖佛教法

རྒྱལ་མཚན་ལྟ་བུར་བཙུགས་པའི་ཚེ༎

根餐達布租貝側
如勝幢般豎立時

བསམ་ཡས་མ་བཞེངས་ལྷུན་གྱིས་གྲུབ༎

散耶瑪賢昏己竹
桑耶不建任運成

རྒྱལ་པོའི་དགོངས་པ་མཐར་ཕྱིན་མཛད༎

給貝貢巴塔欽則
究竟圓滿國王意

སྐྱེས་མཆོག་གསུམ་གྱི་མཚན་ཡང་གསོལ༎

根秋松己餐揚梭
復享三聖士美名

གཅིག་ནི་པདྨ་འབྱུང་གནས་ཞེས།།

計尼貝瑪炯內協
其一乃為蓮花生

གཅིག་ནི་པདྨ་སམྦྷ་ཝ།།

計尼貝瑪桑巴瓦
一為貝瑪桑巴瓦

གཅིག་ནི་མཚོ་སྐྱེས་རྡོ་རྗེ་ཞེས།།

計尼湊給斗節協
其一乃海生金剛

གསང་མཚན་རྡོ་རྗེ་དྲག་པོ་རྩལ།།

桑參斗節查波則
祕名金剛威猛力

ཕྱགས་རྗེས་བདག་ལ་བྱིན་གྱིས་རློབས།།

圖界達拉親己樓
祈以大悲加持我

བརྩེ་བས་བདག་སོགས་ལམ་སྣ་དྲོངས།།

則為達搜藍納充
慈愛引我等入道

དགོངས་པས་བདག་ལ་དངོས་གྲུབ་སྩོལ།།

貢貝達拉沃竹最
垂念賜予我悉地

ནུས་པས་བདག་སོགས་བར་ཆད་སོལ།།

女貝達搜帕切梭
神力遣除我等障

ཕྱི་ཡི་བར་ཆད་ཕྱི་རུ་སོལ།།

企以帕切企如梭
外之障礙除於外

ནང་གི་བར་ཆད་ནང་དུ་སོལ།།

囊己帕切囊圖梭
內之障礙除於內

གསང་བའི་བར་ཆད་དབྱིངས་སུ་སོལ།།

桑威帕切因素梭
密之障礙除於界

གུས་པས་ཕྱག་འཚལ་སྐྱབས་སུ་མཆི།།

枯貝恰側架素企
恭敬頂禮誠皈依

ཨོ་ཨཱཿ ཧཱུྃ་བཛྲ་གུ་རུ་པདྨ་སིདྡྷི་ཧཱུྃ༎

嗡阿吽班匝咕如貝瑪思帝吽

བསམ་ཡས་མཆིམས་ཕུར་སྒྲུབ་པ་མཛད༎

散耶清菩竹巴則
於桑耶青朴修行

རྐྱེན་ངན་བཟློག་ཅིང་དངོས་གྲུབ་གནང་༎

根恩斗金沃竹囊
回遮惡緣賜悉地

རྗེ་བློན་ཐར་པའི་ལམ་ལ་བཀོད༎

節倫塔貝藍拉桂
置王臣於解脫道

གདོན་གཟུགས་བོན་གྱི་བསྟན་པ་བསྣུབས༎

敦素彭己登巴努
殲滅妖身苯教法

ཆོས་སྐུ་དྲི་མེད་རིན་ཆེན་བསྟན༎

卻固尺美仁千登
示現無垢法身寶

215

སྐལ་ལྡན་སངས་རྒྱས་ས་ལ་བཀོད།།

給登桑給薩拉桂
置有緣者於佛地

ཕྱགས་རྗེས་བདག་ལ་བྱིན་གྱིས་རློབས།།

圖界達拉親己樓
祈以大悲加持我

བརྩེ་བས་བདག་སོགས་ལམ་སྣ་དྲོངས།།

則為達搜藍納充
慈愛引我等入道

དགོངས་པས་བདག་ལ་དངོས་གྲུབ་སྩོལ།།

貢貝達拉沃竹最
垂念賜予我悉地

ནུས་པས་བདག་སོགས་བར་ཆད་སོལ།།

女貝達搜帕切梭
神力遣除我等障

ཕྱི་ཡི་བར་ཆད་ཕྱི་རུ་སོལ།།

企以帕切企如梭
外之障礙除於外

ནང་གི་བར་ཆད་ནང་དུ་སོལ།།

囊己帕切囊圖梭

內之障礙除於內

གསང་བའི་བར་ཆད་དབྱིངས་སུ་སོལ།།

桑威帕切因素梭

密之障礙除於界

གུས་པས་ཕྱག་འཚལ་སྐྱབས་སུ་མཆི།།

枯貝恰側架素企

恭敬頂禮誠皈依

ཨོཾ་ཨཱཿ ཧཱུྃ་བཛྲ་གུ་རུ་པདྨ་སིདྡྷི་ཧཱུྃ།།

嗡阿吽班匝咕如貝瑪思帝吽

དེ་ནས་ཨོ་རྒྱན་ཡུལ་དུ་བྱོན།།

提內歐根於圖全

爾後前往烏金國

ད་ལྟ་སྲིན་པོའི་ཁ་གནོན་མཛད།།

塔大森貝卡農則

如今鎮壓羅剎眾

མི་ལས་ལྷག་གྱུར་ཡ་མཚན་ཆེ།།

米雷哈久揚餐切
較人猶勝甚奇妙

སྒྲུད་པ་ནད་གྱུང་ཚོ་མཚར་ཆེ།།

決巴美穹偶擦切
卓越行持甚希奇

མཐུ་དང་རྫུ་འཕྲུལ་སྟོབས་པོ་ཆེ།།

圖堂總出斗波切
神威神變大力尊

ཕྱུགས་རྗེས་བདག་ལ་བྱིན་གྱིས་རློབས།།

圖界達拉親己樓
祈以大悲加持我

བཅེ་བས་བདག་སོགས་ལམ་སྣ་དྲོངས།།

則為達搜藍納充
慈愛引我等入道

དགོངས་པས་བདག་ལ་དངོས་གྲུབ་རྩོལ།།

貢貝達拉沃竹最
垂念賜予我悉地

ཉུས་པས་བདག་སོགས་བར་ཆད་སོལ།།

女貝達搜帕切梭
神力除我等障礙

ཕྱི་ཡི་བར་ཆད་ཕྱི་རུ་སོལ།།

企以帕切企如梭
外之障礙除於外

ནང་གི་བར་ཆད་ནང་དུ་སོལ།།

囊己帕切囊圖梭
內之障礙除於內

གསང་བའི་བར་ཆད་དབྱིངས་སུ་སོལ།།

桑威帕切因素梭
密之障礙除於界

གུས་པས་ཕྱག་འཚལ་སྐྱབས་སུ་མཆི།།

枯貝恰側架素企
恭敬頂禮誠皈依

ཨོཾ་ཨཱཿ་ཧཱུྃ་བཛྲ་གུ་རུ་པདྨ་སིདྡྷི་ཧཱུྃ།།

嗡阿吽班匝咕如貝瑪思帝吽

སྐུ་གསུང་ཐུགས་ཕྲིན་འགྲོ་བ་འདྲེན་པའི་དཔལ།།

固松圖登周瓦正北巴
以身語意引領眾生主

སྒྲིབ་པ་ཀུན་སྤངས་ཁམས་གསུམ་ས་ལེར་མཁྱེན།།

直巴袞邦堪松薩雷堪
斷諸蓋障三世皆明暸

དངོས་གྲུབ་མཆོག་བརྙེས་བདེ་ཆེན་མཆོག་གི་སྐུ།།

沃竹秋涅德千秋己固
獲勝悉地大樂殊勝身

བྱང་ཆུབ་སྒྲུབ་པའི་བར་ཆད་ངེས་པར་སེལ།།

強去竹貝帕切俄巴瑟
必定除去修菩提障礙

ཐུགས་རྗེས་བདག་ལ་བྱིན་གྱིས་རློབས།།

圖界達拉親己樓
祈以大悲加持我

བརྩེ་བས་བདག་སོགས་ལམ་སྣ་དྲོངས།།

則為達搜藍納充
慈愛引我等入道

དགོངས་པས་བདག་ལ་དངོས་གྲུབ་རྩོལ།།

貢貝達拉沃竹最

垂念賜予我悉地

ནུས་པས་བདག་སོགས་བར་ཆད་སོལ།།

女貝達搜帕切梭

神力遣除我等障

ཕྱི་ཡི་བར་ཆད་ཕྱི་རུ་སོལ།།

企以帕切企如梭

外之障礙除於外

ནང་གི་བར་ཆད་ནང་དུ་སོལ།།

囊己帕切囊圖梭

內之障礙除於內

གསང་བའི་བར་ཆད་དབྱིངས་སུ་སོལ།།

桑威帕切因素梭

密之障礙除於界

གུས་པས་ཕྱག་འཚལ་སྐྱབས་སུ་མཆི།།

枯貝恰側架素企

恭敬頂禮誠皈依

ༀ་ཨཱཿ་ཧཱུྃ་བཛྲ་གུ་རུ་པདྨ་སིདྡྷི་ཧཱུྃ༔

嗡阿吽班匝咕如貝瑪思帝吽

ༀ་ཨཱཿ་ཧཱུྃ་བཛྲ་གུ་རུ་པདྨ་ཐོད་ཕྲེང་རྩལ་བཛྲ་ས་མ་ཡ་ཛཿ་སིདྡྷི་ཕ་ལ་ཧཱུྃ་ཨཱ༔

嗡阿吽 巴匝咕如貝瑪妥稱則 班匝薩瑪亞匝 思帝帕拉吽阿

ཞེས་པའང་རྫོགས་ཆེན་དཔལ་དུས་བབས་ཀྱི་སྤྲུལ་པའི་གཏེར་སྟོན་ཆེན་པོ་ཨོ་རྒྱན་མཆོག་གྱུར་བདེ་ཆེན་གླིང་པས་རྩ་ཞིག་
ཁ་ལ་རོང་སྒོའི་དཔལ་ཆེན་པོའི་ཞབས་འོག་ནས་སྤྱན་དྲངས་པའི་བླ་མའི་ཐུགས་སྒྲུབ་བར་ཆད་ཀུན་སེལ་གྱི་ཟབ་
གདམས་སྙིང་བྱང་ཡིད་བཞིན་ནོར་བུ་ལས་ཕྱི་གསོལ་འདེབས་ཀྱི་སྒྲུབ་པ་ཁོལ་དུ་ཕྱུངས་པ་སྟེ། འདིར་ཀྱང་བསྟན་
འགྲོའི་བར་ཆད་དང་རྒུད་པ་ཐམས་ཅད་ཉེ་བར་ཞི་ཞིང་དགེ་ལེགས་ཀྱི་དོན་ཐམས་ཅད་ཡོངས་སུ་གྲུབ་པའི་རྒྱུར་
གྱུར་ཅིག། །།

出自無有爭議之應時幻化大伏藏師烏金秋吉德千林巴從達寧
卡拉榮口之大威聖尊腳下迎請出的《上師意修：除諸障礙》
之口訣——〈心要文：如意寶珠〉中的外祈請修持。願以此
平息教法和眾生一切障礙與衰損，並願此成為完全成辦一切
善妙目的之因。

---

1. 菩提聖泉為一蓮師聖地，在今日尼泊爾境內，藏語音為「趣蜜強曲」。

2. 普巴杵的一種。

佛陀的女兒
蒂帕嬤

作者／艾美·史密特 (Amy Schmidt)
譯者／周和君、江涵芠
定價／320元

～AMAZON百位讀者5星好評～
中文版長銷20年，累銷上萬本

無論我們內心有多麼失落，對這個世界有多麼絕望，不論我們身在何處，蒂帕嬤面對曲折命運的態度，一次又一次地展現了人性的美善與韌性，療癒了許多在悲傷憤怒中枯萎沉淪的生命，更重要的是，她從不放棄在禪修旅程中引導我們走向解脫證悟。

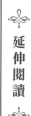

人，為何而生？為何而活？人生的大哉問
—— 人為何而活？是你無法逃避的生命課題！

作者／高森顯徹、明橋大二、伊藤健太郎
譯者／《人，為何而生，為何而活》翻譯組　定價／480元

日本經典長銷書，熱賣突破百萬！
佛教大師解答生命困惑，讓你重拾「生而為人」的喜悅。

唯有永遠不會崩潰的幸福才是人生的目的，而將此一教義之精髓在日本發揚光大的人，正是開創了淨土真宗的親鸞聖人，他說：「人生的目的不是錢財，也不是名譽或地位，而是斬斷人生苦惱的根源，得到『生而為人真好』的生命喜悅，活在未來永恆的幸福裡。」

蓮師法要
—— 揚唐仁波切教言選集（一）

作者／揚唐仁波切
譯者／卻札蔣措　定價／460元

揚唐仁波切的心中，總是有著滿滿的蓮師。

這是仁波切數十年傳法生涯當中，針對〈蓮師心咒〉內涵和功德利益所留下的唯一一講授紀錄。這篇開示當中，說明了如何實際透過念誦〈蓮師心咒〉，來獲得加持、取得悉地，乃至去除疾疫、饑荒、戰亂和人與非人的危害。

一行禪師 佛雨灑下
—— 禪修《八大人覺經》《吉祥經》
《蛇喻經》《中道因緣經》

作者／一行禪師
譯者／釋真士嚴、慧軍、劉珍　定價／380元

佛法並非一套哲學、真理，而是一項工具，
幫助我們捨離所有概念，讓心靈完全自由。

書中包含四部經文，分別是《八大人覺經》《吉祥經》《蛇喻經》和《中道因緣經》。於每部經前，一行禪師會先引導讀者了解經文的大意，接著用最日常的言語和例子解釋經文內容。當你將經文融入自己的生活體驗，才能理解和實踐，也愈能發現其中蘊含的深奧智慧。

大地之歌
—— 全世界最受歡迎的獸醫，充滿歡笑與淚水的
行醫故事【全新翻譯版本】

作者／吉米・哈利（James Herriot）　譯者／王翎　定價／680元

Amazon 4.8顆星 近18000則讀者好評激推！
英國影集《菜鳥獸醫日記》改編自本系列叢書

獸醫吉米・哈利，在書中描寫出約克郡鄉間神奇、令人難忘的世界，以及他的一群感人、有趣和悲慘的動物病人。深刻描寫出那年代鄉村農場中人類和動物間的情感，更用細膩卻又不失幽默的文筆寫出處理各種疾病和傷口的細節。

全然慈悲這樣的我
—— 透過「認出」「容許」「觀察」「愛的滋養」
四步驟練習，脫離自我否定的各種內心戲

作者／塔拉・布萊克（Tara Brach）　譯者／江涵芰　定價／550元

暢銷書《全然接受這樣的我》作者最新作品！
你必須愛自己才能療癒！
唯一能帶我到「家」的道路，就是這條自我慈悲之道。

所謂活得忠於自己，意指帶著愛去生活、活在當下、真誠待人；此外，還有盡情地表現自己的創造力、相信自己的價值、做自己愛做的事，並且擁有力量超越自己的不安全感，去和糟糕的人際關係達成和解。

徒手氣血修復運動
—— 教你輕鬆練上焦，調和肌肉與呼吸，
修復運動傷害、遠離長新冠！

作者／李筱娟　定價／550元

強爆汗or微出汗 × 局部運動or全身動起來，
自由搭配的修復兼鍛鍊計畫！

針對上半身各個部位的局部運動，也有針對心肺的全身養生功法；有動作少、非常簡單，但卻有效率高心跳的心肺運動；也有暢通氣血的穴位按摩和呼吸練習。讀者可以按書中步驟一步步學，也可以依照自身的身體狀況和時間地點來選擇動作，是非常自由、簡單，卻十分專業、有效的運動工具書！

祖靈的女兒

排灣族女巫包惠玲Mamauwan的
成巫之路，與守護部落的療癒力量

口述／包惠玲（嬤芼灣Mamauwan）
撰文／張菁芳
定價／460元

★ 要成為女巫，需要有特殊的
　能力和身分？還是有心就能學會？

★ 女巫究竟是怪力亂神？還是鞏固、療癒部落的中心支柱？

包惠玲自從小時候目睹父親溺水身亡，便發現自己具有容易感知及接收夢
兆的靈媒體質。二〇〇七年達仁鄉公所破天荒地開辦了全台第一屆「女巫
培訓班」，讓她開始了這條漫長的習巫之路……

背誦經文、繁雜的祭儀程序、被附身的恐懼皆讓包惠玲在這條學巫之路舉
步維艱，但秉持著頭目本家的責任感，和看著部落面臨女巫短缺的困境，
她終究還是接下首席女巫的大任。

延伸閱讀

風是我的母親
一位印第安薩滿巫醫的
傳奇與智慧
定價／350元

祖先療癒
連結先人的愛與智慧，解決個人、家庭的
生命困境，活出無數世代的美好富足！
定價／550元

願望迅速成就祈請文

龍欽巴尊者與吉美林巴　著

༄༄། །ཨེ་མ་ཧོ། མཚོ་དབུས་གེ་སར་པདྨའི་སྡོང་པོ་ལ།།

埃瑪后！湊玉給薩貝美東波拉

甚希奇！湖中蓮花花蕊枝莖上

སྐུ་ལྔ་ཡེ་ཤེས་ལྷུན་གྱིས་གྲུབ་པའི་ལྷ།།

固阿耶謝倫己竹貝哈

五身本智任成之天尊

རང་བྱུང་ཆེན་པོ་པདྨ་ཡབ་ཡུམ་ནི།།

壞穹千波貝瑪雅雲尼

自生蓮師父母雙聖尊

མཁའ་འགྲོའི་སྤྲིན་ཕུང་འཁྲིགས་ལ་གསོལ་བ་འདེབས།།

康卓真朋赤拉梭瓦德

空行雲集我今誠祈請

བསམ་པ་མྱུར་དུ་འགྲུབ་པར་བྱིན་གྱིས་རློབས།།

散巴紐圖竹巴琴己樓
加持心願快速得實現

ལས་ངན་སྒྲུབ་པའི་རྣམ་སྨིན་མཐུས་བསྐྱེད་པའི།།

雷恩節北南明替給貝
恣行惡業異熟力所生

ནད་གདོན་བར་གཅོད་དམག་འཁྲུགས་མུ་གེ་སོགས།།

內敦帕決瑪出木給搜
疾魔障難戰亂饑荒等

ཁྱོད་ཞལ་དྲན་པའི་མོད་ལ་ཟད་བྱེད་པའི།།

奎協成北莫拉瑟切北
承諾憶念您則瞬間滅

ཞལ་བཞིན་སྙིང་ནས་བསྐུལ་ལོ་ཨོ་རྒྱན་རྗེ།།

協謝寧內谷樓歐根節
衷心呼喚烏金蓮師尊

བསམ་པ་མྱུར་དུ་འགྲུབ་པར་བྱིན་གྱིས་རློབས།།

散巴紐圖竹巴琴己樓
加持心願快速得實現

དད་དང་ཚུལ་ཁྲིམས་གཏོང་ལ་གོམས་པ་དང་།།

提堂粗稱冬拉空巴堂
串習虔信持戒與布施

ཐོས་པས་རྒྱུད་གྲོལ་ཁྲེལ་ཡོད་ངོ་ཚ་ཤེས།།

退貝谷垂車月偶擦謝
由聞解脫相續知羞恥

ཤེས་རབ་ཕུན་སུམ་ཚོགས་པའི་ནོར་བདུན་པོ།།

謝惹彭松湊貝諾敦波
智慧彼等七圓滿法財

སེམས་ཅན་ཀུན་གྱི་རྒྱུད་ལ་རང་ཞུགས་ནས།།

森間衰己局拉攘許內
安住一切眾生相續中

འཇིག་རྟེན་བདེ་སྐྱིད་ཕུན་པར་དབུགས་འབྱིན་མཛོད།།

己登德紀登巴烏近最
慰諭令世界具足安樂

བསམ་པ་མྱུར་དུ་འགྲུབ་པར་བྱིན་གྱིས་རློབས།།

散巴紐圖竹巴琴己樓
加持心願快速得實現

གང་ལ་ནད་དང་སྡུག་བསྔལ་མི་འདོད་རྐྱེན།།

康拉內堂堵俄米對根

凡遭疾病痛苦不欲緣

འབྱུང་པོའི་གདོན་དང་རྒྱལ་པོས་ཆད་པ་དང་།།

炯波敦堂給貝切巴堂

妖魔鬼怪及遭國王懲

མེ་ཆུ་གཅན་གཟན་ལམ་འཕྲང་འཇིགས་པ་ཆེས།།

美去間森藍常吉巴切

水火猛獸險路大怖畏

ཚེ་ཡི་ཕ་མཐར་གཏུགས་པའི་གནས་སྐབས་ཀུན།།

側以帕塔度北內嘎衰

乃至壽命將盡諸時刻

སྐྱབས་དང་རེ་ས་གཞན་དུ་མ་མཆིས་པས།།

架堂慈薩賢圖瑪企北

無有其他救護希冀處

ཐུགས་རྗེ་ཟུངས་ཤིག་གུ་རུ་ཨོ་རྒྱན་རྗེ།།

圖界松細咕如歐根節

烏金蓮師大悲攝受我

བསམ་པ་མྱུར་དུ་འགྲུབ་པར་བྱིན་གྱིས་རློབས།།

散巴紐圖竹巴琴己樓
加持心願快速得實現

ཞེས་བོད་ཁམས་ནད་ཡུག་མཐའ་དམག་ཞི་ཞིང་བསྟན་འགྲོའི་བདེ་སྐྱིད་གསོ་བར་ཐན་ན་རྣམས་པ་དང་ཕུན་རྣམས་
ཀྱིས་ཐུགས་ལ་གཞུག

意欲協助平息西藏疾病、饑荒、戰爭並增長教法和眾生安樂
之信眾們，當將此放在心上。

ཅེས་པ་འདིའི་སྐྱག་དང་པོ་ཀུན་མཁྱེན་ཀློང་ཆེན་པའི་མཁའ་འགྲོ་ཡང་ཏིག་གི་ཆུབ་ཆོས་ཟབ་དོན་རྒྱ་མཚོའི་སྤྲིན་
ཕུང་གི་མཆོད་བརྗོད་ལས་བྱུང་ཞིང་། དེ་ཕྱིན་ཀུན་མཁྱེན་གཉིས་པ་རིག་འཛིན་འཇིགས་མེད་སྐྱིད་པའི་རྡོ་རྗེའི་
གསུང་བྱིན་རླབས་ཅན་ནོ།། །།

此文首偈出自全知龍欽巴《空行極髓》之相關法門《深義大
海雲團》之禮敬文。其後乃為「全知第二」持明吉美林巴具
有加持之金剛語。

227

ༀ། །རྡོ་རྗེའི་ཚིག་རྐང་དྲུག་གི་གསོལ་འདེབས་དུས་གསུམ་
སངས་རྒྱས་མ་བཞུགས།

六句金剛句祈請文：
三世佛尊（圖松桑給瑪）

秋吉德千林巴　取藏

དུས་གསུམ་སངས་རྒྱས་གུ་རུ་རིན་པོ་ཆེ།།

圖松桑給咕如仁波切
三世佛尊蓮花生大士

དངོས་གྲུབ་ཀུན་བདག་བདེ་བ་ཆེན་པོའི་ཞབས།།

沃竹袞達德瓦千波俠
一切悉地之主大樂尊

བར་ཆད་ཀུན་སེལ་བདུད་འདུལ་དྲག་པོ་རྩལ།།

帕切袞瑟堵度查波則
除諸障礙威猛降魔力

གསོལ་བ་འདེབས་སོ་བྱིན་གྱིས་བརླབ་ཏུ་གསོལ།།

梭瓦德搜琴己拉度梭
我今至誠祈請賜加持

ཕྱི་ནང་གསང་བའི་བར་ཆད་ཞི་བ་དང་།།

企囊桑威帕切息瓦堂

平息外內密之諸障礙

བསམ་པ་ལྷུན་གྱིས་འགྲུབ་པར་བྱིན་གྱིས་རློབས།།

散巴倫己竹巴琴己樓

加持願望皆任運實現

ཞེས་གཏེར་ཆེན་མཆོག་གྱུར་བདེ་ཆེན་གླིང་པས་སེང་ཆེན་གནམ་བྲག་གི་གཡས་ཟུར་བྲག་རི་རིན་ཆེན་བརྩེགས་པ་ནས་ལྷུན་དངས་པའི་དུས་བབས་ཀྱི་གསོལ་འདེབས་འདི་ཉིད་བྱིན་རླབས་ཤིན་ཏུ་ཆེ་བས་ཀུན་གྱིས་ཁ་ཏོན་དུ་གཅེས་པར་ཟུངས་ཤིག །།

大伏藏師秋吉德千林巴自大獅天岩右緣之寶積岩山所迎請出
的應時祈請文，加持極為強大，眾人當珍為持誦。

༄༅། །གུ་རུ་རིན་པོ་ཆེའི་ཚེས་བཅུའི་རྣམ་ཐར་གསོལ་འདེབས་བྱིན་རླབས་ཐིག་ལེ་ཞེས་བྱ་བ་བཞུགས་སོ།

蓮師初十行儀祈請文：加持明點

蔣貢康楚羅卓泰耶　著

ཨོཾ་ཨཱཿ་ཧཱུྃ་བཛྲ་གུ་རུ་པདྨ་སིདྡྷི་ཧཱུྃ།།

嗡阿吽班匝咕如貝瑪思帝吽

སངས་རྒྱས་སྣང་བ་མཐའ་ཡས་སྐུ་ལས་སྤྲུལ།།

桑給囊瓦塔耶珠雷固
阿彌陀佛尊身所幻化

འགྲོ་འདུལ་སྤྱན་རས་གཟིགས་དབང་གསུང་གི་འོད།།

中堵間惹思旺松己偉
度眾觀世音之聖語光

རྒྱལ་སྲས་ཀུན་གྱི་ཐུགས་ཀྱི་གསང་བ་འཛིན།།

給瑟哀己圖己桑瓦增
執持諸佛菩薩意祕密

གུ་རུ་རིན་པོ་ཆེ་ལ་གསོལ་བ་འདེབས།།

咕如仁波切拉梭瓦德
至誠祈請蓮花生大士

གདོད་ནས་རང་བྱུང་མགོན་པོ་བདེ་བ་ཆེ།།

對內壤穹衰波德瓦切
本即自生怙主大樂尊

ཐིང་ཞིའི་ཁྱབ་བདག་ཀུན་བཟང་གསང་བ་འདུས།།

斯細恰達衰桑桑瓦度
有寂遍主普賢密總集

ཕོད་ཕྲིང་རྩལ་འཆང་ལོངས་སྤྱོད་ཡོངས་རྫོགས་སྐུ།།

妥稱則強隆決永走固
顯靈力尊圓滿受報身

སྤྲུལ་བསྒྱུར་བསམ་ཡས་འགྱེད་ལ་གསོལ་བ་འདེབས།།

珠久散耶給拉梭瓦德
開展無量幻化我祈請

དུས་ཆེན་བཅུ་གཉིས་ཡར་ངོའི་ཚེས་བཅུ་ལ།།

圖千具尼亞歐側句拉
十二節日上旬之初十

རྟེན་འབྲེལ་བཅུ་གཉིས་གནས་སུ་དག་པའི་སྐུ། །

登折句尼內素塔貝固
淨化十二緣起之尊身

ཡན་ལག་བཅུ་གཉིས་གསུང་རབ་ཆོས་འཁོར་བསྐོར། །

言拉句尼松慈卻扣勾
轉動聖語十二支法輪

བདེན་དོན་བཅུ་གཉིས་ཐུགས་རྗེའི་ཡེ་ཤེས་རྒྱས། །

登屯句尼圖節耶謝給
十二諦義展大悲智慧

མཚན་གྱི་རྣམ་གྲངས་ངོ་མཚར་བཅུ་གཉིས་གྲགས། །

餐己南章偶擦句尼札
神奇十二聖號廣傳揚

རྨད་བྱུང་མཛད་པ་ཆེན་པོ་བཅུ་གཉིས་བསྟན། །

美穹則巴句尼千波登
示現絕妙十二大行儀

དངོས་གྲུབ་བཅུ་གཉིས་སྐལ་པ་བཞིན་དུ་སྩོལ། །

沃竹句尼給巴辛圖最
依照緣分賜十二悉地

རྣམ་ཐར་རྗེས་སུ་དྲན་པས་གསོལ་བ་འདེབས།།

南塔界素臣貝梭瓦德
藉由隨念行儀誠祈請

སྤྱེལ་བླའི་ཆོས་བཅུར་དྲ་ན་ཀོ་གནིས་མཚར།།

折德側句達納構些湊
猴月初十達納構夏湖

ངོ་མཚར་རང་བྱུང་པདྨའི་སྙིང་པོར་འཁྲུངས།།

偶擦壞穹貝美寧波充
神奇誕生自生蓮花藏

མཚོ་གླིང་མཁའ་འགྲོ་རྣམས་ལ་ཆོས་འཁོར་བསྐོར།།

湊林康周南拉卻扣勾
復向湖島空行轉法輪

གུ་རུ་མཚོ་སྐྱེས་རྡོ་རྗེར་གསོལ་བ་འདེབས།།

咕如湊給斗節梭瓦德
祈請蓮師海生金剛尊

ནད་གདོན་བགེགས་དང་འགལ་རྐྱེན་བར་ཆད་ཞི།།

內敦給堂給根帕切尼
平息病妖魔擾違緣障

ཚེ་བསོད་དཔལ་རྒྱས་ཞིངས་ཏོགས་མཛོན་ཤེས་འཆར།།

側雖貝給釀斗溫謝恰

增福壽財顯覺證神通

གུ་རུའི་ཞལ་མཐོང་ཆོས་ཐོས་དཔལ་གྱི་རིར།།

咕如協通卻退巴己日

加持令見蓮師聞說法

སྐྱེས་ནས་ཐུགས་ཀྱི་སྲས་འགྱུར་ཐྱིན་གྱིས་རློབས།།

給內圖己瑟久琴己樓

投生吉祥山後成心子

སྟག་ཟླའི་ཆེས་བཅུར་ཨོ་རྒྱན་རྒྱལ་པར་ཕེབས།།

達德側句歐根給薩培

虎月初十前往烏金國

ཨིནྡྲ་བྷུ་ཏིའི་སྲས་ཀྱི་སྐལ་པར་མཛད།།

恩札布帝瑟己給巴則

有緣成為因札菩提子

བོད་འཆང་ཁབ་བཞེས་འཁོར་ལོས་སྒྱུར་རྒྱལ་གྱུར།།

偉強卡協扣略久給久

迎娶持光成轉輪聖王

གུ་རུ་པདྨ་རྒྱལ་པོར་གསོལ་བ་འདེབས།།

咕如貝瑪給波梭瓦德
祈請蓮師蓮花國王尊

གཟི་བརྗིད་སྟོབས་རྒྱས་ནད་རིགས་འབྱུང་འཕྲུགས་ཞི།།

思計斗給內日炯出細
威嚴力盛平息疾災難

དབང་ལྔ་ལས་རུང་ཡིད་བདེ་སྟོབས་པ་སྐྱེར།།

汪阿雷榮以德波巴紐
五根堪用意舒志速長

མི་དང་མི་མིན་རླུང་སེམས་དབང་དུ་འདུས།།

米堂米民隆森旺圖度
懷攝人與非人之風心

བསམ་དོན་ཡིད་བཞིན་འགྲུབ་པར་བྱིན་གྱིས་རློབས།།

散屯以辛竹巴琴己樓
祈請加持願望如意成

ཡོས་ཟླའི་ཚེས་བཅུར་རྐྱེན་དང་བདགས་བཀྱལ་ཏེ།།

越德側句根堂得固德
兔月初十依因緣表徵

ཀྱལ་སྲིད་སྤངས་ནས་བསིལ་བའི་ཚལ་དུ་ཞིབས།།

給斯邦內思維側圖培
捨棄王位趣清涼屍林

འཇེལ་ཚན་དོན་ལྡན་སྒྱོར་སྐྱོལ་བཅུལ་ཞུགས་གྲུབ།།

折側屯登久卓度旭竹
結緣具義修合度禁行

ཤུཀ་རཱི་ཊ་ལ་གསོལ་བ་འདེབས།།

香達拉希達拉梭瓦德
至誠祈請香達拉希達

མངའ་ཐང་ལོངས་སྤྱོད་འཕེལ་ཞིང་ཀུང་འགྲོས་འདུ།།

阿堂隆決培辛剛卓度
權勢受用俱增人畜聚

འགྲོ་ཀུན་དབང་འདུས་གཞི་བདག་ཐན་བཞིན་ཉན།།

周衰汪度息達臣辛年
懷攝群生納地祇如僕

རྨི་ལམ་རྟགས་མཚན་བཟང་པོར་མཐོང་བ་དང་།།

祕藍達餐桑波通瓦堂
得見好夢及良善徵相

བྱབ་གཉིས་གཏེར་ཁ་བརྫལ་བར་བྱིན་གྱིས་རློབས།།

竹尼得卡朵瓦琴己樓
加持湧現二悉地寶藏

འབྲུག་ཟླའི་ཚེས་བཅུར་ཀུན་དགར་རབ་ཏུ་བྱུང་།།

竹得側句袞嘎惹度穹
龍月初十阿難賜僧戒

ཤེས་བྱ་མཐར་ཕྱིན་མཁས་གྲུབ་ཏུ་མ་ལས།།

謝恰塔欽克竹圖瑪雷
知識究極依眾多智修

མདོ་སྔགས་ཀུན་རྫོགས་ཤཱཀྱ་སེང་གེར་གྲགས།།

斗阿袞去夏佳森給札
顯密盡悟普稱釋迦獅

བློ་ལྡན་མཆོག་སྲེད་ཞབས་ལ་གསོལ་བ་འདེབས།།

樓登秋思俠拉梭瓦德
至誠祈請愛慧上師尊

འཆི་བདག་གཟའ་བདུད་སྡེ་བརྒྱད་གནོད་འཚེ་ཞི།།

企達薩堵得給諾側息
平息死主曜魔八部害

ཚུལ་ཁྲིམས་རྣམ་དག་བསླབ་གསུམ་ཡོངས་སུ་རྫོགས།།

促誠南達拉松永素走
持戒清淨三學皆圓滿

རིག་པའི་གནས་དང་མདོ་རྒྱུད་ཐམས་ཅད་ལ།།

日北內堂斗局壇皆拉
加持於諸學識及經續

མཁྱེན་རབ་ཕྱོགས་མེད་རྒྱས་པར་བྱིན་གྱིས་རློབས།།

肯蒽秋美給巴琴己樓
殊勝智慧無狹而增廣

སྤྲུལ་སྐུའི་ཆོས་བཅུར་ཟ་ཧོར་རྒྱལ་པོ་ཡིས།།

竹得側句薩后給波以
蛇月初十遭薩霍王燒

མེར་བསྲེགས་མཚོར་སྒྱུར་པད་སྡོང་དབུས་སུ་བཞུགས།།

美瑟湊久貝東玉素許
轉火成湖安住蓮莖上

ཧཱུྂ་ཡུམ་བསྙེན་ཏོ་རྗེའི་སྐུ་ར་གྱུར།།

哈將雲登斗節固如久
依公主佛母成金剛身

འཆི་མེད་པདྨ་འབྱུང་གནས་ལ་གསོལ་བ་འདེབས།།

企美貝瑪烔內拉梭瓦德
至誠祈請無死蓮花生尊

གཟའ་སྐར་ཚོགས་ངན་དགྲ་རྐུན་གནོད་འཚེ་ཞི།།

薩嘎秋恩札衰諾側息
平息星象變異敵賊害

གཞི་ཕྱིས་ཀུན་ཏུ་བཀྲ་ཤིས་བདེ་ལེགས་འཕེལ།།

息切衰度札西德雷培
國內國外吉祥妙樂增

དགར་ཕྱོགས་སྲུང་མས་རྟག་ཏུ་སྐྱོང་གྲོགས་མཛོད།།

嘎秋松美達度冬抽則
善方護法恆時予襄助

བསམ་རྒུ་ལྷུན་གྱིས་འགྲུབ་པར་བྱིན་གྱིས་རློབས།།

散古倫己竹巴琴己樓
加持所願皆任運實現

རྟ་ཟླའི་ཚེས་བཅུར་ཨོ་རྒྱན་བདུད་བློན་གྱིས།།

達德側句歐根堵倫己
馬月初十遭烏金魔臣

བཞེགས་ཀྱང་མ་ཚིག་ཏོ་མཆར་རུ་འཕྲུལ་བསྟན།།

瑟將瑪次偶擦總出登
燒而不傷施展神通力

བཀའ་འདུས་ཆོས་བསྒྲུན་འབྱོར་བཅས་བྱང་ཆུབ་བཀོད།།

嘎度卻登扣界強去桂
結集傳法眷屬置菩提

པདྨ་བཛྲ་རྩལ་ལ་གསོལ་བ་འདེབས།།

貝瑪班匝則拉梭瓦德
至誠祈請蓮花金剛力

བདུད་སྲི་ལྷ་མིན་གདུག་པའི་ས་བདག་ཀླུའི།།

堵得哈民堵北薩達路
魔族非人暴惡地祇龍

གནོད་པ་ཀུན་ཞི་བསྐྲོ་བའི་བཀའ་ལ་ཉན།།

諾巴衰息勾為嘎拉年
危害皆息聽從所囑令

ཆོས་སྐྱོང་སྲུང་མས་ཅི་བཅོལ་ལས་སྒྲུབ་ཅིང་།།

卻炯松美計決雷竹金
所託事業護法皆奉行

འགོ་བའི་ལྷ་ཡིས་སྐྱོབ་པར་བྱིན་གྱིས་རློབས།།

勾為哈以救巴琴己樓
加持令諸天神予庇佑

ལུག་ཟླ་བའི་ཚེས་བཅུར་རྒྱ་གར་ལྷོ་ཕྱོགས་སུ།།

路德側句佳嘎后秋素
羊月初十於印度南方

མུ་སྟེགས་ལྷ་སྲུང་དང་བཅས་ཐལ་བར་བརླགས།།

木嗲哈松堂界塔瓦拉
粉碎外道及其守護神

སངས་རྒྱས་བསྟན་པའི་རྒྱལ་མཚན་དགུང་དུ་ཕྱར།།

桑給登北根餐恭圖恰
高豎佛陀聖教之勝幢

སེང་གེ་སྒྲ་སྒྲོག་རྩལ་ལ་གསོལ་བ་འདེབས།།

森給札周澤拉梭瓦德
至誠祈請獅吼聲響尊

བར་ཆད་ཀུན་ཞི་ཚེ་དཔལ་ཡོན་ཏན་རྒྱས།།

帕切袞息側貝元登給
障礙盡息壽財功德增

སྲུང་བ་དབང་འདུས་ཕས་རོལ་ཚད་ནས་ཚོམས།།

囊瓦汪度培果澤內穹

懷攝萬相強敵連根滅

བདུད་བཞི་ལས་རྒྱལ་ཁམས་གསུམ་འགྲོ་ཀུན་ལ།།

堵息雷給堪松周衰拉

祈請加持戰勝四種魔

སྦྱིན་བཏང་ཕན་ཡོན་ཐོབ་པར་བྱིན་གྱིས་རློབས།།

金當朋元透巴琴己樓

佈施三界眾生得助益

བྱ་ཟླའི་ཚེས་བཅུར་ཟངས་གླིང་མུ་སྟེགས་ཀྱིས།།

恰德側句桑林木嗲己

雞月初十遭銅洲外道

གཙུའི་རྒྱར་བསྐྱར་གར་མཛད་ཆུ་བཟློག་པས།།

剛各去究卡則去斗貝

欲溺恆河妙舞遮水流

གནས་ཡུལ་ཉེན་ཚེ་སྐྱབས་གསོལ་བསྟན་ལ་བཀོད།།

內於年側架梭登拉桂

國境危時置祈救於教[1]

གུ་རུ་མཁའ་ལྡིང་རྩལ་ལ་གསོལ་བ་འདེབས།།

咕如卡丁則拉梭瓦德
至誠祈請蓮師鵬鳥力

གཅོང་ནད་ཀུན་བྱང་འཁོར་མང་བསམ་དོན་འགྲུབ།།

炯內袞強扣芒散屯竹
痼疾皆癒實現眷眾願

བང་མཛོད་འབུ་དང་མཁོ་རྒུའི་ཡོ་བྱད་འཕེལ།།

旁最竹堂扣古有切培
庫藏穀糧日需品增長

སེམས་བདེ་ངག་ལ་ནུས་པ་འབར་བ་དང་།།

森德阿拉女巴巴瓦堂
心意安舒語力得強盛

ཏིང་འཛིན་མཆོག་གྱུར་སྐྱེ་བར་བྱིན་གྱིས་རློབས།།

丁增秋久給瓦琴己樓
加持生起殊妙三摩地

ཁྱི་ཟླའི་ཚེས་བཅུར་མུ་སྟེགས་དུག་སྦྱར་གྱིས།།

克德側句木嗲圖久己
犬月初十遭外道施毒

མ་ཆགས་བདུད་རྩིར་བསྒྱུར་ནས་གཟི་མདངས་འབར།།

瑪促堵自久內思當巴
轉為甘露之後威光燦

འཁོར་བཅས་དད་ཐོབ་ནང་གི་བསྟན་ལ་བཅུག།

扣界特透囊己登拉句
眷屬生信令入內教法

བདེ་ཆེན་ཉི་མ་འོད་ཟེར་ལ་གསོལ་བ་འདེབས།།

德千尼瑪偉瑟拉梭瓦德
祈請大樂太陽光芒尊者

ལོ་ཟླ་ཞག་དུས་ཀེག་དང་ལྟས་ངན་ཞི།།

樓達夏圖給堂德恩息
平息日月年劫與惡兆

ཆོས་དང་ཐར་པའི་བར་དུ་གཅོད་པ་སེལ།།

卻堂塔貝帕圖決巴瑟
遣除法與解脫之障難

དབང་ཐང་ཀླུང་རྟ་གུད་སོགས་སོར་ཆུད་ཅིང་།།

汪堂隆達枯搜搜去金
權勢運勢衰敗皆復興

ཕྱོགས་ལས་རྣམ་པར་རྒྱལ་བར་བྱིན་གྱིས་རློབས།།

秋雷南巴給瓦琴己樓
祈請加持戰勝諸頹勢

ཕག་ཟླ་བའི་ཚེས་བཅུར་བ ་ཁྱུལ་ལུ་འདི་རྣམས།།

帕德側句培於哈折南
豬月初十您以普巴杵

ཕུར་ བུས་བཏུལ་ནས་ཡང་དག་སྒྲུབ་པ་མཛད།།

普布度內央大竹巴澤
度化尼境神鬼修真實 [2]

ཕྱག་རྒྱ་ཆེན་པོ་མཆོག་གི་རིག་འཛིན་གྲུབ།།

恰佳千波秋己仁增竹
成辦殊勝大手印持明

རྡོ་རྗེ་གཉེང་རྒྱལ་ལ་གསོལ་བ་འདེབས།།

斗節妥稱則拉梭瓦德
至誠祈請金剛顯鬘力

གཉེན་རྗེ་མ་མོ་འབྱུང་པོའི་ནད་དང་གདོན།།

辛界瑪莫炯波內堂敦
閻魔媽媤鬼怪疾病魔

245

 སྒྲོ་འཕུར་ཡེ་འདྲོག་དུས་མིན་འཆི་བ་ཞི།།

樓布言周圖民企瓦息
突現干擾非時死皆息

གཅད་མེལ་ལས་གྲོལ་ལྟ་འདྲེ་ཅི་བཅོལ་ཉན།།

得瑟雷卓韓折計決年
所託事業神鬼皆聽從

རང་ཕྱུས་རྡོ་རྗེར་འགྱུར་བར་བྱིན་གྱིས་རློབས།།

壞呂斗節久瓦琴己樓
加持自身轉化為金剛

བྱི་ཟླའི་ཚེས་བཅུར་བོད་ཡུལ་ལྟ་འདྲེ་བཏུལ།།

企德側句培於韓折度
鼠月初十藏地度神鬼

བསམ་ཡས་ལྷེགས་བཞེངས་དམ་ཆོས་སྒྲོན་མེ་སྤར།།

散耶雷賢坦卻準美巴
興建桑耶點燃正法炬

སྐལ་ལྡན་རྗེ་འབངས་སྨིན་ཅིང་གྲོལ་བར་མཛད།།

給登簡邦民今垂瓦則
成熟解脫有緣王臣眾

པདྨ་སཾ་བྷ་བ་ལ་གསོལ་བ་འདེབས།།

貝瑪桑巴瓦拉梭瓦德

至誠祈請貝瑪桑巴瓦

ངག་འཁྱལ་ཚིག་རྩུབ་རྫུན་སྨྲས་སྐུར་པ་བཏབ།།

阿克次租宗昧固巴達

綺語惡口妄語及毀謗

ཉན་ཐོས་འདུལ་ཁྲིམས་བྱང་སེམས་བསླབ་པ་ཉམས།།

年退堵稱強森拉巴釀

衰損聲聞菩薩戒學處

གསང་སྔགས་དམ་ཚིག་འགལ་སོགས་ཉེས་ལྗུང་རྣམས།།

桑阿坦次給搜涅冬南

違犯密咒誓言等罪墮

བྱང་ཞིང་བདག་རྒྱུད་དག་པར་བྱིན་གྱིས་རློབས།།

強辛達局塔巴琴己樓

加持淨罪清淨吾心續

གླང་ཟླའི་ཚེས་བཅུར་མཆོད་ཡོན་བཀའ་བགྲོས་ཏེ།།

朗德側句卻元嘎卓德

牛月初十師徒相議論

གངས་ཅན་མཐའ་དབུས་གཏེར་ཁ་བྱེ་སྟེར་སྦས།།

康間塔玉德卡切涅貝
雪域中邊埋下千萬藏

བསྩན་འབས་གཏེར་སྐྱོང་བཀའ་དྲིན་རྒྱུན་ཆད་མེད།།

登俠德宮嘎真軍切美
伏藏護教恩德不間斷

རྡོ་རྗེ་གྲོ་ལོད་རྩལ་ལ་གསོལ་བ་འདེབས།།

斗節綽略則拉梭瓦德
至誠祈請多傑綽洛尊

དུས་མིན་འཆི་སོགས་འཕྲལ་རྐྱེན་མི་འབྱུང་ཞིང་།།

圖民企搜車根米炯辛
非時死等暫緣不發生

འཕོས་མ་ཐག་ཏུ་བདེ་ཆེན་ཞིང་ཁམས་དང་།།

配瑪塔度德千辛堪堂
死後立即投生極樂剎

པདྨ་འོད་དུ་གུའི་དྲུང་སྐྱེས་ནས།།

貝瑪偉圖咕如充給內
以及蓮花光中蓮師前

འགྲོ་དོན་དཔག་མེད་འབྱུང་བར་བྱིན་གྱིས་རློབས།།

周屯巴美炯瓦琴己樓
祈請加持利眾無限量

ཚེས་བཅུ་ཀུན་ལ་རྫོ་མཚར་མཛད་པ་རེས།།

側句袞拉偶擦則巴惹
為得初十神奇事加持

བྱིན་གྱིས་རླབས་ཕྱིར་མཆོད་ཅིང་གསོལ་འདེབས་ན།།

琴己拉企卻今梭德納
若能進行供奉且祈請

མི་འདོད་ཀུན་ཞི་འཕྲལ་ཕྱུན་ལེགས་ཚོགས་རྣམས།།

米對袞息車雲雷湊南
息諸不欲成辦諸妙善

འགྲུབ་པའི་རྡོ་རྗེའི་གསུང་ཞིད་བསླུ་མེད་མཛད།།

竹北斗節松尼路美最
祈賜如此無欺金剛語

ཚེས་བཅུ་བྱུང་རེས་བོད་དུ་ཕེབས་པ་ཡི།།

側句穹惹培圖培巴以
每逢初十承諾來西藏

ཁ་བཤེས་རྗེས་དྲན་རྩེ་གཅིག་གུས་པ་ཡི།།

協謝節臣則計庫巴以
隨念並以一心之虔敬

གདུང་ཤུགས་དྲག་པོས་སྙིང་ནས་གསོལ་བ་འདེབས།།

冬旭查波寧內梭瓦德
強烈感動衷心誠祈請

གདུལ་བྱ་ཡལ་བར་མ་འདོར་ཐུགས་རྗེ་ཅན།།

堵恰耶瓦瑪斗圖界間
大悲聖者切莫捨弟子

སྙིགས་མའི་རྒུད་པས་གཙེས་པའི་བོད་འབངས་རྣམས།།

尼美古北自貝培邦南
濁世衰敗壓迫眾藏民

མགོན་པོ་ཁྱོད་ལས་རེ་ས་གཞན་མེད་པས།།

衰波奎雷惹薩賢美貝
除怙主您別無希冀處

ཐོན་གྱི་ཐུགས་དམ་དུས་ལ་བབ་ལགས་ན།།

溫己圖單圖拉帕拉納
正是實現往昔誓諾時

ཡེ་ཤེས་ཆེན་པོའི་གཟིགས་པ་མ་གཡེལ་བར།།

耶謝千波斯巴瑪耶瓦
切莫蹉跎大智之眷顧

འཇིག་རྟེན་བདེ་ཞིང་དགེ་བའི་ཆོས་ལ་སྤྱོད།།

己登德辛給為卻拉決
世間安樂盡享善法行

བསམ་པའི་དོན་ཀུན་ཆོས་ལྡན་ཡིད་བཞིན་འགྲུབ།།

散貝屯袞卻登以辛竹
祈諸願望具法如意成

དགའ་བ་མེད་པ་རྡོ་རྗེའི་གསེང་ལམ་བགྲོད།།

嘎瓦美巴斗節森藍卓
趣往金剛捷道無艱辛

ཕྱམ་གཅིག་གདོད་མའི་ཀློང་དུ་གྲོལ་མཛད་གསོལ།།

強計對美隆圖卓則梭
同於元始廣界中解脫

與雪域人民不可不奉行的蓮師初十節供奉聯結之此祈請文，係因師尊全知貝瑪偉瑟朵阿林巴[3]親口開許交代需要此文之理趣，並且說明其之所以重要之原因，復依師尊深奧伏藏〈上師四身歷史〉與洛札貢波仁欽所取之伏藏〈初十之功德利益〉為本，由蓮師持明企美登尼雍袞林巴[4]以大恭敬而寫。願善妙增長！

---

1. 指將尋求救護者和祈求者安置於教法中。

2. 「尼境」即尼泊爾。「修真實」指蓮師在此修持真實嘿如嘎法門。

3. 即蔣揚欽哲旺波。

4. 即蔣貢康楚羅卓泰耶。

༄༅། །ཚེས་བཅུའི་མཛད་པ་རྗེས་དྲན་བཞུགས།
隨念初十行儀願文

米旁仁波切　著

> ཨེ་མ་ཧོ། སངས་རྒྱས་ཀུན་འདུས་གུ་ རུ་པདྨ་ཡི།།

埃瑪后！桑給袞度咕如貝瑪以
甚希奇！諸佛總集蓮花生大士

> ཚེས་བཅུའི་མཛད་པ་རྗེས་དྲན་གུས་པས་འདུད།།

側句則巴節成枯貝度
隨念初十行儀恭敬禮

> དྷ་ན་ཀོ་ཤར་པདྨའི་སྙིང་པོར་འཁྲུངས།།

達納構夏貝美寧波充
生於達納構夏蓮花藏

> ཨོ་རྒྱན་རྒྱལ་པོའི་སྲས་སུ་རྒྱལ་ སྲིད་བཟུང་།།

歐根給貝瑟素給思松
成為烏金王子掌王權

རྒྱལ་སྲིད་སྤངས་ནས་དུར་ཁྲོད་བརྟུལ་ཞུགས་མཛད།།

給斯邦內土垂度旭則
拋棄王位屍林修禁行

བསྟན་ལ་རབ་བྱུང་མདོ་སྔགས་ཤེས་བྱ་མཁྱེན།།

登拉惹穹斗阿謝恰堪
教內出家曉顯密知識

ཟ་ཧོར་རྒྱལ་ཁམས་ཆོས་བཀོད་ལྷ་ལྕམ་བསྟེན།།

薩后給堪卻桂哈江登
薩霍王國趨法依公主

ཨོ་རྒྱན་ཡུལ་ཁམས་བྱང་རྒྱབ་ལས་ལ་བཀོད།།

歐根於堪強去藍拉桂
安置烏金國於菩提道

ཤུ་སྟེགས་ཆེར་བཅད་བསྟན་པའི་རྒྱལ་མཚན་བསྒྲེངས།།

木爹擦界登北根餐正
消滅外道暨教法勝幢

ཕྱི་རོལ་འཚེ་བ་རྫུ་འཕྲུལ་ཆེ་བས་བཅུལ།།

企若側瓦總出切為度
大展神通降外道危害

དུག་ཆེན་སྨན་བསྒྱུར་ཤུ་སྟེགས་ཆོས་ལ་བཙུད།།

圖千門久木爹卻拉租

轉毒成藥令外道趣法

བལ་ཡུལ་བགེགས་བཅུལ་ཡང་ཕུར་དངོས་གྲུབ་བརྙེས།།

培於給度央普沃竹涅

尼國降魔獲真普悉地 [1]

བོད་ཡུལ་ས་བཅུལ་དམ་ཆོས་སྒྲོན་མེད་སྤར།།

培於薩度坦卻準美巴

藏境伏地燃正法明燈

གངས་ཅན་མཐའ་དབུས་གཏེར་ཁ་གྲངས་མེད་སྦས།།

康間塔玉德卡常美北

雪域邊中埋無數伏藏

ལོ་གཅིག་བཅུ་གཉིས་ཟླ་བའི་ཆེས་བཅུ་ལ།།

樓計句尼達為側句拉

一年十二月之第十日

མཛད་ཆེན་བཅུ་གཉིས་བསྒྲུན་ལ་དད་བྱས་ན།།

則千句尼登拉特切納

若於十二勝行生信心

དངོས་གྲུབ་བཅུ་གཉིས་སྩོལ་ཞེས་ཞལ་བཞེས་ལྟར།།

沃竹句尼最協協謝達
承諾將授予十二悉地

གུ་རུ་རིན་པོ་ཆེ་ལ་གསོལ་བ་འདེབས།།

咕如仁波切拉梭瓦德
至誠祈請蓮花生大士

བར་ཆད་ཀུན་ཞི་ཅི་བསམ་ཡིད་བཞིན་འགྲུབ།།

帕切袞息計散以辛竹
平息諸障所願皆實現

ཆོས་དང་སྲིད་ཀྱི་ལེགས་ཚོགས་གོང་དུ་འཕེལ།།

卻堂思己雷湊空圖培
法及世俗善妙皆增長

མཆོག་ཐུན་དངོས་གྲུབ་མ་ལུས་ཐོབ་པ་དང་།།

秋屯沃竹瑪呂透巴堂
願得勝共無餘諸悉地 [2]

གུ་རུ་ཉིད་དང་དབྱེར་མེད་སངས་རྒྱས་ཤོག།

咕如尼堂耶美桑給秀
與蓮師您無別而成佛

ཅེས་པ་འང་རུ་དྲ་ཡང་དགའ་བའེན་བསམ་གཏན་བདེ་ལྡན་སྐྱིང་དུ་རབ་ཚེས་རྒྱ་སྩག་གྲོ་བཞིན་ཟླ་བ་ཕྱི་མའི་ཚེས་ཉེར་
བརྒྱད་དགོང་ཚོར་མི་ཕམ་འཇམ་དཔལ་དགྱེས་པས་སྤྱར་བ་དགེ་ལེགས་འཕེལ།། ॥

米旁蔣貝給巴在如單寂靜處——禪定具樂洲，於閏七月之
二十八日晚間寫下。願善妙增長！

---

1. 「真」指真實嘿如嘎；「普」指普巴金剛。蓮師在尼泊爾揚列雪修持成就這兩個本尊。

2. 「勝共」指殊勝悉地及共同悉地。

༄༅། །ཚེ་བཅུའི་གསོལ་འདེབས་བྱིན་རླབས་རྒྱ་མཚོ་བཞུགས།

初十祈願文：加持海

多傑德千林巴 取藏

ཨཱོཾ་ཨཱཿ་ཧཱུྃ༔

ཨོཾ་ཨཱ་ཧཱུྃ། བདེ་ཕྱུན་ཞིང་གི་མགོན་པོ་སྣང་མཐའ་ཡས།།

嗡阿吽！德登辛己哀波囊塔耶

嗡阿吽！極樂世界怙主阿彌陀

གྲུ་འཛིན་རི་བོར་འཕགས་མཆོག་སྙིང་རྗེའི་གཏེར།།

充增日歐帕秋寧節德

普陀山中大悲聖觀音

དྲ་ན་ཀོ་ཤར་ཨོ་རྒྱན་པདྨ་འབྱུང་།།

達納構夏歐根貝瑪炯

達納構夏烏金蓮花生

སྐུ་གསུམ་རྒྱལ་བ་མཆོག་ལ་གསོལ་བ་འདེབས།།

固松給瓦秋拉梭瓦德

至誠祈請殊勝三身佛

ཆོས་ཉིད་དོན་ལ་རང་བྱུང་མཐྱེན་པ་རྒྱས།།

卻尼屯拉壞穹堪巴給

於法性義廣展自生智

ཐུགས་རྗེ་ཆགས་མེད་གང་འདུལ་རེ་བ་སྐོང་།།

圖界做美康度惹瓦恭

大悲無劬應機圓希願

ལོངས་སྤྱོད་རྫོགས་སྐུའི་རྣམ་རོལ་མཐའ་ཡས་པ།།

隆決走固南若塔耶巴

圓滿報身遊幻無極限

ཐོད་ཕྲེང་རིགས་ལྔའི་སྐུ་ལ་གསོལ་བ་འདེབས།།

妥稱日俄固拉梭瓦德

至誠祈請五部顱鬘尊

སྤྲེའུའི་ཟླ་བའི་ཚེས་བཅུའི་དུས་ཆེན་ལ།།

周以達為側句土千拉

您於猴月初十節日中

ཀྲྀ་ནུབ་ཏྲ་ན་ཀོ་གཡའི་མཚོ་གླིང་དུ།།

后努達納構些湊林圖
西南達納構夏湖島上

ངོ་མཚར་པདྨའི་སྡོང་པོར་སྐུ་འཁྲུངས་མཛད།།

偶擦貝美東波固充則
神奇蓮花莖上示誕生

བསྟན་པའི་གཙོ་བོ་དེ་ལ་གསོལ་བ་འདེབས།།

登貝泰歐提拉梭瓦德
我今至誠祈請聖教主

བྱ་ཡི་ཟླ་བའི་ཚེས་བཅུའི་དུས་ཆེན་ལ།།

恰以達為側句圖千拉
您於雞月初十節日中

ཨོ་རྒྱན་ཡུལ་གྱི་རྒྱལ་པོར་མངའ་གསོལ་ཞིང་།།

歐根於圖給波阿梭辛
加冕成為烏金國之王

སྤྱང་གྲིད་དབང་སྒྱུད་དངོས་གྲུབ་བརྙེས་མཛད་པའི།།

囊斯旺度沃竹涅則北
獲得悉地懷攝萬象者

> སྲས་མཆོག་པདྨ་རྒྱལ་པོར་གསོལ་བ་འདེབས།།

瑟秋貝瑪給波梭瓦德
勝子蓮花王前我祈請

> ཁྱི་ཡི་ཟླ་བའི་ཚེས་བཅུའི་དུས་ཆེན་ལ།།

企以達為側句圖千拉
您於狗月初十節日中

> དུར་ཁྲོད་བརྒྱད་དུ་རིག་འཛིན་མཁའ་འགྲོ་ཡིས།།

土垂給圖仁增康周以
八屍林中持明空行眾

> གསང་སྔགས་བསྟན་པའི་སྒྲོན་མེར་མངའ་གསོལ་མཛད།།

桑阿登北準美阿梭則
尊為密咒教法之燈炬

> ཤྲཱི་རཱི་ཏྲ་ལ་གསོལ་བ་འདེབས།།

香帝拉希達拉梭瓦德
至誠祈請香帝拉希達

> ཕག་གི་ཟླ་བའི་ཚེས་བཅུའི་དུས་ཆེན་ལ།།

帕己達為側句圖千拉
您於豬月初十節日中

བསྟན་ལ་རབ་བྱུང་སྟེ་སྣོད་ཕྱགས་སུ་ཆུད།།

登拉惹穹德諾圖素去

於教出家領略諸法藏

པཎ་གྲུབ་ཡོངས་ཀྱི་གཙུག་གི་རྒྱན་གྱུར་པ།།

班竹永己祖己根久巴

諸智修者頂上之莊嚴 [1]

མཁས་པ་བློ་ལྡན་སྐུ་ལ་གསོལ་བ་འདེབས།།

克巴樓登固拉梭瓦德

至誠祈請愛慧上師尊

ཁྱི་བ་ཟླ་བའི་ཚེས་བཅུའི་དུས་ཆེན་ལ།།

企瓦達為側句圖千拉

您於鼠月初十節日中

ཟ་ཧོར་ཡུལ་དུ་མེ་དཔུང་མཚོ་བསྒྱུར་ཏེ།།

薩后於圖美崩湊久德

薩霍國中轉火團成湖

ཡ་མཚན་སྟོབས་ཀྱིས་རྒྱལ་ཁབ་ཆོས་ལ་བཀོད།།

揚餐斗己給卡卻拉桂

神奇威力置王國於法

企美貝炯節拉梭瓦德
至誠祈請無死蓮生尊

朗吉達為側句圖千拉
您於牛月初十節日中

歐根於圖美以瑪促辛
烏金境中不為火所燒

給堪壇皆強去藍拉桂
安置諸國境於菩提道

貝瑪班匝固拉梭瓦德
至誠祈請蓮花金剛尊

達己達為側句圖千拉
您於虎月初十節日中

ཤུ་ཐྀགས་སྟོན་པ་ལྔ་བརྒྱའི་ཚོད་པ་བཟློག །

木嗲敦巴阿給最巴斗
回遮五百外道導師諍

ངན་སྔགས་མཁན་རྣམས་རྫུ་འཕྲུལ་མཐུ་ཡིས་བསྒྲལ། །

恩阿堪南總出圖以折
以神通力度化惡咒師

ཞིང་གི་སྒྲ་སྒྲོག་སྐུ་ལ་གསོལ་བ་འདེབས། །

森給札周固拉梭瓦德
至誠祈請獅吼聲響尊

ཡོས་ཀྱི་ཟླ་བའི་ཚེས་བཅུའི་དུས་ཆེན་ལ། །

月己達為側句圖千拉
您於兔月初十節日中

ཟངས་གླིང་ཡུལ་དུ་ཆུར་སྒྱུར་ཆུ་ཡར་བཟློག །

桑林於圖去衰去亞斗
銅洲境中投河遮水流 [2]

ཤུ་ཐྀགས་རྒྱལ་པོ་སྐྲག་སྟེ་ཆོས་ལ་བཙུད། །

木嗲給波札德卻拉足
外道國王驚駭而趣法

གུ་རུ་ནམ་མཁའ་ལྡིང་ལ་གསོལ་བ་འདེབས།།།

咕如南卡丁拉梭瓦德
至誠祈請虛空鵬上師

འབྲུག་གི་ཟླ་བའི་ཚེས་བཅུའི་དུས་ཆེན་ལ།།།

竹己達為側句圖千拉
您於龍月初十節日中

མ་ཚོགས་མཁའ་འགྲོ་འབུམ་གྱི་གཙོ་བོ་མཛད།།།

瑪湊康周崩己奏歐則
作為母眾十萬空行首

ཕྱི་ནང་གསང་བའི་ལྷ་སྲིན་བྲན་དུ་ཁོལ།།།

企囊桑威哈森臣圖闊
外內密天羅剎納為僕

ཉི་མ་འོད་ཟེར་སྐུ་ལ་གསོལ་བ་འདེབས།།།

尼瑪偉瑟固拉梭瓦德
至誠祈請太陽光芒尊

སྦྲུལ་གྱི་ཟླ་བའི་ཚེས་བཅུའི་དུས་ཆེན་ལ།།།

主己達為側句圖千拉
您於蛇月初十節日中

བལ་ཡུལ་ཡང་ལེ་ཤོད་དུ་ཕུར་པ་སྒྲུབ།།

培於揚雷雪圖普巴竹

尼國揚列雪中修普巴

བགེགས་རྣམས་ཚར་བཅད་ཡུལ་ཕྱོགས་བདེ་ལ་བཀོད།།

給南擦界於秋德拉桂

消滅魔障令地方安寧

རྡོ་རྗེ་ཕོད་ཕྲེང་རྩལ་ལ་གསོལ་བ་འདེབས།།

斗節妥稱則拉梭瓦德

至誠祈請金剛顱鬘力

ཏ་ཡི་ནྲ་བའི་ཚེས་བཅུའི་དུས་ཆེན་ལ།།

達以達為側句圖千拉

您於馬月初十節日中

བོད་ཀྱི་ཡུལ་ཕྱོན་ལྷ་འདྲེ་མ་ལུས་བཏུལ།།

培己於全韓折瑪呂度

親臨藏地伏無餘神鬼

མདོ་སྔགས་བསྟན་གཉིས་ཕྲུང་འཇུག་རྒྱ་ཆེར་སྤེལ།།

斗阿登尼松具佳切貝

廣弘顯密雙運二教法

པདྨ་སམ་བྷ་བའི་སྐུ་ལ་གསོལ་བ་འདེབས།།

貝瑪散貝固拉梭瓦德
至誠祈請貝瑪桑巴瓦

ལུག་གི་ཟླ་བའི་ཚེས་བཅུའི་དུས་ཆེན་ལ།།

路己達為側句圖千拉
您於羊月初十節日中

བསྟན་འཁམས་ཟབ་མོ་གཏེར་གྱིས་གསོ་བའི་ཕྱིར།།

登俠薩莫德己搜為企
為以甚深伏藏興聖教

གཏེར་ཆེན་གཏེར་ཕྲན་བྱེ་བ་ས་ཡ་སྦས།།

德千德稱切瓦薩亞貝
埋藏大小百千萬伏藏

རྡོ་རྗེ་གྲོ་ལོད་རྩལ་ལ་གསོལ་བ་འདེབས།།

斗節抽略則拉梭瓦德
至誠祈請多傑綽洛尊

གུ་རུས་རྗེས་བཟུང་སྨིན་གྲོལ་བཀའ་བབ་པའི།།

咕日節松明垂嘎巴貝
蓮師攝受奉命成熟解

འབངས་རིགས་ཉེར་ལྔ་གཏེར་སྟོན་སྤྲུལ་སྐུ་དང་།།

邦日涅阿德敦珠固堂
廿五臣屬祖古伏藏師

ལས་ཅན་ཆོས་བདག་རྩ་བ་བརྒྱུད་པ་བཅས།།

雷間卻達匝瓦古巴界
具業法主根本傳承師

ཟབ་མོ་གཏེར་བརྒྱུད་རྣམས་ལ་གསོལ་བ་འདེབས།།

薩莫德古南拉梭瓦德
祈請甚深伏藏傳承師

ཡི་དམ་ཀུན་འདུས་རྟ་མགྲིན་ཡབ་ཡུམ་དང་།།

以單袞度單真亞雲堂
本尊總集馬明王父母[3]

གིང་ཆེན་མཁའ་འགྲོ་བཀའ་སྡོད་དམ་ཅན་ཚོགས།།

肯千康周嘎對坦間湊
大骷空行聽令具誓眾

རྩ་གསུམ་དགོངས་འདུས་དཀྱིལ་འཁོར་ལྷ་ཚོགས་ལ།།

匝松宮度金扣哈湊拉
三根意集壇城天尊眾

།གསོལ་བ་འདེབས་སོ་བདག་རྒྱུད་སྨིན་གྲོལ་མོག།

梭瓦德搜達局明垂秀
祈願成熟解脫吾相續

ཅེས་པའང་རྡོ་རྗེ་བདེ་ཆེན་སྒྲིང་པས་གཏེར་ཤོག་ལས། ཞལ་བཤུས་པའི་ཡི་གེ་པ་ནི་སྐྱ་དབྱངས་རྡོ་རྗེས་བྲིས། དགེ་ལེགས་འཕེལ།། །།

札央多傑自多傑德千林巴取出之伏藏紙頁謄寫而成。願善妙
增長！

---

1. 「智」指班智達；「修」指修行成就者。

2. 蓮師遭外道投入河中欲溺斃之。

3. 指馬頭明王和金剛亥母雙尊。

༄༅། །གསོལ་འདེབས་ལེའུ་བདུན་མ་བསྡུས་པ་བཞུགས་སོ། །
簡略七品祈請文

孃尼瑪偉瑟　取藏

ཨེ་མ་ཧོ། ཆོག་མའི་སངས་རྒྱས་ཆོས་སྐུ་ཀུན་ཏུ་བཟང་། །

埃瑪后！透美桑給卻固衰度桑
甚希奇！最初佛尊法身普賢王

རྒྱལ་བ་རབ་འབྱམས་དཀྱིལ་འཁོར་ལོངས་སྐུད་རྫོགས། །

給瓦冉江金扣隆決奏
無限勝者壇城報身佛

གང་ལ་གང་འདུལ་གར་བསྒྱུར་སྤྲུལ་པའི་སྐུ། །

康拉康度卡久珠貝固
隨機應化遊舞幻化身

སྐུ་གསུམ་དབྱེར་མེད་ཨོ་རྒྱན་རིན་པོ་ཆེ། །

固松耶美歐根仁波切
三身無別烏金仁波切

གསོལ་བ་འདེབས་སོ་ཐུགས་རྗེས་སྤྱན་གྱིས་གཟིགས།།

梭瓦德搜圖界間己斯
至誠祈請以大悲眷顧

བྱིན་གྱིས་རློབས་ཤིག་ཐར་པའི་ལམ་སྣ་དྲོངས།།

琴己樓細塔貝藍納充
祈賜加持引至解脫道

སྣང་བ་མཐའ་ཡས་སངས་རྒྱས་འོད་དཔག་མེད།།

囊瓦塔耶桑給偉巴美
阿彌陀佛無量光佛尊

འཇིག་རྟེན་དབང་ཕྱུག་བྱམས་མགོན་སྤྱན་རས་གཟིགས།།

己登旺去強哀間慈思
世間自在慈怙觀世音

དཀྱིལ་འཁོར་གཙོ་བོ་ཁྲག་འཐུང་ཧེ་རུ་ཀ།།

金扣奏歐查同嘿如嘎
壇城之首飲血嘿如嘎

ཀུན་གྱི་བདག་ཉིད་ཨོ་རྒྱན་རིན་པོ་ཆེ།།

哀己達尼歐根仁波切
諸尊本體烏金仁波切

གསོལ་བ་འདེབས་སོ་ཐུགས་རྗེས་ཟུང་གྱིས་གཟིགས།།

梭瓦德搜圖界間己斯
至誠祈請以大悲眷顧

བྱིན་གྱིས་རློབས་ཤིག་ཐར་པའི་ལམ་སྣ་དྲོངས།།

琴己樓細塔貝藍納充
祈賜加持引至解脫道

རྟ་ན་ཀོ་ཤ་པདྨའི་སྦུབས་སུ་འཁྲུངས།།

達納構夏貝美布素充
達納構夏蓮花中誕生

ཨོ་རྒྱན་ཆོས་ཀྱི་རྒྱལ་པོའི་རྒྱལ་སྲིད་མཛད།།

歐根卻己給波給斯則
主掌烏金法王之政權

མངལ་གྱིས་མ་གོས་ཏེ་མེད་སྤྲུལ་པའི་སྐུ།།

額己馬奎尺美珠貝固
不為胎染無垢幻化身

སྲིད་གསུམ་མཚུངས་མེད་ཨོ་རྒྱན་རིན་པོ་ཆེ།།

思松聰美歐根仁波切
三有無等烏金仁波切

གསོལ་བ་འདེབས་སོ་ཐུགས་རྗེས་སྤྱན་གྱིས་གཟིགས།།

梭瓦德搜圖界間己斯
至誠祈請以大悲眷顧

བྱིན་གྱིས་རློབས་ཤིག་ཐར་པའི་ལམ་སྣ་དྲོངས།།

琴己樓細塔貝藍納充
祈賜加持引至解脫道

བསླབ་སྤྱངས་མཐར་ཕྱིན་འཛམ་གླིང་མཁས་པའི་མཆོག།

拉將塔欽贊林克北秋
修學究竟瞻洲最勝學

བརྟུལ་ཞུགས་མཐར་ཕྱིན་ཨ་མོ་ཕྲན་དུ་བཀོལ།།

度序塔欽瑪嫫臣圖郭
禁行究竟納媽嫫為僕

སྒྲུབ་པ་མཐར་ཕྱིན་སྣང་སྲིད་དབང་དུ་བསྡུས།།

竹巴塔欽囊斯汪圖度
修持究竟萬象皆懷攝

ཐམས་ཅད་མཁྱེན་པ་ཨོ་རྒྱན་རིན་པོ་ཆེ།།

壇皆堪巴歐根仁波切
一切遍知烏金仁波切

གསོལ་བ་འདེབས་སོ་ཐུགས་རྗེས་སྤྱན་གྱིས་གཟིགས།།

梭瓦德搜圖界間己斯
至誠祈請以大悲眷顧

བྱིན་གྱིས་རློབས་ཤིག་ཐར་པའི་ལམ་སྣ་དྲོངས།།

琴己樓細塔貝藍納充
祈賜加持引至解脫道

བོད་ཡུལ་དབུས་སུ་ལྷ་སྲིན་དམ་ལ་བཏགས།།

培於玉素哈森坦拉達
於藏地令天羅剎立誓

མངའ་བདག་རྒྱལ་པོའི་དགོངས་པ་རྫོགས་པར་མཛད།།

阿達給波共巴走巴則
圓滿實現國王之心願

སྐལ་ལྡན་མ་ལུས་རིག་འཛིན་ས་ལ་བཀོད།།

給登瑪呂仁增薩拉貴
無餘有緣者置持明地

འགྲོ་བའི་འདྲེན་མཆོག་ཨོ་རྒྱན་རིན་པོ་ཆེ།།

周為真秋歐根仁波切
眾生勝導烏金仁波切

གསོལ་བ་འདེབས་སོ་ཐུགས་རྗེས་ཟུང་གྱིས་གཟིགས༔

梭瓦德搜圖界間己斯
至誠祈請以大悲眷顧

བྱིན་གྱིས་རློབས་ཤིག་ཐར་པའི་ལམ་སྣ་དྲོངས།།

琴己樓細塔貝藍納充
祈賜加持引至解脫道

ལས་ཅན་དོན་དུ་ཟབ་གཏེར་འབུམ་ཕྲག་སྦས།།

雷間屯圖薩德崩剎北
為具業者埋千萬深藏

མཐོན་སུམ་རྗེ་བཞིན་ཕྱི་རབས་ལུང་བསྟན་མཛད།།

溫松其辛企慈隆登則
現量如實授記後代事

འབྲལ་མེད་ཐུགས་རྗེས་སྐྱོང་བར་ཞལ་གྱིས་བཞེས།།

折美圖界宮瓦協己協
承諾大悲救護不分離

དུས་གསུམ་ཀུན་མཁྱེན་ཨོ་རྒྱན་རིན་པོ་ཆེ།།

圖松衮堪歐根仁波切
遍知三世烏金仁波切

གསོལ་བ་འདེབས་སོ་ཐུགས་རྗེས་ཟུངས་ཀྱིས་གཟིགས།།

梭瓦德搜圖界間己斯

至誠祈請以大悲眷顧

བྱིན་གྱིས་རློབས་ཤིག་ཐར་པའི་ལམ་སྣ་དྲོངས།།

琴己樓細塔貝藍納充

祈賜加持引至解脫道

འདི་ནས་ང་ཡབ་པདྨའི་གླིང་དུ་འགྲོ།

迪內阿亞貝美林圖周

由此前往妙拂蓮花洲

ཆོས་བཅུ་བྱུང་རེས་བོད་དུ་འོང་ངོ་གསུངས།།

側句穹蒽培圖翁偶松

親言每逢初十來西藏

སྙིགས་མའི་སེམས་ཅན་ཐོས་གདུང་བརྗེ་བ་ཅན།།

寧美森間莫冬則瓦間

慈憫濁世虔敬真摯眾

འགྲོ་བའི་སྐྱབས་མགོན་ཨོ་རྒྱན་རིན་པོ་ཆེ།།

周為佳衰歐根仁波切

眾生怙主烏金仁波切

གསོལ་བ་འདེབས་སོ་ཐུགས་རྗེས་ཟུང་གྱིས་གཟིགས།།

梭瓦德搜圖界間己斯
至誠祈請以大悲眷顧

ཁྱིན་གྱིས་རློབས་ཤིག་ཐར་པའི་ལམ་སྣ་དྲོངས།།

琴己樓細塔貝藍納充
祈賜加持引至解脫道

འཆི་མེད་རྡོ་རྗེ་ལྟ་བུའི་གོ་འཕང་བརྙེས།།

企美斗節達布口旁涅
獲得無死金剛般果位

ནུབ་ཕྱོགས་གདུག་པ་སྲིན་པོའི་ཁ་གནོན་མཛད།།

后努堵巴森波卡農則
鎮壓西南暴惡羅剎眾

རྒྱལ་བ་གཞན་ལས་ཐུགས་རྗེ་རོ་མཚར་ཆེ།།

給瓦賢雷圖界偶擦切
神奇大悲較他佛猶勝

འགྲོ་ཀུན་སྐྱབས་གཅིག་ཨོ་རྒྱན་རིན་པོ་ཆེ།།

周袞架計歐根仁波切
眾生獨怙烏金仁波切

གསོལ་བ་འདེབས་སོ་ཐུགས་རྗེས་ཟུངས་ཀྱིས་གཟིགས།།

梭瓦德搜圖界間己斯

至誠祈請以大悲眷顧

བྱིན་གྱིས་རློབས་ཤིག་ཐར་པའི་ལམ་སྣ་དྲོངས།།

琴己樓細塔貝藍納充

祈賜加持引至解脫道

འདི་ནས་བཟུང་སྟེ་ཐར་པ་མ་ཐོབ་བར།།

迪內松德塔巴瑪透帕

從今直至得到解脫前

རེ་སའི་སྐྱབས་གནས་གཞན་ན་མ་མཆིས་པས།།

惹瑟架內賢納瑪企北

無有其他希冀皈依處

ཡེངས་མེད་ཐུགས་རྗེའི་སྤྱན་གྱིས་བདག་ལ་གཟིགས།།

彥美圖界間己達拉斯

無有散亂悲眼眷顧我

མཆོག་དང་ཐུན་མོང་དངོས་གྲུབ་བདག་ལ་སྩོལ།།

秋堂屯孟沃竹達拉最

賜我殊勝共同之悉地

278

གཏདག་རིག་པའི་རོ་བོ་མཐོང་ནས་ཀྱང་།།

嘎達日北偶歐通內將

加持照見本淨明覺性

གྱུར་དུ་ཁྱེད་རང་ལྟ་བུར་བྱིན་གྱིས་རློབས།།

紐圖克攘達布琴己樓

如您一般快速得成就

ས་མ་ཡ། རྒྱ་རྒྱ་རྒྱ། ཞེས་གསོལ་འདེབས་ལེའུ་བདུན་མ་བསྒྲུབ་པ་འདི་གུ་རུ་རིན་པོ་ཆེས་བསམ་ཡས་དབུ་རྩེ་
ཁམས་གསུམ་ཟངས་ཁང་གླིང་དུ་གཏེར་དུ་སྦས། ཕྱིས་མཆན་བདག་ཉང་རལ་པ་ཅན་གྱིས་གཏེར་ནས་སྤྱན་དྲངས་
པའོ།། །།

此簡略七品祈請文乃為蓮師藏在桑耶寺頂三界銅宮洲之伏藏。
後由阿大孃熱巴間 [1] 取藏。

---

1. 即大伏藏師孃尼瑪偉瑟。

༄༅། །བསམ་དོན་བསྒྲུབ་པ་ཕྱགས་རྗེའི་གློག་ཞགས་བཞུགས།
簡略願望任運祈請文：大悲閃電

多欽哲耶謝多傑　意伏藏

ཨེ་མ་ཧོ། དཀོན་མཆོག་རྩ་གསུམ་བདེ་གཤེགས་ཀུན་འདུས་དཔལ།།

埃瑪后！哀秋匣松德謝哀度貝
甚希奇！三寶三根如來總集尊

སྙིགས་དུས་འགྲོ་བ་མགོན་མེད་སྐྱབས་གཅིག་པུ།།

尼度周瓦哀美架計布
濁世無怙眾生唯一怙

ཐུགས་རྗེ་གློག་ལྟར་མྱུར་བའི་ཤོད་ཕྱིན་རྩལ།།

圖界樓達紐偉妥稱則
大悲迅如閃電顯鬘力

མ་ཧཱ་གུ་རུ་པདྨ་ཧེ་རུ་ཀ།།

瑪哈咕如貝瑪嘿如嘎
摩訶蓮師蓮花嘿如嘎

ཚོས་གུས་གདུང་ཤུགས་དྲག་པོས་གསོལ་བ་འདེབས།།

莫固冬旭查波梭瓦德
虔敬猛烈感動誠祈請

དགྲ་གདོན་བགེགས་དང་བར་ཆད་བྱད་ཕུར་ཟློགས།།

札敦給堂帕切且普斗
回遮敵人魔擾詛咒障

མ་རུངས་རྒྱལ་བསེན་འབྱུང་པོ་དམ་ལ་ཐོག།

瑪容給森炯波坦拉透
令諸邪惡妖鬼怪立誓

བསམ་པ་ལྷུན་གྱིས་འགྲུབ་པར་བྱིན་གྱིས་རློབས།།

散巴倫己竹巴琴己樓
加持心願皆任運實現

ཞེས་པ་འདི་ཡང་དུས་རྟགས་མཚོན་གྱུར་གྱི་སྣབས་སུ་འཕགས་ཡུམ་སྲས་ཀྱི་ཐུགས་བཞེད་ལྟར་ཕྱགས་གཏེར་འཇའ་ལུས་རྡོ་རྗེས་སྨྲས་སོ།། ||

時代徵兆現前之時，依照尊聖母子之心意，由嘉呂多傑說此
意伏藏。

༄༅། །ཨོ་རྒྱན་རིན་པོ་ཆེའི་གསོལ་འདེབས་བསམ་པ་ལྷུན་

འགྲུབ་མ་བཞུགས་སོ།

烏金蓮師祈請文：願望任運成就
（塔貝欣秋瑪）

仁增吉美努登多傑　取藏

ཨེ་མ་ཧོ། དག་པའི་ཞིང་མཆོག་ནུབ་ཕྱོགས་བདེ་བ་རི་ན།།

埃瑪后！塔貝欣秋后努巴日納
甚希奇！殊勝淨土西南吉祥山

རྒྱལ་བ་ཀུན་འདུས་གུ་རུ་པདྨ་འབྱུང་།།

給瓦袞度咕如貝瑪炯
勝佛總集上師蓮花生

ད་ལྟ་དུས་ངན་སྙིགས་མའི་སྐྱེ་འགྲོ་ལ།།

塔大圖恩尼美根周拉
於今惡時濁世之眾生

ཐུགས་རྗེ་གཟིགས་ནས་བདག་ལ་དགོངས་སུ་གསོལ།།

圖界斯內達拉貢素梭
祈您大悲眷顧垂念我

སྤྱི་གཙུག་ཉི་ཟླ་པདྨའི་གདན་སྟེང་དུ། །

計組尼達貝美登登圖
頭頂日月蓮花坐墊上

རྩ་བའི་བླ་མ་ཨོ་རྒྱན་རིན་པོ་ཆེ། །

匝威喇嘛歐根仁波切
根本上師烏金仁波切

བཀའ་བརྒྱུད་བླ་མ་རྣམས་ཀྱི་འཁོར་གྱིས་བསྐོར། །

嘎局喇嘛南己扣己勾
教傳上師眷屬眾圍繞

གསོལ་བ་འདེབས་སོ་ལས་ངན་དག་པར་མཛོད། །

梭瓦德搜雷恩塔巴最
至誠祈請淨化諸惡業

བསམ་པ་ལྷུན་གྱིས་འགྲུབ་པར་བྱིན་གྱིས་རློབས། །

散巴倫己竹巴琴己樓
加持心願皆任運實現

ཤར་ཕྱོགས་ལྟ་ན་སྡུག་པའི་ཕོ་བྲང་ནས། །

夏秋達納堵北剖章內
東方美麗悅目宮殿中

སངས་རྒྱས་སྨན་བླ་ཨོ་རྒྱན་རིན་པོ་ཆེ།།

桑給門拉歐根仁波切

藥師佛尊烏金仁波切

སྨན་བླ་མཆེད་བརྒྱད་རིག་འཛིན་འཁོར་གྱིས་བསྐོར།།

門拉切給仁增扣己勾

藥師八佛持明眷屬繞 [1]

གསོལ་བ་འདེབས་སོ་ནད་རིགས་ཞི་བར་མཛོད།།

梭瓦德搜內日息瓦最

至誠祈請平息諸疾疫

བསམ་པ་ལྷུན་གྱིས་འགྲུབ་པར་བྱིན་གྱིས་རློབས།།

散巴倫己竹巴琴己樓

加持心願皆任運實現

ཡེ་ཤེས་མེ་རུ་འབར་བའི་ཕོ་བྲང་ནས།།

耶謝美如巴為剖章內

智慧火中熾燃宮殿中

ཆེ་མཆོག་ཧེ་རུ་ཨོ་རྒྱན་རིན་པོ་ཆེ།།

千秋嘿如歐根仁波切

大勝嘿如烏金仁波切

ཡི་དམ་ཁྲོ་བོ་ཁྲོ་མོའི་འཁོར་གྱིས་བསྐོར།།

以單抽歐抽莫扣己勾
忿怒父母本尊眷屬繞

གསོལ་བ་འདེབས་སོ་དངོས་གྲུབ་རྣམས་ཙུ་གསོལ།།

梭瓦德搜沃竹則圖梭
至誠祈請賜予諸悉地

བསམ་པ་ལྷུན་གྱིས་འགྲུབ་པར་བྱིན་གྱིས་རློབས།།

散巴倫己竹巴琴己樓
加持心願皆任運實現

མཁའ་སྤྱོད་དག་པ་འོད་ལྔའི་ཕོ་བྲང་ནས།།

卡決塔巴偉額剖章內
空行淨土五光宮殿中

མཁའ་འགྲོའི་གཙོ་བོ་ཨོ་རྒྱན་རིན་པོ་ཆེ།།

康卓奏喔歐根仁波切
空行之首烏金仁波切

ཡེ་ཤེས་འཇིག་རྟེན་ཌཱ་ཀིའི་འཁོར་གྱིས་བསྐོར།།

耶謝己登達各扣己勾
智慧世間空行眷屬繞

གསོལ་བ་འདེབས་སོ་ཕྱི་ནང་བར་ཆད་སོལ།།

梭瓦德搜企囊帕切梭
至誠祈請遣除內外障

བསམ་པ་ལྷུན་གྱིས་འགྲུབ་པར་བྱིན་གྱིས་རློབས།།

散巴倫己竹巴琴己樓
加持心願皆任運實現

དགྲ་བགེགས་གདུག་པ་བསྒྲལ་བའི་ཁྲི་སྟེང་ན།།

札給堵巴諾為赤登納
暴惡敵魔交疊之墊上

ཆོས་སྐྱོང་གཙོ་བོ་ཨོ་རྒྱན་རིན་པོ་ཆེ།།

卻炯奏歐烏金仁波切
護法之首烏金仁波切

ཡེ་ཤེས་འཇིག་རྟེན་ཆོས་སྐྱོང་འཁོར་གྱིས་བསྐོར།།

耶謝己登卻炯扣己勾
智慧世間護法眷屬繞

གསོལ་བ་འདེབས་སོ་དུས་ཀྱི་གཡོ་འཁྲུགས་ཟློག།

梭瓦德搜圖己右出斗
祈請回遮時代之動盪

བསམ་པ་ལྷུན་གྱིས་འགྲུབ་པར་བྱིན་གྱིས་རློབས།།

散巴倫己竹巴琴己樓
加持心願皆任運實現

མི་འགྱུར་རིན་ཆེན་གཏེར་གྱི་པོ་བྲང་ནས།།

民久仁千德己剖章內
不變珍貴寶藏宮殿中

དངོས་གྲུབ་འབྱུང་གནས་ཨོ་རྒྱན་རིན་པོ་ཆེ།།

沃竹炯內歐根仁波切
悉地本源烏金仁波切

ནོར་ལྷ་གཏེར་བདག་རྣམས་ཀྱི་འཁོར་གྱིས་བསྐོར།།

諾哈德達南己扣己勾
財神伏藏主之眷屬繞

གསོལ་བ་འདེབས་སོ་དངོས་གྲུབ་ཆར་ལྟར་ཕོབ།།

梭瓦德搜沃竹恰達剖
至誠祈賜悉地如雨霖

བསམ་པ་ལྷུན་གྱིས་འགྲུབ་པར་བྱིན་གྱིས་རློབས།།

散巴倫己竹巴琴己樓
加持心願皆任運實現

ཁ་བའི་ཡུལ་ལྗོངས་བོད་ཀྱི་ཞིང་ཁམས་ན།།

卡維於炯培己欣堪納

雪域之境西藏淨土中

ལྷ་སྲིན་དམ་འདོགས་ཨོ་རྒྱན་རིན་པོ་ཆེ།།

哈森坦斗歐根仁波切

天羅立誓烏金仁波切 [2]

བཀའ་སྲུང་སྡེ་བརྒྱད་གཞི་བདག་འཁོར་གྱིས་བསྐོར།།

嘎松德給息達扣己勾

八部護法地祇眷屬繞

གསོལ་བ་འདེབས་སོ་མཐའ་ཡི་དམག་དཔུང་ཟློག།།

梭瓦德搜塔以瑪崩斗

祈請回遮犯境之軍隊

བསམ་པ་ལྷུན་གྱིས་འགྲུབ་པར་བྱིན་གྱིས་རློབས།།

散巴倫己竹巴琴己樓

加持心願皆任運實現

བདེ་ཆེན་པདྨ་འོད་འབར་པོ་བྲང་ནས།།

德千貝瑪偉巴剖章內

大樂蓮花光耀宮殿中

288

ཝོད་དཔག་མེད་མགོན་ཨོ་རྒྱན་རིན་པོ་ཆེ།།

偉巴美衰歐根仁波切
怙主彌陀烏金仁波切

ཕྱོགས་བཅུའི་སངས་རྒྱས་སྲས་བཅས་འཁོར་གྱིས་བསྐོར།།

秋具桑給瑟界扣己勾
十方諸佛菩薩眷屬繞

གསོལ་བ་འདེབས་སོ་པདྨ་ཝོད་དུ་དྲོངས།།

梭瓦德搜貝瑪偉圖充
祈請接引前去蓮花光

བསམ་པ་ལྷུན་གྱིས་འགྲུབ་པར་བྱིན་གྱིས་རློབས།།

散巴倫己竹巴琴己樓
加持心願皆任運實現

ༀ་ཨཱཿ ཧཱུྃ་བཛྲ་གུ་རུ་པདྨ་སི་དྡྷི་ཧཱུྃ།།

嗡阿吽班匝咕如貝瑪思帝吽

སྟེང་ནས་ཉི་ཟླ་གཟའ་སྐར་ཆ་འཕྲུལ་སློག།

登內尼達薩嘎穹出斗
上遮日月星曜之異象

བོག་ནས་ས་བདག་ཀླུ་གཉན་གདུག་ཅུབ་ཟློག།

偶內薩達路年堵粗斗
下遮粗暴地祇惡龍亂

བར་ནས་བཙན་དང་མ་མོའི་གནོད་པ་ཟློག།

帕內贊堂瑪莫諾巴斗
中遮妖靈媽嬤之危害

འབྱུང་བ་བཞི་ཡི་ནད་རིགས་ཐམས་ཅད་ཀྱི་ལ་ཞིམ།།

炯瓦息以內日壇界各卡亭
一切四大疾疫皆息滅

ཕྱོགས་བཞི་མཚམས་བརྒྱད་ཀྱི་མཐའི་དམག་དཔུང་ཐམས་ཅད་ས་ར་ཡ་རྦ྄ྀ྅ བཟློག་བཟློག།

秋息餐給己特瑪崩壇皆。瑪惹亞。究究。斗斗
四面八方一切來犯邊軍。瑪惹亞。究究。斗斗

མ་འོངས་འགྲོ་བ་སྐུ་སེར་ཐམས་ཅད་ཀྱིས།། གསོལ་འདེབས་འདི་ལ་རྟག་ཏུ་བརྩོན་གྱུར་ན།། ནད་གདོན་དུས་མིན་འཆི་བའི་གེགས་ལས་ཐར།། གཟུགས་ཅན་གཟུགས་མེད་གདོན་བགེགས་བར་ཆད་ཞི།། ཕྱི་མ་ཨོ་རྒྱན་ང་ཡི་ཐུགས་རྗེས་བཟུང་།། འདི་ལ་ཐེ་ཚོམ་ཡིད་གཉིས་མ་ཟ་ཞིག། པདྨ་ང་ཡི་སྙིང་གཏམ་ཡིན་པར་ངེས།།

「未來一切僧俗之眾生，若能恆常勤誦此祈願，得脫病魔非
時死之厄，平息有形無形魔擾障，未來得我蓮師悲攝受，於
此切莫懷疑具二心，堅信乃我蓮師肺腑言。」

ས་མ་ཡ། རྒྱ་རྒྱ་རྒྱ། རིག་འཛིན་འཇིགས་མེད་ནུས་ལྡན་རྡོ་རྗེས་རྒྱམ་རྒྱ་ལ་རྡོ་བི་གངས་དཀར་སྲིབུ་འོ་མའི་མཚོ་ནང་ནས་གདན་དྲངས་པའོ།། །།

仁增吉美努登多傑從將嘉拉朵特雪山瑟烏牛奶湖中迎請而出。

---

1. 藥師八佛乃藥師七佛加上釋迦牟尼佛。

2. 此指諭令天神及羅剎等眾立誓。

༄༅། །སློབ་དཔོན་རིན་པོ་ཆེ་པདྨ་འབྱུང་གནས་ལ་གསོལ་
འདེབས་པ་བསམ་དོན་མྱུར་འགྲུབ་བཞུགས།

蓮花生阿闍黎仁波切祈請文：願望速成

蔣揚欽哲旺波　著

ཨོ་ཨཱཿ ཧཱུྃ་བཛྲ་གུ་ར་པདྨ་སིདྡྷི་ཧཱུྃ༎

嗡阿吽班匝咕如貝瑪思帝吽

སྐྱབས་གནས་ཀུན་འདུས་ཨོ་རྒྱན་རིན་པོ་ཆེ༎

架內哀度歐根仁波切
皈境總集烏金仁波切

བཟོད་མེད་གདུང་ཤུགས་དྲག་པོས་གསོལ་བ་འདེབས༎

所美冬旭查波梭瓦德
難忍猛烈感動誠祈請

ཕྱི་ནང་གསང་བའི་བར་ཆད་དབྱིངས་སུ་སོལ༎

企囊桑威帕切音素梭
遣除外內密障於空界

བསམ་དོན་ཆོས་བཞིན་འགྲུབ་པར་བྱིན་གྱིས་རློབས།།

散屯卻辛竹巴琴己樓
加持心願皆如法實現

ཞེས་པའང་འཇམ་དབྱངས་མཁྱེན་བརྩེའི་དབང་པོས་རྩེ་གཅིག་ཏུ་གུས་པས་གང་ཤར་ཤུགས་བྱུང་དུ་གསོལ་བ་
བཏབ་པ་དགེའོ།། ༈

此乃蔣揚欽哲旺波一心恭敬隨心直書祈請也。願成善！

༄༅། །བསམ་དོན་ལྷུན་གྲུབ་བསྟུས་པ་བཞུགས།
願望任運成就簡略祈請文

米旁仁波切　著

སངས་རྒྱས་ཀུན་འདུས་གུ་རུ་རིན་པོ་ཆེ།།

桑給衮度咕如仁波切
諸佛總集蓮花生大士

ཨོ་རྒྱན་པདྨ་འབྱུང་གནས་ལ་གསོལ་བ་འདེབས།།

歐根貝瑪炯內拉梭瓦德
至誠祈請烏金蓮花生尊

མི་མཐུན་འགལ་རྐྱེན་བར་ཆད་ཞི་བ་དང་།།

米屯給根帕切息瓦堂
平息逆境違緣及障礙

བསམ་པ་ལྷུན་གྱིས་འགྲུབ་པར་བྱིན་གྱིས་རློབས།།

散巴倫己竹巴琴己樓
祈賜加持心願任運成

བསམ་དོན་ལྷུན་གྲུབ་པ་མི་ཕམ་པས་སོ།། ||

米旁巴造此簡略願望任運成就祈請文 [1]。

---

1. 即米旁仁波切。

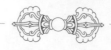

ༀ། །སྐྱབས་གནས་ཀུན་འདུས་ཨོ་རྒྱན་རིན་པོ་ཆེ་ལ་གསོལ་
འདེབས་བར་ཆད་ཀུན་བཟློག་ཅེས་བྱ་བ་བཞུགས།

皈依境總集烏金蓮師祈請文：
回遮障礙眾緣

蔣揚欽哲旺波　著

ཨོ་ཨ༔ཧཱུྃ་བཛྲ་གུ་རུ་པདྨ་སིདྡྷི་ཧཱུྃ༔

嗡阿吽班匝咕如貝瑪思帝吽

ཆོས་པོ་ཀ་དག་པོ་ཐང་ནས༔

偶歐嘎達剖章內
本性本來清淨宮

ཀུན་བཟང་ཆོས་སྐུ་པདྨ་འབྱུང༔

袞桑卻固貝瑪炯
普賢法身蓮花生

སངས་བཅས་རྒྱལ་བ་ཡེ་ཤེས་དབྱིངས༔

瑟界給瓦耶謝音
諸佛菩薩本智界

གསོལ་བ་འདེབས་སོ་བྱིན་གྱིས་རློབས།།

梭瓦德搜琴己樓
至誠祈請賜加持

འབྱུང་བཞི་འཁྲུགས་པ་ཕྱི་ཡི་དགྲ།

炯息出巴企以札
四大騷亂乃外敵

ལུས་ཀྱི་ན་ཚ་ནང་གི་བགེགས།།

呂己那擦囊己給
身之疾病乃內障

སེམས་ཀྱི་བར་ཆད་གསང་བའི་གདོན།།

森己帕切桑為敦
心之障礙乃祕魔

ཐམས་ཅད་ཆོས་ཀྱི་དབྱིངས་སུ་བཟློག།

壇皆卻己音素斗
一切回遮於法界

ཨོཾ་ཨཱཿ་ཧཱུྃ་བཛྲ་གུ་རུ་པདྨ་སིདྡྷི་ཧཱུྃ།།

嗡阿吽班匝咕如貝瑪思帝吽

རང་བཞིན་ལྷུན་གྲུབ་པོ་བྲང་ནས།།

壞辛倫珠剖章內
自性任運成就宮

རིགས་ལྔ་ལོངས་སྐུ་གཟུང་ཐེད་ཅལ།།

日阿隆固妥稱則
五部報身顯鬘力

རབ་འབྱམས་དཀྱིལ་འཁོར་རྒྱ་མཚོར་ཤར།།

舟江金扣嘉湊夏
無限壇城海中現

གསོལ་བ་འདེབས་སོ་བྱིན་གྱིས་རློབས།།

梭瓦德搜琴己樓
至誠祈請賜加持

འབྱུང་བཞི་འཁྲུགས་པ་ཕྱི་ཡི་དགྲ།

炯息出巴企以札
四大騷亂乃外敵

ལུས་ཀྱི་ན་ཚ་ནང་གི་བགེགས།།

呂己那擦囊己給
身之疾病乃內障

སེམས་ཀྱི་བར་ཆད་གསང་བའི་གདོན།།

森己帕切桑為敦
心之障礙乃祕魔

ཐམས་ཅད་ཆོས་ཀྱི་དབྱིངས་སུ་བཟློག།

壇皆卻己音素斗
一切回遮於法界

ཨོཾ་ཨཱཿ ཧཱུྃ་བཛྲ་གུ་ར་པདྨ་སིདྡྷི་ཧཱུྃ།།

嗡阿吽班匝咕如貝瑪思帝吽

ཐུགས་རྗེ་ཀུན་ཁྱབ་ཕོ་བྲང་ནས།།

圖節衮恰剖章內
大悲周遍宮殿中

གང་འདུལ་སྤྲུལ་སྐུ་མཚན་མཆོག་བརྒྱད།།

康堵珠固餐秋給
應機化身八相尊

བསམ་ཡས་སྒྱུ་འཕྲུལ་དྲྭ་བའི་བདག།

散耶古出查為達
無量幻化網之主

གསོལ་བ་འདེབས་སོ་བྱིན་གྱིས་རློབས།།

梭瓦德搜琴己樓
至誠祈請賜加持

འབྱུང་བཞི་འཁྲུགས་པ་ཕྱི་ཡི་དགྲ།

炯息出巴企以札
四大騷亂乃外敵

ལུས་ཀྱི་ན་ཚ་ནང་གི་བགེགས།།

呂己那擦囊己給
身之疾病乃內障

སེམས་ཀྱི་བར་ཆད་གསང་བའི་གདོན།།

森己帕切桑為敦
心之障礙乃祕魔

ཐམས་ཅད་ཆོས་ཀྱི་དབྱིངས་སུ་བཟློག།

壇皆卻己音素斗
一切回遮於法界

ༀ་ཨཱཿ་ཧཱུྃ་བཛྲ་གུ་རུ་པདྨ་སིདྡྷི་ཧཱུྃ།།

嗡阿吽班匝咕如貝瑪思帝吽

300

དགོངས་བརྡ་སྙན་ནས་བརྒྱུད་པ་ཡི།།

貢達年內局巴以
密意表耳三傳承[1]

རྩ་བརྒྱུད་བླ་མ་ཀུན་གྱི་དངོས།།

匝局喇嘛袞己沃
根本傳承師真身

ལྷུན་གྲུབ་རིག་འཛིན་མཚོ་སྐྱེས་རྗེ།།

倫珠仁增湊給節
任成持明海生尊

གསོལ་བ་འདེབས་སོ་བྱིན་གྱིས་རློབས།།

梭瓦德搜琴己樓
至誠祈請賜加持

འབྱུང་བཞི་འཁྲུགས་པ་ཕྱི་ཡི་དགྲ།

炯息出巴企以札
四大騷亂乃外敵

ལུས་ཀྱི་ན་ཚ་ནང་གི་བགེགས།།

呂己那擦囊己給
身之疾病乃內障

སེམས་ཀྱི་བར་ཆད་གསང་བའི་གདོན།།

森己帕切桑為敦
心之障礙乃祕魔

ཐམས་ཅད་ཆོས་ཀྱི་དབྱིངས་སུ་བཟློག།།

壇皆卻己音素斗
一切回遮於法界

ཨོཾ་ཨཱཿ་ཧཱུྃ་བཛྲ་གུ་རུ་པདྨ་སིདྡྷི་ཧཱུྃ།།

嗡阿吽班匝咕如貝瑪思帝吽

ཡེ་ཤེས་ཀློང་དགུའི་ཆ་འཕྲུལ་ལས།།

耶謝隆古穹出雷
本智廣界之神變

ཡི་དམ་ཞི་ཁྲོའི་སྤྲིན་ཕུང་འཕྲོ།།

以單息抽真朋抽
綻放寂忿尊雲團

ཁྱབ་བདག་པདྨ་དྲག་པོ་ལ།།

恰達貝瑪查波拉
遍主蓮花威猛尊

302

梭瓦德搜琴己樓
至誠祈請賜加持

炯息出巴企以札
四大騷亂乃外敵

呂己那擦囊己給
身之疾病乃內障

森己帕切桑為敦
心之障礙乃祕魔

壇皆卻己音素斗
一切回遮於法界

嗡阿吽班匝咕如貝瑪思帝吽

ཞིང་ཁྲགས་སྔགས་ཆིག་སྐྱེས་པ་ཡི༎

辛阿亨計給巴以

剎土咒語同俱生

གནས་གསུམ་མཁའ་འགྲོའི་ཚོགས་ཀྱི་རྗེ༎

內松康卓湊己節

三處空行眾之首

ཧེ་རུ་ཀ་དཔལ་སློབ་དཔོན་ཆེར༎

嘿如嘎巴樓奔切

大阿闍黎嘿如嘎

གསོལ་བ་འདེབས་སོ་བྱིན་གྱིས་རློབས༎

梭瓦德搜琴己樓

至誠祈請賜加持

འབྱུང་བཞི་འཁྲུགས་པ་ཕྱི་ཡི་དགྲ༎

炯息出巴企以札

四大騷亂乃外敵

ལུས་ཀྱི་ན་ཚ་ནང་གི་བགེགས༎

呂己那擦囊己給

身之疾病乃內障

སེམས་ཀྱི་བར་ཆད་གསང་བའི་གདོན།།

森己帕切桑為敦
心之障礙乃祕魔

ཐམས་ཅད་ཆོས་ཀྱི་དབྱིངས་སུ་བསྒྲོག།

壇皆卻己音素斗
一切回遮於法界

ཨོཾ་ཨཱཿཧཱུྃ་བཛྲ་གུ་རུ་པདྨ་སིདྡྷི་ཧཱུྃ།།

嗡阿吽班匝咕如貝瑪思帝吽

ཕྱོགས་བཅུ་དུས་གསུམ་སངས་རྒྱས་དང་།།

秋具圖松桑給堂
十方三世之諸佛

དགོངས་ཀློང་འདུ་འབྲལ་མེད་པའི་ཐུགས།།

恭隆堵折美貝圖
密界不分離之意

བདེ་གཤེགས་ཀུན་འདུས་པདྨ་སྐྱེས།།

德謝衰度貝瑪給
如來總集蓮花生

གསོལ་བ་འདེབས་སོ་བྱིན་གྱིས་རློབས།།

梭瓦德搜琴己樓
至誠祈請賜加持

འབྱུང་བཞི་འཁྲུགས་པ་ཕྱི་ཡི་དག།

炯息出巴企以札
四大騷亂乃外敵

ལུས་ཀྱི་ན་ཚ་ནང་གི་བགེགས།།

呂己那擦囊己給
身之疾病乃內障

སེམས་ཀྱི་བར་ཆད་གསང་བའི་གདོན།།

森己帕切桑為敦
心之障礙乃祕魔

ཐམས་ཅད་ཆོས་ཀྱི་དབྱིངས་སུ་བཟློག།

壇皆卻己音素斗
一切回遮於法界

ༀ་ཨཱཿ་ཧཱུྃ་བཛྲ་གུ་ར་པདྨ་སིདྡྷི་ཧཱུྃ།།

嗡阿吽班匝咕如貝瑪思帝吽

བརྒྱུད་ཁྲི་བཞི་སྟོང་དུས་ཚོས་ཀྱིས།།

給赤息冬坦卻己

藉由八萬四千法

གདུལ་བྱའི་བསམ་པ་ཚིམ་མཛད་གསུང་།།

堵切散巴層則松

滿弟子願而宣說

སྟོན་མཆོག་པདྨ་བཛྲ་རྩལ།།

敦秋貝瑪班匝則

勝導蓮花金剛力

གསོལ་བ་འདེབས་སོ་བྱིན་གྱིས་རློབས།།

梭瓦德搜琴己樓

至誠祈請賜加持

འབྱུང་བཞི་འཁྲུགས་པ་ཕྱི་ཡི་དགྲ།།

炯息出巴企以札

四大騷亂乃外敵

ལུས་ཀྱི་ན་ཚ་ནང་གི་བགེགས།།

呂己那擦囊己給

身之疾病乃內障

307

སེམས་ཀྱི་བར་ཆད་གསང་བའི་གདོན།།

森己帕切桑為敦
心之障礙乃祕魔

ཐམས་ཅད་ཆོས་ཀྱི་དབྱིངས་སུ་བཟློག།

壇皆卻己音素斗
一切回遮於法界

ཨོཾ་ཨཱཿ་ཧཱུཾ་བཛྲ་གུ་རུ་པདྨ་སིདྡྷི་ཧཱུཾ།།

嗡阿吽班匝咕如貝瑪思帝吽

ཐེག་གསུམ་དགེ་འདུན་འདུས་པ་ཡི།།

特秋根敦堵巴以
三乘教法之僧眾

གཙུག་ན་མཆོན་པར་མཆོ་བའི་སྐུ།

租那溫巴透為固
頂上高住之尊身

ཁྱབ་བདག་པདྨ་སཾ་བྷ།།

恰達貝瑪桑巴拉
遍主貝瑪桑巴瓦

308

གསོལ་བ་འདེབས་སོ་བྱིན་གྱིས་རློབས།།

梭瓦德搜琴己樓
至誠祈請賜加持

འབྱུང་བཞི་འཁྲུགས་པ་ཕྱི་ཡི་དགྲ།

炯息出巴企以札
四大騷亂乃外敵

ལུས་ཀྱི་ན་ཚ་ནང་གི་བགེགས།།

呂己那擦囊己給
身之疾病乃內障

སེམས་ཀྱི་བར་ཆད་གསང་བའི་གདོན།།

森己帕切桑為敦
心之障礙乃祕魔

ཐམས་ཅད་ཆོས་ཀྱི་དབྱིངས་སུ་བཟློག།

壇皆卻己音素斗
一切回遮於法界

ཨོཾ་ཨཱཿ་ཧཱུྃ་བཛྲ་གུ་རུ་པདྨ་སིདྡྷི་ཧཱུྃ།།

嗡阿吽班匝咕如貝瑪思帝吽

ཁྱབས་ཀུན་འདུས་ཞལ་ཨོ་རྒྱན་རྗེ།།

架衰度協歐根節
皈境總集烏金尊

སྙིང་ནས་དྲན་པས་གསོལ་འདེབས་ན།།

寧內臣貝梭德納
衷心憶念誠祈請

མཁྱེན་བརྩེ་ཡེ་ཤེས་ཀློང་ཡངས་ནས།།

肯則耶謝隆央內
自廣悲智本智界

བྱིན་རླབས་དངོས་གྲུབ་ཆར་ཆེན་འབེབས།།

琴拉沃竹恰千北
加持悉地大雨霖

འབྱུང་བཞི་འཁྲུགས་པ་ཕྱི་ཡི་དགྲ།

炯息出巴企以札
四大騷亂乃外敵

ལུས་ཀྱི་ན་ཚ་ནང་གི་བགེགས།།

呂己那擦囊己給
身之疾病乃內障

�སེམས་ཀྱི་བར་ཆད་གསང་བའི་གདོན།།

森己帕切桑為敦
心之障礙乃祕魔

ཐམས་ཅད་ཆོས་ཀྱི་དབྱིངས་སུ་བཟློག།

壇皆卻己音素斗
一切回遮於法界

ཨོཾ་ཨཱཿ྄་ཧཱུྃ་བཛྲ་གུ་རུ་པདྨ་སིདྡྷི་ཧཱུྃ།།

嗡阿吽班匝咕如貝瑪思帝吽

ཕྱི་སྣོད་འཛིག་རྟེན་དཔལ་འབྱོར་རྒྱས།།

企諾己登班久給
外器世間財祿增

ནང་བཅུད་འགྲོ་ཀུན་ཆོས་བཞིན་སྤྱོད།།

囊句周袞卻辛決
內情眾生如法行

བསྟན་འཛིན་ཞབས་བརྟན་བསྟན་པ་དར།།

丹增俠登登巴塔
持教壽固聖教興

屯尼竹北札西秀

成辦二利吉祥展

為利自他之故，持明戒行者欽哲旺波隨心祈請。願成善！

---

1. 指勝者密意傳承、持明表示傳承，以及補特伽羅耳傳。

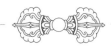

༄༅། །བར་ཆད་ལམ་སེལ་ཤིན་ཏུ་བསྡུས་པ་བཞུགས་སོ།
極略淨除道障祈請文

多欽哲耶謝多傑　著

ཨོཾ་ཨཱཿ་ཧཱུྃ། ཆོས་སྐུ་སྣང་མཐའ་ལོངས་སྐུ་སྤྱན་རས་གཟིགས།།

嗡阿吽！卻固囊塔隆固間慈思

嗡阿吽！法身彌陀報身觀世音

སྤྲུལ་སྐུ་པདྨ་འབྱུང་གནས་དྲག་པོ་རྩལ།།

珠固貝瑪炯內查波則

化身蓮花生尊威猛力

གསོལ་བ་འདེབས་སོ་ཐུགས་རྗེའི་ཤུགས་ཕྱུང་ལ།།

梭瓦德搜圖界旭穹拉

至誠祈請顯現大悲力

ཕྱི་ནང་གསང་བའི་བར་ཆད་དབྱིངས་སུ་སོལ།།

企囊桑威帕切音素梭

遣除外內密障於空界

དུས་ངན་སྙིགས་མའི་འགྲོ་བ་ཕྱུག་བཙལ་ཆེ།།

圖恩尼美周瓦堵俄側

惡時濁世眾生痛苦時

ཁྱེད་ལས་རེ་ས་མེད་དོ་སྙིང་ཁོང་ནས།།

克雷惹薩美斗寧空內

除您無它希冀誠摯中

མོས་གུས་གདུང་བས་ལྷང་ལྷང་གསོལ་བ་འདེབས།།

莫古冬為航航梭瓦德

虔敬感動直白誠祈請

དགལ་རྐྱེན་ཕྱི་ནང་གསང་བའི་བར་ཆད་བཟློག།

給根企囊桑為帕切斗

回遮違緣外內密障礙

ཚེ་བསོད་སྐྱེལ་ལ་རླུང་རྟ་དར་རྒྱས་ཤོག།

側雖杯拉隆大塔給秀

願增福壽運勢廣開展

ཅེས་པ་འང་གཏེར་མིན་འཛིན་པ་འཇའ་ལུས་རྡོ་རྗེས་སོ།། །།

持伏藏師名之嘉呂多傑著。

༄༅། །གུ་རུའི་གསོལ་འདེབས་བཞུགས།
蓮師祈願文

第一世多竹千　著

ཨོ་རྒྱན་རིན་པོ་ཆེ་ལ་གསོལ་བ་འདེབས།།

歐根仁波切拉梭瓦德
至誠祈請烏金仁波切

འགལ་རྐྱེན་བར་ཆད་མི་འབྱུང་ཞིང་།།

給根帕切米炯辛
違緣障礙皆不起

མཐུན་རྐྱེན་བསམ་པ་འགྲུབ་པ་དང་།།

屯根散巴竹巴堂
順緣心願皆成辦

མཆོག་དང་ཐུན་མོང་དངོས་གྲུབ་སྩོལ།།

秋堂屯孟沃竹最
賜予勝共諸悉地

ཅེས་པ་འདི་ནི་གྲུབ་ཆེན་རིན་པོ་ཆེ་འཇིགས་མེད་ཕྲིན་ལས་འོད་ཟེར་མཁའ་སྤྱོད་དཔལ་གྱི་ཞ་རེ་ཏུར་ཕེབས་ཙ་ན་
རྐབས་སྐྱོབ་དཔོན་རིན་པོ་ཆེ་ཞལ་གཟིགས་པའི་དུས་པོ་ཧྱུང་དུ་གསུངས་པའི་གསོལ་འདེབས་ཉིན་རླབས་ཙན་
ནོ། མངྒལཾ།། ॥

此文乃竹千仁波切吉美稱列偉瑟前去空行剎土威德札日乍時，
於親見蓮師之際，倏爾道出之祈請文，具加持力。芒嘎朗。

༄༅། །ཨོ་རྒྱན་རིན་པོ་ཆེའི་ཞལ་ཆེམས་གསོལ་འདེབས།
烏金蓮師遺教祈請文

秋吉德千林巴　取藏

ཨེ་མ་ཧོ། ཆོས་སྐུ་ཀུན་བཟང་དྲུག་པ་རྡོ་རྗེ་འཆང་།།

埃瑪后！卻固袞桑出巴斗節強
甚希奇！普賢法身第六金剛持

སྟོན་པ་རྡོར་སེམས་བཅོམ་ལྡན་ཤཱཀྱའི་རྒྱལ།།

敦巴斗森炯登夏給給
師尊金剛薩埵釋迦王

མགོན་པོ་ཚེ་དཔག་མེད་དང་སྤྱན་རས་གཟིགས།།

袞波側巴美堂間惹斯
怙主阿彌陀佛及觀音

དབྱེར་མེད་པདྨ་དེ་ལ་གསོལ་བ་འདེབས།།

耶美貝瑪提拉梭瓦德
無有分別蓮師誠祈請

ཀྱེ་ཡི་བདག་ཉིད་འཇམ་དཔལ་གཤིན་རྗེའི་གཤེད།།

固以達尼蔣貝辛界謝
聖身體性文殊閻魔敵

གསུང་གི་བདག་ཉིད་དབང་ཆེན་རྟ་སྐད་མཆོར།།

松己達尼汪千大給側
聖語體性大力馬嘶鳴 [1]

ཐུགས་ཀྱི་བདག་ཉིད་ཡང་དག་ཧེ་རུ་ཀ།

圖己達尼央達嘿如嘎
聖意體性真實嘿如嘎

གུ་རུ་ཡིད་བཞིན་ནོར་བུ་ལ་གསོལ་བ་འདེབས།།

咕如以辛諾布拉梭瓦德
至誠祈請蓮師如意寶尊

ཡོན་ཏན་ཆེ་བལ་གནོན་ཆེ་མཆོག་ཧེ་རུ་ཀ།

元登斯農千秋嘿如嘎
功德威震大勝嘿如嘎

ཕྲིན་ལས་བདག་ཉིད་རྡོ་རྗེ་གཞོན་ནུའི་སྐུ།

稱雷達尼斗節玄努固
事業本體金剛童子尊

ཨ་མོ་མཁའ་འགྲོའི་གཙོ་བོ་མངོན་རྫོགས་རྒྱལ།།

瑪莫康卓奏歐溫走給

媽嬤空行之首現圓王

དཔལ་ཆེན་ཐོད་ཕྲེང་རྩལ་ལ་གསོལ་བ་འདེབས།།

巴千妥稱則拉梭瓦德

祈請大威聖尊顯鬘力

སྐུ་ཡི་དབྱིངས་སུ་སྐུ་འཕུལ་ཞི་ཁྲོའི་དང་།།

固以音素谷出息抽昂

聖身界中寂忿之幻化

གསུང་གི་གདངས་སྐད་ཡན་ལག་བཅུ་གཉིས་ཕྱིན།།

松己當給言拉句尼登

聖語音聲具十二部經

ཐུགས་ཀྱི་དགོངས་པ་ཟང་ཐལ་ཡོངས་ལ་ཁྱབ།།

圖己恭巴桑特永拉恰

聖意密意通徹遍一切

མཁའ་འགྲོ་གཙོ་བོ་རྗེ་ལ་གསོལ་བ་འདེབས།།

康周奏歐傑拉梭瓦德

至誠祈請空行之主尊

ཀྲུ་ཚབ་ལུང་བསྟན་གསུང་ཚབ་གཏེར་དུ་སྦས།།

固擦隆登松擦德圖北
授記補處聖語埋伏藏

ཕྱགས་ཀྱི་དགོངས་པ་ལས་ཅན་ཐུ་ལ་གཏད།།

圖己恭巴雷間普拉德
心向具業弟子而垂念

བརྩེ་བའི་ཞལ་ཆེམས་བོད་འབངས་ཡོངས་ལ་བཞག།

則為協千培邦永拉俠
慈愛遺教留予全藏民

དྲིན་ཆེན་སྤྲུལ་པའི་སྐུ་ལ་གསོལ་བ་འདེབས།།

真千珠貝固拉梭瓦德
至誠祈請大恩幻化身

བཀའ་དྲིན་དྲན་ནོ་གུ་རུ་རིན་པོ་ཆེ།།

嘎真臣諾咕如仁波切
念您恩德蓮花生大士

ཕྱགས་དམ་ཞལ་བཞེས་དགོངས་པས་བཟུང་དུ་གསོལ།།

圖單協謝貢貝松圖梭
祈您垂念意持諸誓諾

圖恩狄拉惹對賢瑪企
於此惡時別無希託處

圖界斯細歐根珠貝固
烏金幻身祈您悲眷顧

圖則女貝圖恩又出斗
以威神力遮亂世動盪

琴拉耶謝汪千固圖梭
祈賜加持本智大灌頂

釀堂斗貝則旭給巴堂
令我覺受證悟力開展

登周朋北圖則惹登金
極具利益教法眾生力

ཚེ་གཅིག་སངས་རྒྱས་འགྲུབ་པར་མཛད་དུ་གསོལ།།

側計桑給竹巴則圖梭
一生當中即身而成佛

སྤྲུལ་པའི་གཏེར་ཆེན་མཆོག་གྱུར་གླིང་པས་ཀརྨའི་དམ་ཅན་བྲག་ནས་སྤྱན་དྲངས་པའི་ཨོ་རྒྱན་རིན་པོ་ཆེའི་རྣམ་
ཐར་ལས་བྱུང་བའི་ཞལ་ཆེམས་གསོལ་འདེབས་བྱིན་རླབས་ཅན་ནོ།། །།

此具加持力之遺教祈請文，係出自幻化大伏藏師秋吉林巴從
噶瑪具誓嚴迎請而出的烏金蓮師傳記。

---

1. 指馬頭明王。

༄༅། །སྐུ་གསུམ་གསོལ་འདེབས་བཞུགས།
三身祈請文

多傑德千林巴 著

གུ་ན་པདྨ་སིདྡྷི་ཧཱུྃ།།

咕如貝瑪思帝吽

ཀ་དག་གདོད་ནས་མཉམ་གྲོལ་ཀློང་།།

嘎達對內釀卓隆
本淨本來等解界

རྩལ་སྣང་ལྷུན་གྲུབ་འགགས་མེད་ཤར།།

則囊倫竹嘎美夏
力顯任成不滅升

གང་འདུལ་རིས་མེད་ཐུགས་རྗེ་ཅན།།

康度日美圖界切
應機大悲無偏私

སྐུ་གསུམ་རིགས་འདུས་གུ་ན་མཁྱེན།།

固松日度咕如肯
三身部集蓮師知

བདག་སོགས་སེམས་ཅན་མ་ལུས་ཀུན།།

達搜森間瑪呂袞

我等無餘諸有情

ཁྱེད་ལས་རེ་ཤོས་གཞན་ན་མེད།།

克雷蔥對賢納美

除您無其他寄託

ལྔ་བདོའི་རྒུད་པའི་སྡུག་བསྔལ་དང་།།

阿朵古北堵俄堂

五濁衰敗之痛苦

བག་ཆགས་སོལ་ལ་བྱིན་གྱིས་རློབས།།

帕恰梭拉琴己樓

去除習氣賜加持

འབད་མེད་སྟན་ཐོག་འདི་ཉིད་དུ།།

貝美登透迪尼圖

無勤於此修座中

ཀུན་བཟང་པདྨ་འབྱུང་གནས་ཀྱིས།།

袞桑貝瑪炯內己

普賢蓮花生大士

圖松折美節松內
三世不離攝受後

དགོངས་ཀློང་ཆེན་པོར་རོ་གཅིག་ཤོག།

恭隆千波柔計秀
於大廣意成一味

ཅེས་པའང་ཐེག་ཆེན་རིགས་ཅན་པདྨ་བསྟན་འཛིན་དོར་རྗེ་བདེ་ཆེན་སྐྱིང་པས་བྲིས།། །།

此乃多傑德千林巴應大乘種姓者貝瑪丹增之請而寫。

༄༅། །རྩ་གསུམ་ཀུན་འདུས་ཨོ་རྒྱན་རྗེ་ལ་གསོལ་བ་འདེབས་པ་བཞུགས།

三根本總集蓮師祈請文

多傑德千林巴 著

ཨེ་མ་ཧོ། རང་སྣང་ཟངས་མདོག་དཔལ་རིའི་གྲོང་།།

埃瑪后！攘囊桑斗巴日充
甚希奇！自相銅色祥山城

རང་རིག་པདྨ་རྒྱལ་པོ་བཞུགས།།

攘日貝瑪給波許
安住本覺蓮花王

ཚོགས་བརྒྱད་དག་པའི་རིག་འཛིན་བརྒྱད།།

湊給塔北仁增給
八識淨為八持明

སྟོན་འཁོར་དབྱེར་མེད་གསོལ་བ་འདེབས།།

敦扣耶美梭瓦德
主眷無別誠祈請

༄༅། །འཁྲུལ་སྣང་དབང་བཙན་རྒྱུ་ལྔའི་འགྲོ།

出囊汪增局俄周
猛力妄相五因眾

དོན་དམ་རང་ངོ་ཤེས་པ་དང་། །

屯坦攘偶現巴堂
了知勝義自面目

སྐུ་ལྔའི་ཀློང་དུ་གྲོལ་བའི་ཕྱིར། །

固額隆圖垂為企
為解脫於五身界

རྗེས་སུ་ཟུངས་ཤིག་གུ་ན་མཛིན། །

結素松細咕如肯
祈請蓮師攝受知

ཨོཾ་ཨཱཿ་ཧཱུྃ་བཛྲ་གུ་ན་པདྨ་སིདྡྷི་ཧཱུྃ། །

嗡阿吽班匝咕如貝瑪思帝吽

ཞེས་པའང་ལས་སྨོན་དག་པ་པདྨ་ཆོས་འཕེལ་བཟང་པོའི་ཀྱི་ངོར་རྡོ་རྗེ་བདེ་ཆེན་གླིང་པས་བྲིས། །

此乃多傑德千林巴應業願清淨之貝瑪群培桑波之請而寫。

༄༅། །གསོལ་འདེབས་བསྡུས་པ་བཞུགས།
簡略祈請文

多傑德千林巴　著

ཨོཾ་ཨཱཿ་ཧཱུྃ༔ ཀུན་བཟང་སྣང་མཐའ་པདྨ་འབྱུང་།།

嗡阿吽。袞桑囊塔貝瑪炯
嗡阿吽。普賢彌陀蓮花生

བརྒྱུད་གསུམ་རིག་འཛིན་བླ་མའི་ཚོགས།།

古松仁增拉美湊
三傳持明上師眾

ཡི་དམ་ཞི་ཁྲོ་ཆོས་སྐྱོང་ལ།།

以單息抽卻炯拉
寂忿本尊及護法

གསོལ་བ་འདེབས་སོ་བྱིན་གྱིས་རློབས།།

梭瓦德搜琴己樓
至誠祈請賜加持

བདག་གི་ཐ་མལ་སྣང་བ་ཀུན།།

達己塔美囊瓦衰
吾之一切凡庸相

དག་པ་རབ་འབྱམས་ཡེ་ཤེས་ཀྱི།།

塔巴冉江耶謝己
盡皆恆常顯現為

འཁོར་ལོར་ཏུག་ཏུ་འཆར་བ་དང་།།

扣樓達圖恰瓦堂
無限清淨智慧輪

འགྲོ་རྣམས་མ་ལུས་བདེ་ཆེན་གྱི།།

周南瑪呂德千己
普願無餘諸群生

ས་ལ་མྱུར་དུ་བྱང་ཆུབ་ཤོག།

薩拉紐圖強去秀
迅速登地證菩提

ཞེས་པའང་འཇིགས་མེད་མགས་བཅུན་བཟང་པོའི་ངོར་སྦྱང་བན་རྡོ་རྗེ་བདེ་ཆེན་གླིང་པས་བྲིས།། །།

此乃乞僧多傑德千林巴應吉美克尊桑波之請而寫。

༄༅། །སློབ་དཔོན་ཆེན་པོ་པདྨ་འབྱུང་གནས་ལ་གསོལ་བ་ འདེབས་པ་བྱིན་རླབས་སྤྲིན་ཕུང་བཞུགས།

蓮花生大阿闍黎祈請文：加持雲團

第五世達賴喇嘛 著

ནུབ་ཕྱོགས་བདེ་བ་ཅན་ན་འོད་དཔག་མེད།།

努秋德瓦間那偉巴美

西方極樂世界阿彌陀

གྲུ་འཛིན་སྒྲོ་ན་འཕགས་མཆོག་འཇིག་རྟེན་དབང་།།

充增波那帕秋己登旺

普陀山中世間自在尊 [1]

སེངྒེ་རྒྱ་མཚོར་མཚོ་སྐྱེས་རྡོ་རྗེའི་དཔལ།།

森度佳湊湊給斗節巴

辛度海中海生金剛尊

ཨོ་རྒྱན་ཡུལ་དུ་རྒྱལ་པོ་བོར་ཚོག་ཅན།།

歐根於圖給波透就間

烏金國中具髮髻國王

གསོལ་བ་འདེབས་སོ་སྒྲུབ་སྐུ་པདྨ་འབྱུང་།།

梭瓦德搜珠固貝瑪炯

至誠祈請化身蓮花生

བྱིན་གྱིས་རློབས་ཤིག་འཆི་མེད་རིག་འཛིན་རྗེ།།

琴己樓細企美仁增節

祈請無死持明尊加持

ཐུགས་རྗེས་གཟིགས་ཤིག་གངས་ཅན་ལྷ་གཅིག་པུ།།

圖界斯細康間哈計布

雪域唯一天尊悲眷顧

འདི་ཕྱིའི་བསམ་དོན་འགྲུབ་པར་བྱིན་གྱིས་རློབས།།

狄企散屯竹巴琴己樓

加持此生來世心願成

སྒྱུར་སྒྲོལ་སྒྲུབ་པས་གཅུ་རྨི་ད།།

久卓決貝香達拉希達

修行合度香達拉希達

ལྷ་སྲིན་བྲན་འཁོལ་རྡོ་རྗེ་དྲག་པོ་རྩལ།།

哈森臣擴斗節查波則

天羅納僕金剛顧鬘力

ཞི་ཁྲོ་ཀུན་གཟིགས་ཤཱཀྱ་སེང་གེའི་ཞབས།།

息抽袞斯夏佳森給俠
見諸寂忿釋迦獅子尊

ཤེས་བྱ་ཀུན་མཁྱེན་བློ་ལྡན་མཆོག་སྲིད་དཔལ།།

謝恰袞肯樓登秋斯巴
曉諸所知愛慧上師尊

གསོལ་བ་འདེབས་སོ་སྤྲུལ་སྐུ་པདྨ་འབྱུང་།།

梭瓦德搜珠固貝瑪炯
至誠祈請化身蓮花生

བྱིན་གྱིས་རློབས་ཤིག་འཆི་མེད་རིག་འཛིན་རྗེ།།

琴己樓細企美仁增節
祈請無死持明尊加持

ཕྱགས་རྗེས་གཟིགས་ཤིག་གངས་ཅན་ལྷ་གཅིག་པོ།།

圖界斯細康間哈計布
雪域唯一天尊悲眷顧

འདི་ཕྱིའི་བསམ་དོན་འགྲུབ་པར་བྱིན་གྱིས་རློབས།།

狄企散屯竹巴琴己樓
加持此生來世心願成

འཆི་མེད་སྐུ་བརྙེས་ཚེ་དབང་རིག་འཛིན་རྩལ།།

企美固涅側旺仁增則
證無死身壽自在持明

ཟ་ཧོར་ཡུལ་དུ་པདྨ་སམ་བྷ་བ།།

薩后於圖貝瑪桑巴瓦
薩霍國中貝瑪桑巴瓦

མེ་ཕུང་མཚོ་རུ་བསྒྱུར་བའི་པདྨ་རྒྱལ།།

美朋湊如久為貝瑪給
火團轉為湖水蓮花王

མུ་སྟེགས་འདུལ་མཛད་སེང་གེ་སྒྲ་སྒྲོག་པ།།

木嗲堵則森給札周巴
調伏外道獅吼聲響尊

གསོལ་བ་འདེབས་སོ་སྤྲུལ་སྐུ་པདྨ་འབྱུང་།།

梭瓦德搜珠固貝瑪炯
至誠祈請化身蓮花生

ཕྲིན་གྱིས་རློབས་ཤིག་འཆི་མེད་རིག་འཛིན་རྗེ།།

琴己樓細企美仁增節
祈請無死持明尊加持

ཕྱུགས་རྫེས་གཞིགས་ཤིག་གངས་ཅན་ལྷ་གཅིག་པོ།།

圖界斯細康間哈計布

雪域唯一天尊悲眷顧

འདི་ཕྱིའི་བསམ་དོན་འགྲུབ་པར་བྱིན་གྱིས་རློབས།།

狄企散屯竹巴琴己樓

加持此生來世心願成

དངོས་གྲུབ་མཆོག་བརྙེས་རྡོ་རྗེ་གཟོད་འཕྲེང་རྩལ།།

沃竹秋涅斗節妥稱則

獲勝悉地金剛顯鬘力

ཁྲི་སྲོང་བཞེད་པ་ཡོངས་སྐོང་པདྨ་འབྱུང་།།

赤松協巴永恭貝瑪炯

滿足赤松心願蓮花生

བདུད་དང་དམ་སྲི་འདུལ་མཛད་གྲོ་བོ་ལོད།།

堵堂坦斯堵則抽歐略

降伏鬼魔多傑綽洛尊

ཟངས་མདོག་དཔལ་རིར་ཀརྨ་དྲག་པོ་རྩལ།།

桑斗巴日嘎瑪查波則

銅色祥山噶瑪威猛力

གསོལ་བ་འདེབས་སོ་སྒྲུབ་སྐུ་པདྨ་འབྱུང་།།

梭瓦德搜珠固貝瑪炯

至誠祈請化身蓮花生

བྱིན་གྱིས་རློབས་ཤིག་འཆི་མེད་རིག་འཛིན་རྗེ།།

琴己樓細企美仁增節

祈請無死持明尊加持

ཐུགས་རྗེས་གཟིགས་ཤིག་གངས་ཅན་ལྷ་གཅིག་པོ།།

圖界斯細康間哈計布

雪域唯一天尊悲眷顧

འདི་ཕྱིའི་བསམ་དོན་འགྲུབ་པར་བྱིན་གྱིས་རློབས།།

狄企散屯竹巴琴己樓

加持此生來世心願成

མགོན་ཁྱོད་འགྲོ་བ་ཀུན་གྱི་སྐྱབས་གྱུར་ཀྱང་།།

袞奎周瓦袞己架久將

怙主您乃眾生之救怙

བོད་ཡུལ་བསྟན་པ་ཉི་འོད་ལྟར་གསལ།།

培於登巴尼偉達布瑟

復令藏地教法日光燦

རི་བྲག་མཚོ་སོགས་གནས་ཀུན་བྱིན་གྱིས་རློབས། །

日查湊搜內衰琴己拉
加持山巖湖等諸聖地

ཐབ་གཏེར་གྲངས་མེད་རྒྱས་བཏབ་བཀའ་དྲིན་ཅན། །

薩德常美給達嘎真間
封印無數深藏大恩德

གསོལ་བ་འདེབས་སོ་སྤྲུལ་སྐུ་པདྨ་འབྱུང་། །

梭瓦德搜珠固貝瑪炯
至誠祈請化身蓮花生

བྱིན་གྱིས་རློབས་ཤིག་འཆི་མེད་རིག་འཛིན་རྗེ། །

琴己樓細企美仁增節
祈請無死持明尊加持

ཕྱགས་རྗེས་གཅིགས་ཤིག་གངས་ཅན་ལྷ་གཅིག་པ། །

圖界斯細康間哈計布
雪域唯一天尊悲眷顧

འདི་ཕྱིའི་བསམ་དོན་འགྲུབ་པར་བྱིན་གྱིས་རློབས། །

狄企散屯竹巴琴己樓
加持此生來世心願成

འཕྲིན་ལས་གཞུང་བསྒྲངས་མཆོད་བསྟོད་གསོལ་འདེབས་པ།།

稱雷雄桑卻對梭德巴
事業修持供贊祈請等

མི་ཕྱེད་གུས་པས་ཐུགས་དམ་རྒྱུད་བསྐུལ་ན།།

米切庫北圖單局古納
倘若至誠恭敬喚心意

དུས་ཀྱི་རྒྱལ་པོ་ཚེས་བཅུ་ནས་ཤར་ལ།།

圖己給波側句南夏拉
節日之王初十日出時

འབྱོན་པར་ཞལ་གྱིས་བཞེས་པའི་རྡོ་རྗེའི་གསུང་།།

捐巴協己謝北斗節松
您金剛語承諾將前來

བསླུ་མེད་བདེན་པའི་འབྲས་བུ་ཡོལ་མེད་དུ།།

路美登北折布月美圖
無欺諦實之果無延遲

ལེགས་པར་སྩོལ་ཅིག་ཨོ་རྒྱན་སྤྲུལ་པའི་སྐུ།།

雷巴作計歐根珠貝固
烏金幻身祈您善予之

རེ་བ་སྐོང་ཞིང་བསམ་འཕེལ་དབང་གི་རྒྱལ།།

薏瓦恭細散培汪己給

滿足增進希願自在王

གསོལ་བཏབ་འབྲས་བུ་སྩོལ་ཞིག་པདྨ་འབྱུང་།།

梭達折布作計貝瑪炯

祈賜祈願之果蓮花生

སྙིང་ནས་གདུང་ཤུགས་དྲག་པོའི་དད་པ་དང་།།

寧內冬旭查波特巴堂

若具由衷強烈感動信

དག་ནས་ལྷང་ལྷང་དབྱངས་ཀྱིས་གསོལ་འདེབས་ན།།

阿內杭杭央己梭德納

口出清晰聲調而祈請

ཟངས་མདོག་དཔལ་གྱི་རི་ནས་པདྨ་འབྱུང་།།

桑斗巴己日內貝瑪炯

蓮花生從銅色吉祥山

དཔའ་བོ་མཁའ་འགྲོའི་ཚོགས་བཅས་འདིར་གཤེགས་ལ།།

巴歐康卓湊界狄謝拉

偕眾勇父空行來此地

གསལ་གསལ་སྐུ་ཡི་སྣང་བ་མིག་ལ་སྟོན།།

瑟瑟固以囊瓦米拉敦
清楚示現聖身於肉眼

སྙན་སྙན་གསུང་གི་ཆོས་སྐྲ་རྣ་བར་སྒྲོགས།།

年年松己卻札納瓦周
悅耳聖語法音響耳際

ཏྲོད་ཏྲོད་ཐུགས་ཀྱི་བྱིན་རླབས་སྙིང་ལ་སྟིམས།།

略略圖己琴拉寧拉丁
鬆坦聖意加持融心扉

བྱིན་ཆེན་དབབ་ལ་དབང་བཞི་བསྐུར་དུ་གསོལ།།

琴千剖拉汪息固圖梭
授大加持祈賜四灌頂

སྔོན་ལས་ལྷ་སྲིན་འཁྲུགས་པའི་འཕྲལ་རྐྱེན་གྱིས།།

溫雷哈森出北車根己
宿業以及天羅動亂緣

མི་ཕྱུགས་ནད་རིམས་སད་སེར་དབུལ་ཞིང་འཕོངས།།

米趣內仁瑟瑟於辛朋
人畜疾疫霜雹貧窮困

ཕྱོགས་བཞིའི་དམག་འཁྲུག་མཚོན་ཆའི་བསྐལ་པ་སོགས།།

秋息瑪出村切給巴搜
四方戰亂刀兵劫難等

མ་ལུས་ཞི་ཞིང་བརྟག་པར་བྱིན་གྱིས་བརློབས།།

瑪呂息辛斗巴琴己樓
祈您加持無餘皆息遮

ཆར་ཆུ་དུས་འབབ་ལོ་ཕྱུགས་ཏག་ཏུ་ལེགས།།

恰去圖巴樓去達度雷
風調雨順農牧恆興旺

ཚེ་རིང་ནད་མེད་ལུས་ངག་ཡིད་གསུམ་བདེ།།

側仁內美旅阿怡松德
長壽無病身口意安舒

མཐའ་བཞིའི་འཕྲིར་པའི་ལས་སྣ་རྣམ་པར་ཕྱེ།།

塔息久貝雷勾南巴切
大開通往四際事業門

རྟོགས་ལྡན་དགའ་སྟོན་རྒྱས་པར་བྱིན་གྱིས་རློབས།།

走登嘎敦給巴琴己樓
祈您加持圓滿歡宴增

བོད་འབངས་ནས་ཡང་ཡལ་བར་མི་འདོར་ཞེས།།

培邦南央耶瓦米斗協

所謂絕不捨棄西藏民

མཆ་བདག་ཡབ་སྲས་འབངས་ལ་ཞལ་འཆེས་པའི།།

阿達亞瑟幫拉協切貝

乃您向王王子臣民說

འགྱུར་མེད་རྡོ་རྗེའི་གསུང་གི་དོན་གྱི་འབྲས།།

久美斗節松己屯己折

不變金剛語義之果實

མཛོམ་ཁྲུམ་ཚུལ་བའི་དགའ་སྟོན་དུས་ལ་བབས།།

溫松作為嘎敦圖拉帕

現正是您實賜歡宴時

མདོར་ན་དེང་ནས་ཅྱེན་གྲུབ་ཀྱིན་ཏུ་བཟུང་།།

斗納亭內倫竹袞度桑

總之從今直至我獲得

མ་ཐོབ་དེ་སྲིད་མགོན་པོ་ཁྱོད་ཉིད་ཀྱིས།།

瑪透提斯哀波奎尼己

任運普賢之前怙主您

ཐྲེས་སུ་བཟུང་ནས་མཆོག་དང་ཐུན་མོང་གི །

節素松內秋堂屯孟己
攝受我後以殊勝共同

དངོས་གྲུབ་བདུད་རྩིའི་བཅུད་ཀྱིས་ཚིམས་པར་མཛོད།།

沃竹堵自具己層巴最
悉地甘露精華令滿足

ཅེས་སློབ་དཔོན་ཆེན་པོ་པདྨ་འབྱུང་གནས་ལ་གསོལ་བ་འདེབས་པ་བྱིན་རླབས་སྤྲིན་ཕུང་ཞེས་བྱ་བ་འདི་ནི་འཕྲུལ་
སྣང་ཚེས་བཅུ་པ་རྣམས་ཀྱི་ཉམས་ལེན་ལ་ཕན་པའི་ཆེད་དུ་བྱང་སྲིང་བསམ་གྲུབ་རྒྱལ་པོས་བསྐུལ་བའི་ངོར་ཛ་
ཧོར་གྱི་བཙུན་སྨྱར་པའི་ཡི་གེ་པ་ནི་འཇམ་དཔལ་ལོ།། །།

此〈蓮花生大阿闍黎祈請文：加持雲團〉乃是為了對神幻初
十之實修有所裨益，由薩霍沙門應強林桑竹給波之請而造，
蔣貝付諸文字。

---

1. 世間自在為觀世音的稱號之一。

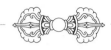

༄༅། །གསོལ་འདེབས་དངོས་གྲུབ་ཀུན་འབྱུང་བཞུགས།
祈請文：一切悉地之源

米旁仁波切　著

སྤྲུལ་པའི་གུ་རུ་མཚན་བརྒྱད་དང་༎

珠貝咕如餐給堂
幻化蓮師之八相

གྲུབ་པའི་རིག་འཛིན་ཆེན་པོ་བརྒྱད༎

竹北仁增千波給
八大成就持明者

བྱང་སེམས་ཉེ་བའི་སྲས་བརྒྱད་དང་༎

強森涅為森節堂
八大菩提薩埵眾

སྒྲུབ་ཆེན་བཀའ་བརྒྱད་ལྷ་ཚོགས་ལ༎

竹千嘎給哈湊拉
八大法行聖尊眾

གསོལ་བ་འདེབས་སོ་བྱིན་གྱིས་རློབས།།

梭瓦德搜琴己樓
至誠祈請賜加持

ཕྱི་ནང་གསང་བའི་བར་ཆད་སོལ།།

企囊桑為帕切梭
遣除外內密障礙

བསམ་པ་ཡིད་བཞིན་འགྲུབ་པ་དང་།།

散巴以辛竹巴堂
心願皆如意實現

མཆོག་དང་ཐུན་མོང་དངོས་གྲུབ་སྩོལ།།

秋堂屯孟沃竹則
祈賜勝共之悉地

གསེར་འབྱུང་མེ་བྱ་སྨིན་ཟླའི་དམར་ཕྱོགས་དགའ་བ་དང་པོའི་ཉི་ཤར་ལ་འཇམ་དཔལ་རྡོ་རྗེའི་ཡིད་མཚོ་ལས་བཏོལ་བའོ།། །།

此乃於陰火雞年熟月下旬初喜日之日出時分，自蔣貝多傑意海湧出。

༄༅། །མ་ཧཱ་གུ་རུ་གསོལ་འདེབས།
摩訶上師祈請文 [1]

貝瑪林巴 取藏

> ན་མོ་གུ་རུ།།

南無咕如（皈敬上師）

> སློབ་དཔོན་ཆེན་པོ་པདྨ་འབྱུང་གནས་ཪྩོ་ཪུབ་སྲིན་པོའི་ཡུལ་ཏུ་གཤེགས་པའི་ཏུས། མང་ཡུལ་གུང་ཐང་ལ་ཐོག་ཏུ་ཡེ་ཤེས་མཚོ་རྒྱལ་གྱིས་ཡུག་དང་བསྐོར་བ་བྱས། གུ་རུའི་ཞབས་སྤྱི་བོར་བླངས་ནས་ཪློན་ལམ་འདི་ལྟར་བཏབ་པོ།

蓮花生大阿闍黎前去西南羅剎境時，耶喜措嘉於芒余貢塘隘
口高點向蓮師頂禮、轉繞，以頭頂戴蓮師之足後，如是發願道：

> མ་ཧཱ་གུ་རུའི་བྱིན་ཪླབས་ཀྱིས།།

瑪哈咕如琴拉己
摩訶上師加持力

> བདག་ཀུང་ཚེ་རབས་ཐམས་ཅད་ཏུ།།

達將側惹壇皆圖
願我生生世世中

345

ཞིང་ཁམས་དག་པའི་ཕོ་བྲང་དུ།།

欣堪塔北剖章圖
清淨剎土宮殿裡

བླ་མ་འབྲལ་མེད་བསྟེན་པར་ཤོག།

喇嘛折美登巴秀
依止上師不分離

མོས་གུས་རྟེམས་རྒྱུང་མེད་པ་ཡིས།།

莫古殿將美巴以
願我以不變虔敬

མཉེས་པའི་ཞབས་ཏོག་འགྲུབ་པ་དང་།།

涅北俠斗竹巴堂
成辦侍奉令師喜

དགོངས་པ་ཟབ་མོ་ཐུགས་ཀྱི་བཅུད།།

貢巴薩莫圖己具
願得深意心精華

བྱིན་རླབས་བདུད་རྩིའི་ལུང་ཐོབ་ཤོག།

琴拉堵自隆透秀
加持甘露之口傳

346

སྐུ་གསུང་ཐུགས་ཀྱི་བྱིན་རླབས་ཀྱིས།།

固松圖己琴拉己

願您身語意加持

ལུས་ངག་ཡིད་གསུམ་སྨིན་པ་དང་།།

旅阿以松明巴堂

成熟我之身語意

ཟབ་མོའི་བསྐྱེད་རྫོགས་རྣམ་གཉིས་ལ།།

薩莫給泰南尼拉

甚深生圓二法門

དབང་ཐོབ་སྒྲུབ་པ་བྱེད་པར་ཤོག།

汪透竹巴切巴秀

願得灌頂而修持

ལོག་ལྟོག་བདུད་ཀྱི་ཚོགས་རྣམས་དང་།།

樓斗堵己湊南堂

願平息邪見魔眾

ནད་གདོན་བར་ཆད་ཞི་བ་དང་།།

內敦帕切息瓦堂

及疾病妖魔障礙

འཁོར་དང་ལོངས་སྤྱོད་རྒྱས་པ་ཡིས།།

扣堂隆決給巴以
願增眷屬及受用

བསམ་པ་ཡིད་བཞིན་འགྲུབ་པར་ཤོག།

散巴以辛竹巴秀
心願皆如意實現

དུར་ཁྲོད་རི་ཁྲོད་གནས་ཁྲོད་སོགས།།

圖垂日垂康垂搜
山間雪地屍陀林

ཕུན་སུམ་ཚོགས་པའི་གནས་ཉིད་དུ།།

朋松湊北內尼圖
此等圓滿處所中

ཏིང་འཛིན་ཟབ་མོའི་དགོངས་བཅུད་ལ།།

丁增薩莫貢具拉
願於甚深三摩地

རྟག་ཏུ་སྒྲུབ་པ་བྱེད་པར་ཤོག།

達度竹巴切巴秀
密意精華恆修持

竹巴切北折布以
願以修持之成果

稱雷南息竹巴堂
成辦四種佛事業

哈森臣圖奎內將
天神羅剎納為僕

桑給登巴松瓦秀
守護佛陀之聖教

敦貝松北坦卻南
導師所說諸正法

最美局拉恰瓦秀
願得無劬生心中

མཁྱེན་པ་མཆོག་ལ་མངའ་བརྙེས་ནས།།

肯巴秋拉阿涅內
願得殊勝智慧後

རྟོགས་པ་མཆོག་དང་ལྡན་པར་ཤོག།

斗巴秋堂登巴秀
具足殊勝之證悟

བྱང་ཆུབ་སེམས་ཀྱི་རྟེན་འབྲེལ་གྱིས།།

強去森己登折己
願藉菩提心緣起

སྐྱེ་འགྲོ་མ་ལུས་དབང་བསྡུས་ནས།།

根周瑪呂汪度內
懷攝無餘群生後

ཐོགས་མེད་ཡིད་བཞིན་ནོར་བུའི་མཐུས།།

透美以辛諾布替
無著如意寶之力

འབྲེལ་ཚད་དོན་དང་ལྡན་པར་ཤོག།

折側屯堂登巴秀
凡所結緣皆具義

སངས་རྒྱས་བསྟན་པ་དར་བའི་མཐུས།།

桑給登巴塔為替
願以弘傳佛教力

བརྒྱུད་འཛིན་ཆོས་སྨྲན་རྒྱས་པ་དང་།།

古增卻敦給巴堂
執持傳承說法盛

འགྲོ་ཀུན་བདེ་ལ་འགོད་ནས་ཀྱང་།།

周衰德拉奎內將
願置諸眾於安樂

ཞིང་ཁམས་ཐམས་ཅད་དག་པར་ཤོག།

辛堪壇皆塔巴秀
清淨一切諸剎土

བདག་གི་ལུས་ངག་ཡིད་གསུམ་གྱིས།།

達己旅阿宜松己
願我身語意三門

གདུལ་བྱ་སོ་སོའི་རྣ་ཡུལ་དུ།།

堵恰搜梭樓於圖
於各弟子心識中

གང་ལ་གང་འདུལ་སྤྲུལ་པའི་སྐུ།

康拉康度珠貝固
應機調化而顯現

དཔག་ཏུ་མེད་པར་འབྱུང་བར་ཤོག

巴度美巴炯瓦秀
無量無邊幻化身

མདོར་ན་འཁོར་འདས་མ་ལུས་ཀུན།

斗納扣嗲瑪呂袞
總之輪涅無餘法

གུ་རུ་ཉིད་དང་དབྱེར་མེད་ཅིང་།

咕如尼堂耶美斤
與您蓮師無分別

སྐུ་གསུམ་འདུ་འབྲལ་མེད་པ་ཡི།

固松董折美巴以
願速得遍知佛果

རྣམ་མཁྱེན་སངས་རྒྱས་མྱུར་ཐོབ་ཤོག

南肯桑給紐透秀
三身不即亦不離

སེམས་ཅན་གསོལ་བ་འདེབས་པར་ཤོག །

森間梭瓦德巴秀

願諸有情誠祈請

བླ་མས་བྱིན་གྱིས་རློབས་པར་ཤོག །

拉美琴己樓巴秀

願上師尊賜加持

ཡི་དམ་དངོས་གྲུབ་སྩེར་བར་ཤོག །

以單沃竹得瓦秀

願諸本尊賜悉地

མཁའ་འགྲོས་ལུང་བསྟན་བྱེད་པར་ཤོག །

康卓隆登切巴秀

願空行眾賜授記

ཆོས་སྐྱོང་བར་ཆད་བསལ་བར་ཤོག །

卻炯帕切瑟瓦秀

願護法神除障礙

སངས་རྒྱས་བསྟན་པ་དར་ཞིང་རྒྱས་པར་ཤོག །

桑給登巴塔辛給巴秀

願佛聖教傳揚且興盛

353

སེམས་ཅན་ཐམས་ཅད་བདེ་ཞིང་སྐྱིད་པར་ཤོག།

森間壇皆得辛計巴秀
願諸有情安康且喜樂

ཉིན་དང་མཚན་དུ་ཆོས་ལ་སྤྱོད་པར་ཤོག།

寧堂餐圖卻拉決巴秀
願得日以繼夜修正法

རང་གཞན་དོན་གཉིས་ལྷུན་གྱིས་གྲུབ་པར་ཤོག།

攘賢屯尼倫己竹巴秀
願得任運成自他二利

རང་བཞིན་དག་པའི་དགེ་བ་འདིས།།

攘辛塔北給瓦迪
藉此本性清淨善

འཁོར་བ་ངན་སོང་དོང་སྤྲུག་ནས།།

扣瓦恩松同竹內
根除輪迴諸惡道

སྲིད་མཚོར་སླར་ཡང་མི་གནས་ཤིང་།།

思湊拉揚米內辛
不復住此輪迴海

強計固松溫久秀
願同現證佛三身

給瓦袞己桑千最
願諸勝佛大密庫

拉美秋己登巴迪
無上殊勝此教法

起達卡拉寧夏辛
有如太陽昇空中

給堪永拉塔給秀
於諸國境廣弘傳

達己給為匝瓦迪堂給為匝瓦賢達將給內。班登拉美圖貢永素
奏貝元登堂登巴久計

願生起我此善根，以及其它眾善根，得以具足完全圓滿具
德上師心意的功德！

> སངས་རྒྱས་ཀྱི་བསྟན་པ་རིན་པོ་ཆེ་དར་ཞིང་རྒྱས་པར་བྱེད་པའི་སྐྱེས་བུ་སྟོབས་ལྡན་དུ་གྱུར་ཅིག །

桑給己登巴仁波切塔辛給巴切貝給布斗登圖久計

願我成為廣弘佛陀聖教大珍寶的大力士夫！

> མཐེན་པ་དང་བརྩེ་བ་ནུས་པ་གསུམ་མཐར་ཕྱིན་ནས་ རྫོགས་པའི་སངས་རྒྱས་སུ་གྱུར་ཅིག །

肯巴堂則瓦女巴松塔欽內走貝桑給素久計

願我在究竟悲、智、力三者之後，成就圓滿正覺！

> འགྲོ་བ་རིགས་དྲུག་ན་གནས་པའི་སེམས་ཅན་ཐམས་ཅད་འཁོར་བ་ལྷུག་བསྒྲལ་གྱི་རྒྱ་མཚོ་ལས་བསྒྲལ་ཏེ་གྱུར་དུ་ མཆོག་པར་རྫོགས་པར་སངས་རྒྱས་པར་གྱུར་ཅིག །

周瓦日竹那內北森間壇皆扣瓦堵俄己嘉湊雷折得。紐圖溫巴
奏巴桑給巴久計

願我將六道當中的一切有情，從輪迴的苦海中度脫出來，
並且迅速現證圓滿正覺！

> བདག་འདྲ་པདྨ་སྐྱིང་ལས་རྩ་བྲག་སྤྲུན་མདོའི་བྲག་སེང་གེའི་གདོང་པ་ཅན་ནས་གདན་དྲངས་པའོ།། །།

如我貝瑪林巴，自洛札門朵之獅面岩中迎請而出。

---

1. 此祈願文一般以首句「瑪哈咕如琴拉己」（摩訶上師加持力）的「瑪哈咕如」稱其題名。
「瑪哈咕如」為梵語發音，其中的「瑪哈」意為大，中文亦有直接寫作「摩訶」而不作
意譯，故本文沿用此俗作「摩訶」。「咕如」一般在藏文中譯作「喇嘛」，而中文多將「喇
嘛」譯為上師。而蓮花生大士有眾多稱號，其中「咕如仁波切」（上師珍寶）為藏人在
一般對話當中提及蓮師時最常見的稱號。是故，在與蓮師有關的藏文文脈和藏語語境中，
「咕如」常專指蓮師，而非其他上師，所以「瑪哈咕如」若譯為大蓮師亦無違和之處。
此處譯者將此祈請文標題中的「咕如」直譯作上師，在書中其他處則多將「咕如」譯為
蓮師。

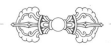

༄༅། །བླ་མ་ཨོ་རྒྱན་རིན་པོ་ཆེ་ལ་གསོལ་འདེབས་སྨོན་ལམ་ དུ་བྱ་བ་དངོས་གྲུབ་འདོད་འཇོའི་དགའ་སྟོན་བཞུགས།

上師烏金蓮師祈願文：如願成就歡宴

蔣揚欽哲旺波　著

སེམས་ཀྱི་རྡོ་རྗེ་གཞུག་མའི་ཡེ་ཤེས་དབྱིངས།།

森己斗節紐美耶謝因
心之金剛元始本智界

འདུ་འབྲལ་མ་དམིགས་པདྨ་ཐོད་ཕྲེང་དང་།།

堵折瑪密貝瑪妥稱堂
不即不離蓮花顱鬘尊

དབྱེར་མེད་ཁྱབ་བདག་དཔལ་ལྡན་བླ་མ་ལ།།

耶美恰達班登喇嘛拉
無別遍主具德上師尊

སྙིང་ནས་གསོལ་བ་འདེབས་སོ་བྱིན་གྱིས་རློབས།།

寧內梭瓦德搜琴己樓
衷心至誠祈請賜加持

གང་སྐུ་མཐོང་བས་ཐ་མལ་འཁྲུལ་སྣང་འགགས།།

康固通為塔美出囊嘎

見彼尊身則滅凡庸相

གསུང་གསང་ཐོས་པས་བདེ་ཆེན་ཡེ་ཤེས་སྐྱེད།།

松桑退貝德千耶謝給

聞彼祕語則生大樂智

དྲན་པ་ཡིས་ཀྱང་སྲིད་ཞིའི་འཇིགས་འཕྲོག་པའི། །

臣巴以將斯息己抽北

透過憶念則除有寂畏

ཕ་གཅིག་བླ་མ་འབོད་དོ་བརྩེ་བས་དགོངས།།

帕計喇嘛博斗則為貢

呼喊獨父上師慈垂念

བདག་དང་བདག་འདྲའི་མགོན་མེད་ཉམ་ཐག་འགྲོ།།

達堂但折哀美釀塔周

我與如我無怙可憐眾

ཕྱག་བསྒྱལ་འཁོར་བའི་རྒྱ་མཚོར་བྱིང་བ་ལ།།

堵俄扣為佳措琴瓦拉

沉淪痛苦輪迴大海中

མགོན་པོ་ཁྱོད་ལས་སྐྱབས་གཞན་མ་མཆིས་པས།།

哀波奎雷架賢瑪企北
除怙主您別無皈依處

རྣམ་དག་སྨོན་པའི་གནས་འདི་མྱུར་འགྲུབ་མཛོད།།

南達門北內迪紐竹最
祈請實現此純淨發願

གནས་སྐབས་ནད་གདོན་འབྱུང་པོའི་འཚེ་བ་སོགས།།

內嘎內敦炯波側瓦搜
暫時病妖鬼怪傷害等

དམ་ཆོས་སྒྲུབ་པའི་འགལ་རྐྱེན་ཀུན་ཞི་ཞིང་།།

坦卻竹北給波根哀息辛
修持正法違緣皆平息

ཚེ་བསོད་དཔལ་འབྱོར་ལུང་རྟོགས་ཡོན་ཏན་སོགས།།

側搜班究隆斗元登搜
福壽財富教證功德等

མཐུན་རྐྱེན་ལེགས་ཚོགས་རྒྱས་པར་མཛད་དུ་གསོལ།།

屯根雷湊給巴則圖梭
祈請增長順緣眾妙善

མཐར་ཕྱིན་ཟབ་འབྱུང་བྱང་སེམས་གཏིང་ནས་འབྱོངས།།

塔圖恩炯強森丁內炯

究竟深修出離菩提心

སྣང་གྲགས་རིག་གསུམ་ཧཱུྃ་སྒྲགས་ཆོས་སྐུར་ཤར།།

囊札日松哈阿卻固夏

相音覺三尊咒法身現 [1]

ཀ་དག་ལྷུན་གྲུབ་རྡོ་རྗེའི་གསེང་ལམ་ནས།།

嘎達倫珠斗節森藍內

本淨任運金剛祕捷道

མཆོག་གི་དངོས་གྲུབ་བརྙེས་པར་བྱིན་གྱིས་རློབས།།

秋己沃竹涅巴琴己樓

祈請加持得殊勝悉地

གལ་ཏེ་ཚེ་འདིར་གྲུབ་མཐའ་མ་སྐྱོགས་ན།།

克嗲側迪中塔瑪紐那

假使此生未能究竟修

འཆི་བ་འོད་གསལ་དོན་གྱི་པདྨ་འབྱུང་།།

企瓦偉瑟屯己貝瑪炯

臨終光明了義蓮花生

མངོན་སུམ་མཐོང་ནས་འབྲལ་མེད་བསྐྱང་བ་ཡིས།།

溫松通內折美將瓦以

現見之後不離而守護

རང་བཞིན་ཆོས་སྐུའི་དབྱིངས་སུ་གྲོལ་བར་ཤོག།

壞辛卻固音素垂瓦秀

願於自性法身界解脫

དེར་ཡང་གཉིས་འཛིན་འཁྲུལ་བའི་གཞན་དབང་གིས།།

提揚寧增出為賢汪己

二元執著迷妄他力故

སྲིད་པ་བར་དོའི་སྣང་བ་འཆར་སྲིད་ཚེ།།

斯巴帕朵囊瓦恰斯側

生有中陰顯相出現時

དྲིན་ཅན་བླ་མ་མཚོ་སྐྱེས་རྡོ་རྗེ་དང་།།

真間喇嘛湊給斗節堂

具恩上師海生金剛尊

དཔའ་བོ་མཁའ་འགྲོའི་ཚོགས་ཀྱིས་མདུན་བསུས་ཏེ།།

巴沃康卓湊己敦素得

以及勇父空行來接引

རོལ་མོའི་སྒྲ་དང་མེ་ཏོག་ཆར་འབེབས་བཞིན།།

若莫札堂美斗恰北辛
美妙樂聲降花雨之中

ཁྱུ་གཅིག་དཔལ་གྱི་རི་བོར་ཚུར་ཤོག་ཅེས།།

普計巴己日歐促秀界
親囑獨子當來吉祥山

མིང་ནས་ལུང་བསྟན་ས་ལ་སྤྱོད་པའི་ཞིང་།།

民內隆登薩拉決北辛
授記名稱登地所行剎

པདྨ་འོད་ཀྱི་གྲོང་དུ་འཁྲིད་པར་ཤོག།

貝瑪偉己充圖赤巴秀
願引我至蓮花光之城

དེར་ནི་རིག་འཛིན་ཌྰ་ཀིའི་ཚོགས་རྣམས་དང་།།

特尼仁增達各湊南堂
於彼復與持明空行眾

ཕུན་ཚོགས་ཐེག་མཆོག་ཆོས་ལ་རྟག་སྤྱོད་ཅིང་།།

亨計特秋卻拉達決金
一同恆時共享大乘法

གསང་ཆེན་སྨིན་གྲོལ་ལམ་གྱི་ཐབས་མཁས་ལ།།

桑千民卓藍己塔克拉

願依大祕成熟解脫道

བརྟེན་ནས་སྐུ་བཞིའི་གོ་འཕང་མྱུར་ཐོབ་ཤོག།

登內固息口旁紐透秀

善巧方便速得四身果

གཞན་ཡང་རིས་མེད་བསྟན་པ་དར་ཞིང་རྒྱས།།

賢揚日美登巴塔辛給

復願不分教派廣興盛

བསྟན་འཛིན་མཆོག་རྣམས་ཞབས་པད་བསྐལ་བརྒྱར་བརྟན།།

登增秋南俠貝給佳登

持教勝士蓮足百劫堅

བོད་ཁམས་དུས་ཀྱི་རྒུད་པ་ཀུན་ཞི་ཞིང་།།

培堪圖己谷巴衰息辛

藏地時代衰敗皆平息

རྟགས་ལྡན་གསར་པའི་དགའ་སྟོན་རྒྱས་པར་ཤོག།

走登薩北嘎敦給巴秀

廣開嶄新圓滿之歡宴

ཨདོར་ན་འདི་ནས་བྱང་ཆུབ་སྙིང་པོའི་བར༎

斗那迪內強去寧波帕

總之從今直至菩提藏

དཔལ་ལྡན་བླ་མ་ཡིད་བཞིན་ནོར་བུའི་ཞབས༎

班登喇嘛以辛諾布俠

祈聖上師如意寶尊足

སྙིང་དབུས་པདྨོར་འབྲལ་མེད་རྟག་བཞུགས་ནས༎

寧玉貝莫折美達許內

常住心間蓮上不分離

སྐུ་ཞིའི་ལེགས་ཚོགས་རྒྱས་པའི་བཀྲ་ཤིས་སྩོལ༎

斯細雷湊給北札西作

賜予有寂善妙廣吉祥

ཅེས་པའང་དུས་གསུམ་མཁྱེན་པ་ཨོ་རྒྱན་ཆེན་པོའི་བྱིན་རླབས་ལས་དཔའ་བོ་དང་མཁའ་འགྲོ་རང་བཞིན་གྱིས་འདུ་བའི་གནས་བོད་ཀྱི་ཝུ་ཏའི་ཤའི་སྐེད་པར་དམར་ཟངས་ཡག་ནས་མཁའ་ཀློང་དུ་ཧྱུན་ཤོང་ཞེས་སྩགས་པོ་ཁྱིའི་ལེའི་ཚོ་འཕྲུལ་ཟླ་བའི་དཀར་ཕྱོགས་ཀྱི་ཚེས་བཅུར་ཚོགས་ཀྱི་མཆོད་པ་བགྱིའི་སྐབས་རིག་པ་འཛིན་པ་ཀུན་མཁྱེན་བླ་མ་དགྱེས་པའི་འབངས་མཁྱེན་བརྩེའི་དབང་པོས་གསོལ་བ་བཏབ་པ་དེ་དེ་བཞིན་དུ་འགྲུབ་པར་བྱིན་གྱིས་བརླབ་ཏུ་གསོལ། སརྦ་མངྒ་ལཾ༎ ༎

依知曉三世的烏金大士加持，在勇父、空行自然聚集的聖地、西藏五台山之山腰——紅巖善銅虛空堡中，於名為「共同」的陽鐵狗年神變月上旬初十進行薈供之際，令持明全知上師歡喜之臣——欽哲旺波——如此祈願。祈請賜予加持如願實現！薩爾瓦芒嘎朗！

---

1. 此處表達密法關要，文簡而意深。「相音覺」乃所見外相、所聞音聲以及一切覺知念頭三者。這三者分別顯現為天尊身、咒語以及法身，即「尊咒法身」之意。

༄༅། །ཨོ་རྒྱན་རིན་པོ་ཆེའི་གསོལ་འདེབས་འཇིགས་པ་ཀུན་སྐྱོབ་བཞུགས་སོ། །

烏金蓮師祈請文：救諸怖畏

巴沃列饒澤　著

ཨེ་མ་ཧོ། ཕྱོགས་དུས་རྒྱལ་བ་ཀུན་གྱི་ངོ་བོ་ཉིད། །

埃瑪后！秋度給瓦衰己偶喔尼
甚希奇！諸時空中諸佛之本性

སངས་རྒྱས་གཞན་ལས་ཐུགས་རྗེ་ཤིན་ལས་མྱུར། །

桑給賢雷圖節稱雷紐
大悲佛行較他佛猶迅

བོད་ཁམས་སྐྱོང་བར་ཞལ་གྱིས་བཞེས་པ་ཡི། །

培堪恭瓦協己協巴以
曾經承諾護持西藏境

ཨོ་རྒྱན་རིན་པོ་ཆེ་ལ་གསོལ་བ་འདེབས། །

烏金仁波切拉梭瓦德
至誠祈請烏金仁波切

བཟོད་མེད་གདུང་ཤུགས་དྲག་པོས་སྙིང་ནས་འབོད།།

所美冬旭查波寧內貝

難忍猛烈感動誠呼喚

མི་མངོན་དབྱིངས་ནས་ཐུགས་རྗེའི་སྤྱན་གྱིས་གཟིགས།།

米溫音內圖節間己斯

不顯界中大悲眼觀視

སྙིགས་མ་ལྔ་བདོའི་མཐའ་ལ་ཐུག་པའི་ཚོ།།

尼美阿朵塔拉圖北側

遭逢五濁滋長之時刻

ཡུལ་ལྷ་ཡུལ་ཕུད་འབྱུང་པོས་ཤུལ་བཟུང་ན།།

於哈於普炯波虛松納

倘若地祇棄地遭鬼佔

གནི་བདག་གནས་སུ་འགོད་ཅིག་པདྨ་འབྱུང་།།

息達內素果金貝瑪炯

祈蓮花生安置地神祇

ནག་ཕྱོགས་མི་དང་འདྲེ་བདུད་ཁ་དར་ན།།

那秋迷堂折堵嘎塔那

倘若邪人妖鬼勢力盛

དཀར་ཕྱོགས་དཔག་དབྱུང་མཛོད་ཅིག་པདྨ་འབྱུང་།།

嘎秋烏永最計貝瑪炯
祈蓮花生慰諭善方者

ཆོས་སྐྱོང་རྣམས་ཀྱིས་དམ་བཅའ་བཏང་གྱུར་ན།།

卻炯南己坦架當久那
倘若眾護法神棄誓言

དམ་ཚིག་ཕྱག་རྒྱས་ཆིངས་ཤིག་པདྨ་འབྱུང་།།

坦次恰給欽細貝瑪炯
祈蓮花生令彼緊守誓

དམ་མེད་ཤི་འདྲེས་བར་ཆད་བརྩམས་གྱུར་ན།།

坦美辛折帕切贊久那
倘若無誓亡靈起障難

འདི་གནད་དམ་ལ་ཐོག་ཅིག་པདྨ་འབྱུང་།།

折果坦拉透計貝瑪炯
祈蓮花生令猛鬼立誓

སྐྱེ་འགྲོའི་ཤེས་རྒྱུད་བགེགས་ཀྱིས་བརྣབས་གྱུར་ན།།

根卓謝局給己拉久那
倘若眾生心續遭魔擾

ཁ་ཕྱོལ་བགེགས་ཚོགས་སློང་ཞིག་པདྨ་འབྱུང་།།

嘎垂給湊追計貝瑪炯

祈蓮花生驅斥諸魔擾

སློན་ལོག་དས་ཐིས་བསྟན་ལ་བར་གཅོད་ན།།

門樓坦斯登拉帕決那

倘若邪願屬鬼障教法

དག་ཚལ་ཤུགས་ཀྱིས་སློལ་ཞིག་པདྨ་འབྱུང་།།

查則旭己卓己貝瑪炯

祈蓮花生猛力度脫之

རྒྱ་འདྲེ་འགོང་པོས་བོད་ཁམས་ཟོང་པ་ན།།

蔣折貢波培堪朋巴納

倘若鬼怪侵害西藏境

མཐུ་སྟོབས་ནུས་པས་ཕུལ་ཞིག་པདྨ་འབྱུང་།།

圖斗女貝圖計貝瑪炯

祈蓮花生威神力降伏

མཐའ་བཞིའི་དམག་གི་མཚོན་ཁ་ལྷང་བ་ན།།

塔息瑪己村卡當瓦那

倘若四方軍隊武力犯

མཐའ་དམག་དུས་འཁྲུགས་ཟློག་ཅིག་པདྨ་འབྱུང་།།

塔瑪圖出斗計貝瑪炯
祈蓮花生回遮邊軍亂

ལྷ་སྲིན་མ་མོའི་དལ་ཡམས་འཐིབས་པ་ན།།

哈森瑪莫特揚替巴納
倘若天羅媽嫫傳疾疫

ཐུགས་རྗེའི་སྨན་གྱིས་སོལ་ཅིག་པདྨ་འབྱུང་།།

圖節門己梭計貝瑪炯
祈蓮花生以悲藥祛病

འབྲོག་པ་ཕྱུགས་ཉེས་ཕྱུལ་བ་ལོ་ཉེས་ན།།

周巴秋涅於瓦樓涅那
倘若畜牧不盛農欠收

འབྲུ་ནོར་ལོངས་སྤྱོད་སྩོལ་ཅིག་པདྨ་འབྱུང་།།

竹諾隆決最計貝瑪炯
祈蓮花生賜穀寶受用

ས་ཡི་བཅུད་ཉམས་སྐྱེ་འགྲོའི་གཡང་ཉམས་ན།།

薩以具釀根卓央釀那
倘若地精衰退眾財損

བཅུད་གཡང་ཕྱིན་ཆེན་ཕོབ་ཅིག་པདྨ་འབྱུང་།།

具央琴千剖計貝瑪烱
祈蓮花生傳予大加持

བསྟན་དང་བསྟན་འཛིན་སྡེ་དང་བཅས་པ་རྣམས།།

登堂登增德堂界巴南
教法以及持教之團部

དར་ཞིང་རྒྱས་པར་མཛོད་ཅིག་པདྨ་འབྱུང་།།

塔辛給巴最計貝瑪烱
祈蓮花生令傳揚興盛

ཆོས་མེད་བདག་སོགས་འཁོར་བར་འཁྱམས་པ་ན།།

卻美達搜扣瓦強巴那
倘若無法我等淪輪迴

བདེ་ཆེན་ཞིང་དུ་དྲོངས་ཤིག་པདྨ་འབྱུང་།།

德千辛圖充細貝瑪烱
祈蓮花生接引極樂剎

ལྟ་སྒོམ་སྒྱུད་པ་གོལ་སར་འཁྲུགས་གྱུར་ན།།

達貢決巴閣薩促久那
倘若落入見修行歧途

དོན་དམ་རང་ངོ་སྟོན་ཅིག་པདྨ་འབྱུང་།།

屯坦攘偶卓計貝瑪炯
祈蓮花生示勝義本顏

འདི་དང་ཕྱི་མ་བར་དོ་ཐམས་ཅད་དུ།།

迪堂企瑪帕斗壇皆圖
此世來生中陰諸階段

འབྲལ་མེད་ཐུགས་རྗེས་ཟུངས་ཤིག་པདྨ་འབྱུང་།།

折美圖節松細貝瑪炯
祈蓮花生不離悲攝受 [1]

མདོར་ན་སྡུག་བསྔལ་ཉེས་ཚོགས་ཅི་བྱུང་ཡང་།།

斗那堵俄涅湊計穹揚
總之任何痛苦患難時

ཐུག་ཏུ་ཐུགས་རྗེས་སྐྱོབས་ཤིག་པདྨ་འབྱུང་།།

達度圖界究細貝瑪炯
祈蓮花生恆時悲救護

སྐྱེ་བ་འདི་ནས་ཚེ་རབས་ཐམས་ཅད་དུ།།

給瓦迪內側葱壇皆圖
此生乃至生生世世中

ཐྲཱ་སྨྲ་ཆོས་ལ་སྒྱུར་ཅིག་པདྨ་འབྱུང་།།

樓納卻拉久計貝瑪炯
祈蓮花生轉吾心向法

བདག་སོགས་འདི་ནས་ཚེ་འཕོས་གྱུར་མ་ཐག།

達搜迪內側培久瑪塔
我等此世壽命終止時

ཟངས་མདོག་དཔལ་གྱི་རི་བོར་སྐྱེ་བར་ཤོག།

桑斗巴己日歐給瓦秀
願即投生銅色吉祥山

ཅེས་པའི་དེང་སང་གི་དུས་དང་བསྟུན་པའི་ཨོ་རྒྱན་ཆེན་པོའི་གསོལ་འདེབས་ཐུགས་དམ་བསྐུལ་ཤྱེད་འདི་ནི་དཔའ་
རྒྱལ་པོའི་ཕོ་བྲང་ཆེན་པོ་གདན་ས་ལྷུན་གྲུབ་སྟེང་དུ་དཔལ་བོ་ལས་རབ་རྩལ་གྱིས་སྦྱར་བའོ།། །།

此參照當今時代的召喚烏金蓮花生心意祈請文，係由巴沃列
饒澤寫於德格王之王宮、任運而成之駐錫地上。

---

1. 此願文現存不同的版本。有的版本止於此句，有的版本則是根本誦止於此句，而從下句
「總之任何痛苦患難時」開始則是後文的部分。然而由於寧瑪派大德揚唐仁波切在唸誦
此願文時，有時會繼續唸誦到「願即投生銅色吉祥山」，所以本書未將「總之任何痛苦
患難時」至「願即投生銅色吉祥山」這最後一段列為後文。尚請智者鑒察。

༄༅། །གསོལ་འདེབས་ཚིག་བཞི་པ་བཞུགས་སོ།

蓮師四句祈請文

惹納林巴 取藏

 སངས་རྒྱས་ཀུན་འདུས་པདྨ་ཐོད་ཕྲེང་གི །

桑給衰度貝瑪妥稱己
諸佛總集蓮花顱鬘尊

བདག་སོགས་རྗེས་བཟུང་ཚེ་རབས་ཐམས་ཅད་དུ །

達叟傑松策熱坦界圖
攝受我等生生世世中

འགལ་རྐྱེན་ཀུན་ཞི་བསམ་དོན་མྱུར་འགྲུབ་ཅིང་ །

給根衰息散屯紐竹金
違緣盡息願望速實現

མཐར་ཐུག་པདྨ་འོད་དུ་སྐྱེ་བར་ཤོག །

塔圖貝瑪偉圖給瓦秀
願得究竟投生蓮花光

བདག་འདྲ་རཱ་ཙྪ་སྒྱིང་པས་གསང་བ་སྐོར་བཞི་གདན་དྲངས་པའི་དུས་སུ་ཉུབ་གཅིག་ཟངས་མདོག་དཔལ་རིར་ཨོ་
རྒྱན་དངོས་སུ་མཇལ་བའི་དུས་སུ་དཔའ་བོ་མཁའ་འགྲོ་རྣམས་ཀྱིས་གསོལ་འདེབས་ཚིག་བཞི་པ་འདི་ཞིང་ཕུར་
དེར་གྱིས་གསུངས་པ་དང་། བདག་ལ་ཁ་བྱང་གནང་བའི་ཕྱིར། རྒྱལ་སད་པ་ནས་ལེན་ཤོག་ཅེས་ལ་ཕབ། འདི་ལན་
གཅིག་བཏོན་པས་ཀྱང་། ཚེ་འདིར་ཅི་བསམས་འགྲུབ་ཅིང་། མཐར་ཐུག་པདྨ་འོད་དུ་སྐྱེ་བ་རཱ་ཙྪ་བདག་གིས་གསར་
དས་སོ། ས་མ་ཡ། རྒྱ་རྒྱ་རྒྱ།། །།

如我惹納林巴於迎請「祕法四門」時，一天夜晚，在銅色吉
祥山親見烏金之際，勇父及空行眾嗡嗡誦此四句祈請文，為
了賜我題名，睡醒後付梓。即使唸此文一遍，此生所願皆成，
究竟投生蓮花光，此乃吾惹納林巴之保證。

༄༅། །ཟངས་མདོག་དཔལ་རིའི་སྨོན་ལམ་དཔལ་རིའི་
གསང་ལམ།
銅色吉祥山願文：吉祥山密道

吉美林巴　著

ཨོཾ་ཨཱཿ ཧཱུྃ་བཛྲ་གུ་རུ་པདྨ་སིདྡྷི་ཧཱུྃ།།

嗡阿吽班匝咕如貝瑪思帝吽

རང་བཞིན་རྣམ་དག་བློ་བྲལ་གདོད་མའི་དབྱིངས།།

壤辛南達樓車紐美布
本性清淨離心元始界

གསལ་མདངས་འགག་མེད་བདེ་སྟོང་ལོངས་སྐུའི་རྩལ།།

瑟當嘎美德東隆固則
無滅光澤樂空報身刀

སྤྲུལ་སྐུའི་ཞིང་ཁམས་མི་མཇེད་བཀོད་པའི་ཆ།།

珠固辛堪米節貴北恰
化身淨土娑婆之格局

ཟངས་མདོག་དཔལ་གྱི་རི་བོར་སྐྱེ་བར་ཤོག །

桑東巴己日歐給瓦秀
願我投生銅色吉祥山

འཛམ་གླིང་ས་ཡི་ལྟེ་བ་རྡོ་རྗེའི་གདན། །

贊林薩以德瓦斗節登
贍洲核心之地金剛座

དུས་གསུམ་རྒྱལ་བས་ཆོས་འཁོར་བསྐོར་བའི་གནས། །

圖松給為卻扣勾為內
三世諸佛轉法輪之地

དེ་ཡི་ནུབ་བྱང་ཧ་ཡབ་ལང་ཀའི་གླིང་། །

提以努強阿亞朗給林
彼之西北妙拂朗嘎洲

ཟངས་མདོག་དཔལ་གྱི་རི་བོར་སྐྱེ་བར་ཤོག །

桑東巴己日歐給瓦秀
願我投生銅色吉祥山

བཀོད་པ་ལྷུན་གྲུབ་ཚེ་དཔའི་ས་འཛིན་སྟོ། །

貴巴倫竹自德薩增波
任運格局聳立成心型

ཚབ་གདངས་ཅན་འཛེག་པོའི་ཕོད་དུ་བཅིང་།།

匝瓦德間久波妥圖金
根基止於德迦叉龍頂

སྐེད་པར་ཁྱུས་མེད་མཁའ་འགྲོས་ཚོགས་འབོར་བསྐོར།།

給巴呂美康卓湊扣勾
山腰虛空空行獻薈供

རྩེ་མོ་གཟུགས་ཁམས་བསམ་གཏན་སྟོགས་པ་ལྷའི།།

則莫素堪散登紐巴德
山頂直入色界禪定天

ཟངས་མདོག་དཔལ་གྱི་རི་བོར་སྐྱེ་བར་ཤོག།

桑東巴己日歐給瓦秀
願我投生銅色吉祥山

རི་རྒྱལ་དེ་ཡི་རྩེ་མོའི་གཞལ་མེད་ཁང་།།

日給提以則莫協美康
山王峰頂上之越量宮

ཤར་ཤེལ་ལྷོ་ཕྱོགས་དབང་སྤྲོན་ནི་ཐིམ།།

夏些后秋汪溫貝竹亞
東方水晶南方碧琉璃

ནུབ་ཕྱོགས་པད་རག་བྱང་ཕྱོགས་མེ་རྟུ་ནི།།

努秋貝惹強秋恩札尼
西方紅寶北方綠寶色

ཕྱི་ནང་བར་མེད་ཟང་ཐལ་དབང་གཞུའི་མདངས།།

企囊帕美桑特汪許當
外內無間通徹彩虹澤

ཟངས་མདོག་དཔལ་གྱི་རི་བོར་སྐྱེ་བར་ཤོག།

桑東巴己日歐給瓦秀
願我投生銅色吉祥山

ཁྱམས་དང་གྲུ་ཆད་སྒོ་འབུར་འཇའ་རིས་འཁྱིལ།།

強堂出切樓布加日企
庭院角落護牆虹紋飾

འདོད་སྐྱེམས་པ་གུ་དུ་བ་དུ་ཆེད་དང་།།

對南帕庫查瓦查切堂
台階房磚瓔珞半瓔珞

གར་བུ་མདའ་ཡབ་སྒོ་རྒྱན་དུ་བབས་ཅན།།

夏布達雅勾根達巴間
屋簷房檐門飾及門坊

ཆོས་འཁོར་གདུགས་ཏོག་བཀོད་དོན་རྟགས་ཚོགས་པའི།།

卻扣堵斗達屯達走貝
法輪蓋頂圓具表意幟

བཟང་མདོག་དཔལ་གྱི་རི་བོར་སྐྱེ་བར་ཤོག།

桑東巴己日歐給瓦秀
願我投生銅色吉祥山

དཔག་བསམ་སྨོན་པའི་ཤིང་དང་བདུད་རྩིའི་ཆུ།།

巴散捐北辛堂堵自去
滿足願望樹與甘露水

ཉེའུ་ཤིང་སྨན་ལྗོངས་དྲི་བསུང་འཕུང་བའི་ཁྱོད།།

紐森門炯尺松圖為垂
草原藥域香氣甚瀰漫

དྲང་སྲོང་རིག་འཛིན་བྱ་ཚོགས་བུང་ལ་ར།།

常松仁增恰湊巴瑪惹
仙人持明鳥聚蜂成群

ཐེག་གསུམ་ཆོས་ཀྱི་སྐྱ་དང་བདེ་བྱ་སྒྱུར།།

特松卻己札堂達路久
轉為三乘法音表意歌

ཟངས་མདོག་དཔལ་གྱི་རི་བོར་སྐྱེ་བར་ཤོག།

桑東巴己日歐給瓦秀
願我投生銅色吉祥山

ཕོ་བྲང་གཞལ་མེད་ཆེན་པོའི་ཞེ་བ་ལ།།

剖章協美千波德瓦拉
宮殿大越量宮之中央

རིན་ཆེན་ཟུར་བརྒྱད་པདྨ་ཉི་ཟླའི་སྟེང་།།

仁千素給貝瑪寧德登
八角寶座蓮日月墊上

བདེ་གཤེགས་ཀུན་འདུས་རང་བྱུང་པདྨ་འབྱུང་།།

德謝袞度壤穹貝瑪炯
如來總集自生蓮花生

སྐུ་གསུམ་རིགས་འདུས་འཇའ་ཟེར་ཀློང་ན་བཞུགས།།

固松日度佳瑟隆納許
三身部集安住虹光團

ཟངས་མདོག་དཔལ་གྱི་རི་བོར་སྐྱེ་བར་ཤོག།

桑東巴己日歐給瓦秀
願我投生銅色吉祥山

གང་གི་ཟབ་གསལ་བདེ་ཆེན་ཡེ་ཤེས་རྩལ།།

康己薩瑟德千耶謝則

彼之深明大樂智妙力

སྣང་ཞིང་སྙིང་རྗེར་ཤར་བའི་རྫུ་འཕྲུལ་ལས།།

東尼寧節夏為總出雷

顯為空性大悲之幻化

ཕྱོགས་བཅུ་ཀུན་དང་ཁྱད་པར་བོད་ཡུལ་དུ།།

秋具袞堂克巴培於圖

於諸十方尤其於藏地

སྤྲུལ་བ་བྱེ་བ་ཕྲག་བརྒྱ་བར་མེད་འགྱེད།།

珠巴切瓦查佳帕美給

開展無間百俱胝化身

བཟང་མདོག་དཔལ་གྱི་རི་བོར་སྐྱེ་བར་ཤོག།

桑東巴己日歐給瓦秀

願我投生銅色吉祥山

གཡས་ཀྱི་གླ་ན་རྒྱ་བོད་རིག་འཛིན་རྣམས།།

耶己車納佳培仁增南

右方印度西藏持明眾

བོད་གངས་ལྗོངས་རྗེ་བཙུན་རོལ་རོར་འཁྲུངས་སུ་གསོལ།།

偉瑟斗節若偶將素雷
倘徉光明金剛遊戲中

གཡོན་གྱི་གྲལ་ན་འཕགས་བོད་པ་གྲུབ་རྣམས།།

元己車納帕培竹巴南
左為印度西藏成就者

བཤད་སྒྲུབ་ཉམས་རྟོགས་བགྲོ་གླེང་ཆོས་སྒྲ་ཉར།།

謝竹釀斗周冷卻札無
切磋講修覺受法音響

ཟངས་མདོག་དཔལ་གྱི་རི་བོར་སྐྱེ་བར་ཤོག།

桑東巴己日歐給瓦秀
願我投生銅色吉祥山

མཐའ་བསྐོར་བར་མཆམས་རྗེ་འབངས་ཉེར་ལྔ་དང་།།

塔勾帕餐節邦涅阿堂
周圍乃為二十五王臣

སྒྱུལ་པའི་གཏེར་སྟོན་གྲུབ་པའི་ཁྱུ་མཆོག་རྣམས།།

珠貝德敦竹貝庫秋南
修行翹楚幻化伏藏師

382

ཐེག་པ་རིམ་དགུའི་འཁོར་ལོ་ལ་སྤྱོད་ཅིང་།།

特巴仁谷扣樓拉決辛
盡享九乘次第之法輪

གཡོ་མེད་དགོངས་པའི་གཟེར་གྱི་བརྟུལ་ཞུགས་འཛིན།།

又美貢北瑟己度旭增
執持無動意釘之禁行

ཟངས་མདོག་དཔལ་གྱི་རི་བོར་སྐྱེ་བར་ཤོག།

桑東巴己日歐給瓦秀
願我投生銅色吉祥山

ཕྱོགས་བཞི་མཚམས་བརྒྱད་གྲུ་ཆད་བར་ཁྱམས་ཀུན།།

秋息餐具除切帕強衰
四面八方諸角隅庭院

དཔའ་བོ་ཌཱཀྐི་ལྷ་དང་ལྷ་མོས་ཁེངས།།

巴歐達各哈堂哈莫肯
遍滿勇父空行天天女

རྡོ་རྗེའི་གླུ་གར་མིག་འཕྲུལ་ལྟ་བུར་གཡོ།།

斗節路卡米出達布又
金剛歌舞如幻術撼動

ཕྱི་ནང་གསང་བའི་མཆོད་སྤྲིན་སྤེལ་པར་བྱེད།།

企囊桑威卻真斗巴切

獻上外內密之供養雲

ཟངས་མདོག་དཔལ་གྱི་རི་བོར་སྐྱེ་བར་ཤོག།

桑東巴己日歐給瓦秀

願我投生銅色吉祥山

དེ་སྟེང་ལོངས་སྐུའི་གཞལ་མེད་བཀོད་མཛེས་ནང་།།

提登隆固協美桂則囊

其上美妙報身宮殿中

ཕྱག་ན་པདྨ་འཇིག་རྟེན་དབང་ཕྱུག་ལ།།

恰納貝瑪己登汪取拉

世間自在蓮花手觀音

ཚོམ་བུའི་དཀྱིལ་འཁོར་བསམ་ཡས་འཁོར་གྱིས་བསྐོར།།

聰布金扣散耶扣己勾

不可思議壇城眷屬繞

རྣམ་རྟོག་བག་ཆགས་དགྲ་གདོན་ཐལ་བར་བྱེད།།

南斗帕恰札敦特瓦切

粉碎妄念習氣妖魔敵

ཟངས་མདོག་དཔལ་གྱི་རི་བོར་སྐྱེ་བར་ཤོག།

桑東巴己日歐給瓦秀
願我投生銅色吉祥山

དེ་སྟེང་ཆོས་སྐུའི་ཞིང་ཁམས་ཉམས་དགའ་བར།།

提登卻固辛堪釀嘎瓦
其上悅意法身淨土中

གཞི་སྣང་ཡེ་ཤེས་སྙིང་པོ་ཀུན་ཏུ་བཟང་།།

息囊耶謝寧波袞度桑
基相本智心藏普賢王

སྣང་མཐའ་རིག་པའི་འཁོར་ལ་བདུ་ཆོས་སྟོན།།

囊塔日北扣拉達卻敦
傳法予彌陀明覺眷屬

སྟོན་འཁོར་དགོངས་པ་མཉམ་པའི་ཕྲིན་ལས་ཅན།།

敦扣貢巴釀北稱雷間
主眷密意相等佛行者

ཟངས་མདོག་དཔལ་གྱི་རི་བོར་སྐྱེ་བར་ཤོག།

桑東巴己日歐給瓦秀
願我投生銅色吉祥山

སྒོ་བཞིར་བཀའ་ཉན་རྒྱལ་པོ་ཆེན་པོ་བཞི།།

勾息嘎年給波千波息
四門聽令之四大天王

ཕྱི་ནང་གསང་བའི་ལྷ་སྲིན་སྡེ་བརྒྱད་ཀུན།།

企囊桑威哈森德給衰
諸外內密天龍八部眾

པོ་ཉེར་མངགས་ནས་བྲུ་སྟེགས་དམ་སྲི་འདུལ།།

剖納阿內木嗲坦斯度
納為僕使伏外道厲鬼

དམ་ཅན་རྒྱ་མཚོ་དཔའ་རྟགས་རྒྱལ་ང་བརྡུང་།།

坦間佳湊巴大給阿冬
具誓海會勇武擊勝鼓

ཟངས་མདོག་དཔལ་གྱི་རི་བོར་སྐྱེ་བར་ཤོག།

桑東巴己日歐給瓦秀
願我投生銅色吉祥山

དེ་ལྟར་ཞིང་གི་བཀོད་པ་གསལ་བཏབ་ནས།།

提達欣己貴巴瑟大內
如是明觀剎土之佈局

ཕྱི་རོལ་ཡུལ་གྱི་ཟངས་མདོག་དཔལ་རི་ལ།།

企若於己桑斗巴日拉

外在境之銅色吉祥山

ཡུལ་ཅན་ནང་གི་རིག་པས་སྨོན་དེའི་མཐུས།།

於間囊己日貝門提圖

有境內之覺識發願力

རང་ལུས་མི་མཇེད་ཞིང་གི་བཀོད་པའི་ནང་།།

攘呂米節欣己桂北囊

自身身在娑婆世界中

རང་སྣང་ཟངས་མདོག་དཔལ་རིར་མངོན་པར་ཤོག།

壞囊桑斗巴日溫巴秀

現為自相銅色吉祥山

ཁྱད་པར་བསྐྱེད་རྫོགས་ཟབ་མོའི་རྟེན་འབྲེལ་གྱིས།།

克巴給奏薩莫登折己

尤願依牛圓甚深緣起

རྩ་གསུམ་འཁོར་ལོའི་མདུད་པ་གྲོལ་ནས་ཀྱང་།།

匝松扣額堵巴垂內將

解開三脈五輪纏結後

སྙིང་དབུས་ཟངས་མདོག་དཔལ་རིའི་ཕོ་བྲང་ཆེར།།

寧玉桑斗巴日剖章切
心間銅色祥山大宮殿

ལྷུན་སྐྱེས་ཡེ་ཤེས་རོལ་པའི་རྩལ་རྫོགས་ནས།།

亨給耶謝若北則走內
圓滿俱生本智遊戲力

རང་རིག་པད་འབྱུང་རྗེ་དང་མཇལ་བར་ཤོག།

壞日貝炯節堂傑瓦秀
復得親見本覺蓮師尊

ཚོགས་སྦྱོར་མཐོང་སྒོམ་མི་སློབ་ལམ་ལྔའི་སྒྲུབས།།

湊久通貢米樓藍矮布
資加見修無學等五道 [1]

རབ་དགའ་ནས་བཟུང་ཀུན་ཏུ་འོད་ཀྱི་བར།།

惹嘎內松衰度偉己帕
極喜地至遍光地之間

དེ་ལས་རྡོ་རྗེ་ཐེག་པའི་ས་མཆོག་གཉིས།།

提雷斗節特貝薩丘尼
其中金剛乘之二勝地

克巴偉瑟走巴千波以
復次尤其光明大圓滿

屯孟瑪音耶謝拉美薩
不共同之本智上師地

恰美乎貝昂圖走內將
無為鬆坦當中圓滿後

息音貝瑪偉圖垂瓦秀
願於基界蓮花光解脫

可嗲貢北則千瑪走納
倘若密意大力未圓滿

梭德門藍查波朋巴以
藉由強烈祈請發願力

ནམ་ཞིག་འཆི་བ་བཙན་ཐབས་བྱུང་བའི་ཚེ།།

南息企瓦贊塔穹為側

等到死亡強力迫近時

པདྨའི་ཕོ་ཉ་མཁའ་འགྲོ་གར་མཁན་མས།།

貝美剖納康周卡堪美

蓮師僕使空行妙舞女

མངོན་སུམ་ལག་པའི་ཁུ་ཚུར་ནས་བཟུང་ནས།།

溫松拉貝庫促內松內

親自現身復以手牽手

མཁར་ཆེན་བཟའ་དང་ཀུ་ཉ་ཐ་ལྟར།།

卡千薩堂庫納那塔達

耶喜措嘉庫納那塔般

བདག་ཀྱང་པདྨ་འོད་དུ་འཁྲིད་པར་ཤོག།

達將貝瑪為圖赤巴秀

願帶領我前往蓮花光

ཆོས་དབྱིངས་རྣམ་པར་དག་པའི་བདེན་པ་དང་།།

卻因南巴塔北登巴堂

願藉法界純淨諦實力

དགོན་མཆོག་རྩ་གསུམ་རྒྱ་མཚོའི་ཐུགས་རྗེ་ཡིས།།

衰秋匝松加措圖界以
三寶三根海會之大悲

བདག་གིས་སྨོན་པ་ཡིད་བཞིན་འགྲུབ་གྱུར་ནས།།

達己門巴以辛竹究內
凡我所願如意實現後

འགྲོ་བ་འཛིན་པའི་དེད་དཔོན་ཆེད་པར་ཤོག།

周瓦正北特奔切巴秀
成為引領眾生之領導

ཅེས་པའང་རང་བཞིན་སྤྲུལ་པའི་ཞིང་ཁམས་དང་ཁྱད་པར་མ་མཆིས་པ་ཟ་ཡབ་པདྨ་འོད་ཀྱི་ཞིང་མཆོག་ཏུ་བགྲོད་པའི་སྨོན་ལམ་དཔལ་རིའི་གསང་ལམ་ཞེས་བྱ་བ། རྣལ་བཀྱུད་རྡོ་རྗེ་བཙུན་མོའི་རྣལ་འབྱོར་པ་དྷརྨ་ཀྱི་དྷིའི་བཞེད་སྐོངས་སུ་དཔལ་ཨོ་རྒྱན་ཆོས་ཀྱི་རྒྱལ་པོ་ཡབ་ཡུམ་གྱི་ཐུགས་རྗེའི་ཟླ་ཟེར་སྙིང་ལ་འཇགས་པའི་བྱིན་རླབས་ལས། འོད་གསལ་རྫོགས་པ་ཆེན་པོ་མཚོན་སྙིང་གི་གནད་ལ་གོམས་པའི་རྣལ་འབྱོར་བ་དྷི་རུ་ཀ། པདྨ་དབང་ཆེན་གྱིས་བསམ་ཡས་མཆིམས་ཕུའི་འོག་མིན་མཁའ་འགྲོའི་ཚོགས་ཁང་མེ་ཏོག་ཕུག་གི་མཚམས་ཁང་ལ་དུ་སྦྱར་བའོ།། ||

趣往與本性幻化淨土無別的妙拂蓮花光殊勝剎土之願文——
〈吉祥山密道〉——乃為了圓滿金剛王后瑜伽士達瑪克帝的
心願，以及由於烏金法王父母尊大悲月光注入心中所得的加
持，由熟稔現證光明大圓滿要點的瑜伽士嘿如嘎——貝瑪旺
千——於桑耶青朴奧明空行殿花窟關房而寫。

---

1. 即資糧道、加行道、見道、修道及無學道。

༄༅། །དཔལ་རིའི་སྨོན་ལམ་ཡེ་ཤེས་གསང་ལམ་བཞུགས།
吉祥山願文：本智密道

米旁仁波切 著

ཨེ་མ་ཧོ། འཇིགས་རུང་སྲིན་པོའི་གྲོང་ཁྱེར་དཔལ་གྱི་རི།།

埃瑪后！吉榮森波充克巴己日
甚希奇！可怖羅剎之城吉祥山

སྐུ་གསུམ་རྒྱལ་བའི་ཞིང་ཁམས་པདྨ་འོད།།

固松給為辛堪貝瑪偉
三身勝佛淨土蓮花光

དམར་ནག་མེ་དཔུང་འཁྲུགས་པ་དྲག་པོའི་ཞིང་།།

瑪納美崩出巴查波辛
熾烈深紅火團威猛剎

ནང་ལྟར་རྡོ་རྗེ་ལུས་ཀྱི་ཚིཏྟའི་གྲོང་།།

囊搭斗節呂己自得充
內為金剛身之心臟城

392

རིག་འཛིན་དཔའ་བོ་མཁའ་འགྲོའི་ཕོ་བྲང་ནས།།

仁增巴歐康卓剖章內

持明勇父空行宮殿中

རང་རིག་འགྱུར་མེད་བདེ་ཆེན་རྡོ་རྗེའི་སྐུ།།

壞日久美德千斗節固

本覺不變大樂金剛身

ཕྱོགས་དུས་རྒྱལ་བའི་ཁྱབ་བདག་པདྨ་འབྱུང་།།

秋度給為恰達貝瑪炯

諸時空佛遍主蓮花生

རབ་འབྱམས་སྒྱུ་འཕྲུལ་རྡོ་རྗེའི་སྤྲིན་སྤྲོ་བ།།

舟江谷出斗節真抽瓦

開展無限幻化金剛雲

རྒྱབས་གནས་ཀུན་འདུས་ཐུགས་རྗེའི་གཏེར་ཆེན་པོ།།

架內衰度圖界德千波

皈境總集悲心大寶藏

བདག་གི་སྒོ་གསུམ་ལོངས་སྤྱོད་དགེ་ཚོགས་ཀུན།།

達己勾松隆決給湊衰

我之三門受用及諸善

ཀུན་བཟང་མཆོད་པའི་སྤྲིན་དུ་ཕྱུང་ལ་འབུལ།།

衰桑卻貝真圖克拉補
化為普賢供雲獻給您

དངྱེར་མེད་མཉམ་པའི་ངང་དུ་ཕྱག་འཚལ་ལོ།།

耶美釀北昂圖恰側樓
平等無別之中誠頂禮

རྩེ་གཅིག་གུས་པའི་ཡིད་ཀྱིས་གསོལ་འདེབས་སོ།།

則計庫北以己梭德搜
一心恭敬以意誠祈請

ཡེ་ཤེས་རྡོ་རྗེའི་དམ་བཅའ་ཆེན་པོ་ཡིས།།

耶謝斗節坦架千波以
藉由本智金剛大誓願

འདི་ནས་བྱང་ཆུབ་བར་དུ་རིགས་བདག་ཏུ།།

迪內強去帕圖日達度
從今直至菩提作部主

བཞུགས་ནས་འབྲལ་མེད་རྗེས་བཟུང་བྱིན་རླབས་མཛོད།།

許內折美節松琴拉最
願不分離攝受賜加持

བདག་གིས་དགེ་ཚ་ཇེ་སྙེད་བསགས་པ་དང་།།

達己給匝企涅薩巴堂

我以所有累積之善根

ཚ་གསུམ་ཀུན་འདུས་གུ་རུའི་ཐུགས་རྗེ་དང་།།

匝松衮度咕如圖界堂

三根總集蓮師之悲心

རང་བྱུང་ཡེ་ཤེས་ཆེན་པོའི་བདེན་པ་དང་།།

壞穹耶謝千波登巴堂

以及自生大智諦實力

རྣམ་དག་སྨོན་ལམ་དག་པོའི་འཕེན་ཤུགས་ཀྱིས།།

南達門藍查波朋旭己

強猛純淨發願之勁力

ནམ་ཞིག་ཚེ་འདིའི་སྣང་བ་ནུབ་པའི་ཚེ།།

南息側迪囊瓦努北側

等到此世光景殞落時

རང་སྣང་དག་པ་ཆེན་པོའི་འོད་ལམ་ལ།།

壞囊塔巴千波偉藍拉

自相大清淨之光明道

རིག་འཛིན་བླ་མའི་ཚོགས་ཀྱིས་མདུན་བསུ་ཞིང་། །

仁增拉美湊己敦素辛
持明上師聖眾來接引

ཞི་དག་ཞི་ཁྲོའི་ལྷ་ཡིས་རྒྱབ་ནས་བརྟེན། །

以單息抽哈以佳內登
寂靜憤怒天尊予支持

གནས་གསུམ་དཔའ་བོ་མཁའ་འགྲོས་མཐའ་བསྐོར་ཏེ། །

內松巴歐康卓塔勾得
三處勇父空行周圍繞

མེ་ཏོག་ཆར་འབེབས་འཇའ་འོད་རོལ་མོར་བཅས། །

美斗恰貝佳瑋若莫界
花雨繽紛虹光及妙樂

བདེ་ཆེན་པདྨ་འོད་ཀྱི་ཞིང་ཁམས་སུ། །

德千貝瑪偉己辛堪素
願於大樂蓮花光淨土

གུ་རུའི་དྲུང་དུ་བརྫུས་ཏེ་སྐྱེ་བར་ཤོག །

咕如充圖組得給瓦秀
幻化投生蓮師之尊前

དབང་འབྱོར་ཡེ་ཤེས་ཆེན་པོའི་རྩུ་འཕྲུལ་ལས།།

旺久耶謝千波古出雷

具力大本智之幻化中

ཀྲུ་གསུམ་རྒྱལ་བའི་ཞིང་གི་བཀོད་པ་ཀུན།།

固松給為辛己桂巴衰

三身勝佛剎土諸佈局

མ་ཚང་མེད་པ་ཡིད་བཞིན་འདོད་དགུར་འཆར།།

瑪倉美巴以辛對古恰

無所不備所求如意顯

རྣམ་དག་སྤྲུལ་པའི་ཞིང་དེར་སྐྱེ་བར་ཤོག།

南達珠貝辛提給瓦秀

願於純淨幻化剎投生

ཨོ་རྒྱན་རྗེ་དང་སྲས་བཅས་རྒྱལ་བ་ཡིས།།

歐根節堂瑟界給瓦以

烏金蓮師諸佛及菩薩

དབུགས་དབྱུང་གནང་བས་བསྟོད་སྱིད་ཞིའི་ཡོན་ཏན་ཀུན།།

烏永森對斯西元登衰

慰諭讚賞有寂諸功德

མ་ཚང་མེད་པ་མཆོག་གི་རྟེན་ཐོབ་ནས།།

瑪倉美巴秋己登透內

無所不備得勝所依後

རྡོ་རྗེ་ཐེག་པའི་ལམ་ལ་འཇུག་པར་ཤོག།

斗節特貝藍拉局巴秀

願我趣入金剛乘之道

དེར་ནི་ཉེན་དེ་ཁོ་ནས་ཚེ་གཅིག་ལ།།

提尼登提扣內側計拉

於彼一生當中即此身

རིག་འཛིན་རྣམ་བཞིའི་གསང་ལམ་ཡོངས་རྫོགས་ནས།།

仁增南息桑藍永走內

圓滿四種持明密道後

ཡེ་ཤེས་རྡོ་རྗེའི་སྐུ་བརྙེས་རྒྱལ་བསྟན་སྐྱོང་།།

耶謝斗節固涅給登宮

願得智金剛身護佛教

གུ་རུ་རྗེ་དང་དགོངས་སྤྱོད་མཉམ་པར་ཤོག།

咕如節堂貢決釀巴秀

密意行持皆與蓮師同

དུས་གསུམ་རྒྱལ་བ་རྒྱལ་སྲས་འཇམ་པའི་དབྱངས།།

圖松給瓦給瑟蔣貝揚
三世諸佛文殊菩薩尊

ཀུན་ཏུ་བཟང་པོ་སོགས་སེམས་དཔའ་ཆེ་རྣམས་ཀྱི།

袞度桑搜森巴切南己
普賢等等諸大菩薩之

རྟོགས་སྨིན་སྦྱང་པའི་རྣམ་ཐར་རྒྱ་མཚོ་ཀུན།།

奏民將為南塔佳湊袞
圓熟淨治諸行儀大海

བདག་ཉིད་གཅིག་པུས་ཡོངས་རྟོགས་སྤྱོད་གྱུར་ཅིག།

達尼計布永奏決久計
願我單獨一人圓滿行

ཆོས་དབྱིངས་ནམ་མཁའ་སེམས་ཅན་ཇི་སྲིད་པར།།

卻因南卡森間企思巴
乃至法界虛空有情盡

མཁའ་ཁྱབ་འགྲོ་དང་ཁྱད་པར་སྡུག་བསྔལ་ཅན།།

卡恰周堂克巴堵俄間
遍空眾生尤其痛苦者

མཁྱེན་བརྩེ་ནུས་པ་མཆོག་གིས་རྗེས་འཛིན་ཞིང་།།

肯則女巴秋己節增辛
願以殊勝悲智力攝受

པདྨའི་ཕྲིན་ལས་རྟག་ཏུ་སྒྱེལ་བར་ཤོག།

貝美稱雷達度貝瓦秀
恆常傳揚蓮師之事業

མཆོག་གསུམ་རྩ་གསུམ་ཐུགས་རྗེ་ཆེན་པོ་དང་།།

秋松匝松圖節美穹堂
三寶三根絕妙之大悲

ཆོས་ཉིད་བདེན་པ་ཆོས་ཅན་རྟེན་འབྲེལ་དང་།།

卻尼登巴卻間登折堂
法性諦實及有法緣起

བདག་གི་ལྷག་བསམ་དག་པའི་ནུས་སྟོབས་ཀྱིས།།

達己哈散塔貝女斗己
復以吾人清淨意樂力

སྨོན་ལམ་འདི་དག་ཡོངས་སུ་འགྲུབ་པར་ཤོག།

門藍迪達永素竹巴秀
願此諸願皆圓滿實現

ཆོས་པ་འང་རྒྱལ་དབང་པདྨའི་ཞབས་དུ་གྱུར་པ་འཇམ་དཔལ་དགྱེས་པས་སྦྱེལ་བ་དགེའོ།། །།

此乃蓮師勝尊之僕──蔣貝給巴所寫。願成善！

༄། །པདྨ་འོད་དུ་བགྲོད་པའི་སྨོན་ལམ་རིག་པ་འཛིན་པའི་ཤིང་རྟ་བཞུགས་སོ།

趣往蓮花光之願文：持明車軌

蔣揚欽哲旺波　著

ཨ་ཨཱཿ ཧཱུྃ་བཛྲ་གུ་ར་པདྨ་སིདྡྷི་ཧཱུྃ༎

嗡阿吽班匝咕如貝瑪思帝吽

མི་ཤིགས་ཐིག་ལེ་ཆེན་པོའི་ཡེ་ཤེས་ནི༎

米細替雷千波耶謝尼
不滅甚大明點之本智

འོད་གསལ་གཉུག་མའི་མཁའ་དབྱིངས་དྭངས་པའི་ངོས༎

偉瑟紐美卡因當貝沃
光明元始空界清徹面

ཟུང་འཇུག་དབང་པོའི་གཞུ་ལྟར་མཚོན་སྣང་བའི༎

松具汪波許達溫囊為
雙運顯現有如天王弓 [1]

རང་བཞིན་སྤྲུལ་པའི་ཞིང་མཆོག་པདྨ་འོད།།

壞辛珠貝辛秋貝瑪偉

自然幻化勝剎蓮花光

ཆོས་ཉིད་མངོན་སུམ་འཇའ་ཟེར་ཐིག་ལེའི་ཀློང་།།

卻尼溫松佳瑟替雷隆

法性現前虹光明點界

ཉམས་སྣང་གོང་འཕེལ་གཞལ་མེད་ཁང་ཆེན་པོར།།

釀囊空培協美康千波

覺受增長大越量宮中

རིག་པ་ཚད་ཕེབས་དཔའ་བོ་ཌཱ་ཀིའི་ཚོགས།། །

日巴側培巴沃達各湊

明覺臻量勇父空行眾

ཆོས་ཟད་བློ་འདས་རྡོ་རྗེའི་གླུ་གར་བསྒྱུར།།

卻瑟隆嗲斗節路嘎久

法盡超心金剛之歌舞 [2]

དེ་དབུས་གདོད་མའི་མགོན་པོ་འོད་མཐའ་ཡས།།

提玉對美衰波偉塔耶

中央本始怙主阿彌陀

སྙིང་རྗེའི་གཏེར་ཆེན་ཕྱག་ན་པདྨོ་དང་༎

寧節德千恰那貝莫堂
悲心之大寶藏蓮花手 [3]

སྐུ་གསུམ་ཀུན་འདུས་འཆི་མེད་ཚེ་དཔག་རྒྱལ་༎

固松袞度企美妥稱則
三身總集無死顱鬘力

གང་འདུལ་སྤྲུལ་པའི་མཚན་མཆོག་བརྒྱད་ལ་སོགས་༎

康度珠貝餐秋給拉搜
應機幻化蓮師八相等

མཚན་དང་སྐུ་ཡི་རྣམ་རོལ་མཐའ་ཀླས་པའི་༎

餐堂固以南若塔雷北
無邊無際身相之幻戲

སྒྱུ་འཕྲུལ་དྲ་བ་ཆེན་པོའི་འདུན་ས་དེར་༎

谷出查瓦千波敦薩提
於此大幻化網聚會地

བདག་གཞན་མཁའ་ཁྱབ་ཡིད་ཅན་རྒྱ་མཚོ་ཀུན་༎

達賢卡恰以間佳湊袞
自他遍空如海諸有情

ཚེ་འདི་འཕོས་མ་ཐག་ཏུ་སྐྱེ་བར་ཤོག །

側迪培瑪塔度給瓦秀
壽盡之後願即刻投生

དེར་ཡང་རིག་འཛིན་རྣམ་བཞིའི་གསེང་ལམ་ལ། །

提揚仁增南息森藍拉
於彼復依持明四捷道

བརྟེན་ནས་སྐུ་དང་ཡེ་ཤེས་རྒྱ་མཚོའི་དངོས། །

登內固堂耶謝嘉措沃
願能速得真佛身智海

མཚོ་སྐྱེས་བླ་མའི་གོ་འཕང་མྱུར་ཐོབ་ནས། །

湊給拉美口旁紐透秀
獲得海生上師果位後

རང་གཞན་དོན་གཉིས་ལྷུན་གྱིས་གྲུབ་པར་ཤོག །

壤賢屯尼倫己竹巴秀
任運成辦自他之二利

ཅེས་པའང་རིག་འཛིན་གྱི་བརྟུལ་པ་འཛམ་དབྱངས་མཁྱེན་བརྩེའི་ལྷས་ཆོ་འཕྲུལ་ཟླ་བའི་ཚེས་བཅུར་གང་ཤར་བཀྱད་ཅིག་ལ་བརྗོད་པ་སིདྡྷི་རསྟུ།། །།

持明之戒行者蔣揚欽哲之天，於神變月初十剎那隨心而寫。
思帝惹思度。

ཪྫེ་ཨ་ཅོ་གོ་ཌ་པ་ཤེ་ཪིྫ་སྐྱོ་བ་ཨནྫ༔

༄༅། །བདེ་མདོག་དཔལ་རིའི་སྨོན་ལམ་བཞུགས་སོ།

銅色吉祥山願文

多傑德千林巴　著

ཨེ་མ་ཧོ། གནས་མཆོག་པོ་མེན་སྤྲུལ་པའི་ཞིང་ཁམས་མཆོག

埃瑪后！內秋偶明珠貝辛堪秋

甚希奇！殊勝聖地奧明幻剎土

ཟངས་མདོག་དཔལ་གྱི་རི་བོ་ཞེས་བུ་བ།

桑斗巴己日歐協恰瓦

名為銅色吉祥之聖山

ཤར་ཕྱོགས་ཤེལ་ལ་ཙྪ་ཕྱོགས་བེྟུྮ།

夏秋協拉后秋貝竹亞

東方水晶南方為琉璃

ནུབ་ཕྱོགས་ར་ག་བྱང་ཕྱོགས་མེན་དའི་མདོག

努秋惹嘎強秋恩竹斗

西為紅寶北為綠寶色

ཟངས་མདོག་དཔལ་གྱི་རི་བོར་སྐྱེ་བར་ཤོག །

桑斗巴己日歐給瓦秀
願我投生銅色吉祥山

མཐའ་ན་སྤྲུལ་སྐུའི་ཞིང་ཁམས་བྱེ་བ་བརྒྱ། །

塔那珠固辛堪切瓦加
周圍化身淨土百俱胝

བར་ན་ལོངས་སྐུའི་ཞིང་ཁམས་བསམ་མི་ཁྱབ། །

帕納隆固辛堪散米恰
中有不可思議報身剎

སྟེང་ན་ཆོས་སྐུའི་ཞིང་ཁམས་དམིགས་སུ་མེད། །

登納卻固辛堪密素美
上有無所緣之法身剎

ཟངས་མདོག་དཔལ་གྱི་རི་བོར་སྐྱེ་བར་ཤོག །

桑斗巴己日歐給瓦秀
願我投生銅色吉祥山

བཀོད་པ་ཚད་མེད་ཅོད་པན་འབར་བའི་གཞི། །

桂巴側美自達巴為息
無量佈局燦燃心臟基

ཏེན་དང་བརྟེན་པའི་གཞལ་མེད་ཁང་ཆེན་པོར།།

登堂登貝協美康千波
能依所依大越量宮中

ལྷུན་གྲུབ་རིགས་འདུས་ཨོ་རྒྱན་སྤྲུལ་པའི་སྐུ།།

倫竹日度歐根珠貝固
任運部集烏金幻化身

རིག་འཛིན་དཔའ་བོ་མཁའ་འགྲོའི་སྤྲིན་ཕུང་འཕྲིགས།།

仁增巴歐康卓真朋赤
持明勇父空行眾雲集

ཟངས་མདོག་དཔལ་གྱི་རི་བོར་སྐྱེ་བར་ཤོག།

桑斗巴己日歐給瓦秀
願我投生銅色吉祥山

བདག་ཅག་གསང་བ་སྔགས་ཀྱི་ལམ་མཆོག་ལ།།

達加桑瓦阿己藍秋拉
吾等趣入密咒勝道後

ཞུགས་ནས་ཚེ་འདིར་འབྲས་བུ་མངོན་གྱུར་པའི།།

許內側迪折布溫久北
於此生中現證果實之

སྐལ་བར་ལྡན་པའི་གང་ཟག་སོ་སོ་རྣམས།།

給瓦登北康薩搜搜南
具緣補特伽羅凡夫眾

ཟངས་མདོག་དཔལ་གྱི་རི་བོར་སྐྱེ་བར་ཤོག།

桑斗巴己日歐給瓦秀
願我投生銅色吉祥山

ལུས་རྟེན་འདིར་ཡང་གནས་སྐུང་ཁམས་ཅད་ཀུན།།

呂登迪揚內囊壇皆衰
對於此所依身諸處相

པདྨ་བཀོད་ཀྱི་ཞིང་ཁམས་ཉམས་དགའ་བར།།

貝瑪貴己辛堪釀嘎瓦
蓮花莊嚴美妙淨土中

སྒྱུ་ལུས་ཚོགས་བརྒྱད་རོལ་བ་སྲིན་པོའི་གྲོང་།།

谷呂湊給若瓦森波充
幻身八識遊戲羅剎城

སྙིང་དབུས་ཟངས་མདོག་དཔལ་གྱི་རི་བོ་ན།།

寧玉桑斗巴己日歐納
心中銅色吉祥聖山中

རིགས་ཀུན་ཁྱབ་བདག་མ་ཧཱ་གུ་རུ་བཞུགས།།

日衰恰達瑪哈咕如許
諸部遍主大蓮師安住

བདག་ཅག་སྟོན་འཁོར་དབྱེར་མེད་ལྷན་ཅིག་ཏུ།།

達加敦扣耶美亨計度
吾等主眷無別而共同

ཟངས་མདོག་དཔལ་གྱི་རི་བོར་སྐྱེ་བར་ཤོག།

桑斗巴己日歐給瓦秀
願得投生銅色吉祥山

གསང་མཆོག་བདེ་ཆེན་འོད་གསལ་རྡོ་རྗེའི་གཞིར།།

桑千德千偉瑟斗節息
勝祕大樂光明金剛基

མངོན་པར་བྱང་ཆུབ་དོན་གཉིས་མཐའ་ཕྱིན་ནས།།

溫巴強去屯尼塔欽內
現證菩提究竟二利後

ཁམས་གསུམ་འགྲོ་བའི་འདྲེན་པ་ཉིད་གྱུར་ཅིག།

堪松周為真巴尼久計
願成引領三界眾生者

ཅེས་པ་འང་ཨོ་རྒྱན་སྐྱེ་མཆོག་སྤྲིང་པས་རོ་མཚར་ཁྱད་པར་ཅན་གྱི་གཏེར་ཞལ་ཕྱེ་བའི་ཚེ་སྐོབ་འབངས་སྡོམ་ཅུ་སོ་བཞིའི་གཙང་བཅས་སྤྲུལ་འཁོར་དབྱེར་མེད་ཟངས་མདོག་དཔལ་གྱི་རི་བོར་ལྷན་ཅིག་ཏུ་སངས་རྒྱས་པའི་རྟེན་འབྲེལ་གྱི་སྨོན་ཚིག་རོ་རྗེ་བདེ་ཆེན་སྤྲིང་པས་བྲིས་པ་དགེ། ॥

在烏金格秋林巴開啟特別神奇的伏藏之際，為了連同弟子三十四人在內的主眷眾人無分別地共同在銅色吉祥山成佛之緣起，多傑德千林巴寫下此願文。願成善！

༄༅། །ཟངས་མདོག་དཔལ་རིའི་སྨོན་ལམ་བཞུགས་སོ།
銅色吉祥山勝義願文

秋吉德千林巴　著

གདོད་མའི་གཤིས་དང་དབྱེར་མེད་པདྨ་འབྱུང་།།

對美細堂耶美貝瑪炯
與元始性無別蓮花生

རང་སྣང་དག་པའི་ཟངས་མདོག་དཔལ་རིའི་ཞིང་།།

壤囊塔貝桑斗巴日辛
自相清淨銅色祥山剎

སྣང་རིག་དབྱེར་མེད་མ་བཅོས་གཉུག་མའི་ངང་།།

囊日耶美瑪決紐美昂
相覺無別無作本然中

གདོད་ནས་རྣམ་དག་ཞིང་དུ་སྐྱེ་བར་ཤོག།

對內南達辛圖給瓦秀
願我投生本來純淨剎

ཅེས་རིམ་གཉིས་ཟབ་མོའི་རྣལ་འབྱོར་བླ་མ་བྱང་ཆུབ་བསྐུལ་ངོར། མཆོག་གྱུར་གླིང་པས་གང་ཤར་དོན་དམ་པར་སྦྱར་ནས་བྲིས།། །།

應甚深二次第瑜伽士喇嘛強趣之請，秋吉林巴結合勝義隨心
而寫。

༄༅། །སྔ་འགྱུར་བསྟན་པ་རྒྱས་པའི་སྨོན་ལམ་ཆོས་རྒྱལ་ དགྱེས་པའི་ཞལ་ལུང་ཞེས་བྱ་བ་བཞུགས་སོ།

前譯教法興盛願文：法王歡喜言教

米旁仁波切　著

དེ་ཡང་དུས་ཀྱི་ཐ་མར་ཙ་གསུམ་ལྷ་ཡི་ཐུགས་རྒྱུད་བསྐུལ་ནས་བསྟན་པའི་སྙིང་པོ་རིན་པོ་ཆེ་རྒྱས་པར་གྱུར་ཅིག་སྙམ་དུ་ཡན་ཅིག་ཆོས་ཚོལ་བ་ཙམ་ཡང་བསོད་ནམས་ཚད་མེད་པ་དང་ལྡན་ཞིང་། རྒྱལ་བའི་སྲས་ཀྱི་སྨོན་ལམ་ཡོངས་སུ་རྫོགས་ནས་སྐྱེ་བ་ཀུན་ཏུ་དམ་པའི་ཆོས་དང་ཆོས་ཀྱི་སྙིང་པོ་ཟབ་མོའི་ཐེག་པ་དང་འཕྲད་ནས་འཛིན་སྐྱོང་སྤེལ་བས་སྒྱུར་དུ་རྣམ་མཁྱེན་ཉིད་མྱུར་དུ་ཐོབ་པའི་ཡེ་ཤེས་ལ་རེག་པར་འགྱུར་བའི་དགོས་པ་ཡོད་པས། དེ་བས་ན་སྐལ་ལྡན་རྣམས་ཀྱིས་དུས་དུས་དང་། ཁྱད་པར་ཚོགས་མང་གི་སྐབས་སུ་འདི་ལྟར་སྨོན་ལམ་གདབ་པར་བྱའོ།།

於末法當中，召喚三根本天尊心意，心想：「願教法心要珍寶興盛！」僅此思惟一回，亦具無量福。再者，佛子之願圓滿之後，生生世世值遇佛法及佛法心要深乘，藉著執持、守護、傳揚，將速得一切遍智，此乃其需求也。是故善緣者們當時常發願，特別當於大眾集會時如是發願：

ན་མོ། ཕྱོགས་བཅུའི་བདེ་བར་གཤེགས་པ་སྲས་དང་བཅས།།

拿摩。秋具德瓦謝巴瑟堂界

南無　十方如來善逝及佛子

ཁྱད་པར་མཚམས་མེད་ཤཱཀྱའི་རྒྱལ་པོ་དང་།།

克巴釀美夏嘉給波堂
尤於無等釋迦王佛尊

རྒྱལ་སྲས་བརྒྱད་དང་གནས་བརྟན་འཕགས་པའི་ཚོགས།།

給瑟給堂內登帕貝湊
八大菩薩阿羅漢聖眾

མཁྱེན་བརྩེའི་བདག་ཉིད་མཆོག་རྣམས་དགོངས་སུ་གསོལ།།

肯則達尼秋南貢素梭
至誠祈請悲智勝尊眾

ཕན་བདེའི་འབྱུང་གནས་བསྟན་པ་རིན་པོ་ཆེ།།

朋得炯內登巴仁波切
誠願利樂本源聖教寶

སྟོན་དང་སེམས་དཔའ་འཕགས་པ་མཆོག་རྣམས་ཀྱིས།།

敦堂森巴帕巴湊南己
本師乃至菩薩聖尊眾

ཡང་ཡང་དཀའ་བས་བཙལ་ཞིང་བཏགས་པའི་དོན།།

揚揚嘎為則辛那北屯
再三艱辛尋覓追求義

མཚོ་སྐྱེས་རྒྱལ་བའི་བསྟན་པ་རྒྱས་གྱུར་ཅིག།

湊給給為登巴給久計
海生勝尊教法廣興盛 [1]

མཁན་སློབ་ཆོས་རྒྱལ་སྤྲུལ་པའི་ལོ་པཎ་དང་།།

肯樓卻給珠貝樓奔堂
堪師君及幻化譯班眾 [2]

བཀའ་གཏེར་རིག་འཛིན་བརྒྱུད་པ་ཡི་དམ་ལྷ།།

嘎得仁增局巴以單哈
教巖持明傳承本尊天

མ་མགོན་གཟའ་རྒྱུད་གསུམ་རྗེས་པའི་ཚོགས།།

瑪袞薩斗局松折北湊
母瑪羅多三續驕猛眾 [3]

སྔ་འགྱུར་རྩ་གསུམ་ལྷ་ཚོགས་དགོངས་སུ་གསོལ།།

安久匝松哈湊貢素梭
前譯三根聖眾請垂念

ཐུབ་བསྟན་མདོ་དང་སྔགས་ཀྱི་ཆུལ་མཐའ་དག།

圖登斗堂阿己促塔達
釋教顯密一切諸法門

གངས་ཅན་སྐྱོངས་སུ་བརྩེ་བས་དྲངས་གྱུར་པ།།

康間炯素則為常久巴
依慈憫心引介至雪域

ཆེས་ཆེར་སྐྱེལ་བའི་རྟ་རྗེའི་དམ་དགོངས་ནས།།

切切貝為斗節坦貢內
廣大弘揚金剛之誓願

མཚོ་སྐྱེས་རྒྱལ་བའི་བསྟན་པ་རྒྱས་གྱུར་ཅིག

湊給給為登巴給久計
願海生尊教法廣興盛

ཕྱོགས་དུས་རྒྱལ་བའི་སྐུ་གསུང་ཐུགས་རྡོ་རྗེ།།

秋度給為固松圖斗節
諸時空佛身語意金剛

རིགས་གསུམ་སེམས་དཔའི་སྒྱུ་འཕྲུལ་རོལ་མོ་ཡིས།།

日松森貝谷出若莫以
三部菩薩以幻化遊戲

གངས་ཅན་ཕན་བདེའི་ཉི་མ་གསལ་བར་མཛད།།

康間朋得尼瑪瑟瓦則
雪域利樂太陽明燦亮

མཚོ་སྐྱེས་རྒྱལ་བའི་བསྟན་པ་རྒྱས་གྱུར་ཅིག།།

湊給給為登巴給久計

願海生尊教法廣興盛

རྒྱལ་དང་རྒྱལ་སྲས་འཕགས་པ་ཆེན་པོའི་ཚོགས།།

給堂給瑟帕巴千波湊

佛及佛子諸大聖者眾

བསམ་བཞིན་སྤྲུལ་པའི་རོལ་གར་ཉེར་བཟུང་ནས།།

散辛珠貝對嘎涅松內

依照心願顯現幻化舞

དྲི་མེད་རྒྱལ་བསྟན་ནོར་བུའི་རྒྱལ་མཚན་སྒྲེང་།།

尺美給登諾布根餐正

豎立無垢佛教寶勝幢

མཚོ་སྐྱེས་རྒྱལ་བའི་བསྟན་པ་རྒྱས་གྱུར་ཅིག།།

湊給給為登巴給久計

願海生尊教法廣興盛

ཐུན་མོང་ཐུན་མིན་གཞུང་ཀུན་རང་དབང་གིས།།

屯孟屯明雄哀壞旺己

共與不共一切諸經論

ཨ་ནོར་བསྒྱུར་ཞུས་གཏན་ལ་ཕབ་པ་ཡིས།།

瑪諾局許登拉帕巴以

自在無謬翻譯校勘定

གངས་ལྗོངས་སྣང་བའི་སྒོ་ཆེན་ཐོག་མར་ཕྱེས།།

康炯囊為勾千透瑪切

首開雪域光明之大門

མཚོ་སྐྱེས་རྒྱལ་བའི་བསྟན་པ་རྒྱས་གྱུར་ཅིག།

湊給給為登巴給久計

願海生尊教法廣興盛

སྐལ་བཟང་གདུལ་བྱས་མདོ་དང་སྔགས་ཀྱི་ཆོས།།

給桑堵切斗堂阿己促

善緣弟子實修顯密法

ཉམས་སུ་ལེན་ལ་གཞན་དྲིང་མི་འཇོག་པར།།

釀素冷拉賢真米久巴

無需再去依賴其他處

བཀའ་དང་དགོངས་པ་འགྲེལ་བའི་གཞུང་ཀུན་ཚོགས།།

嘎堂宮巴折為雄衰走

佛經經注一切皆完滿

མཆོག་སྨིན་རྒྱལ་བའི་བསྟན་པ་རྒྱས་གྱུར་ཅིག།།

湊給給為登巴給久計
願海生尊教法廣興盛

བདེན་གསུང་བཀའ་ཡི་རྒྱ་མཚོ་ཆེན་པོ་ལ།།

登松嘎以嘉湊千波拉
諦實聖語教言大海中

ཟབ་མོའི་ཆོས་གཏེར་ནོར་བུས་མཛོན་པར་མཛེས།།

薩莫卻得諾布溫巴則
甚深法藏寶珠極美麗

མདོ་དང་སྔགས་ཀྱི་ལམ་བཟང་ཟུང་དུ་འཇིལ།།

斗堂阿己藍桑松圖折
顯教密法賢道雙運行

མཆོག་སྨིན་རྒྱལ་བའི་བསྟན་པ་རྒྱས་གྱུར་ཅིག།།

湊給給為登巴給久計
願海生尊教法廣興盛

ཉད་བྱུང་ཟ་ཧོར་མཁན་པོའི་སྒྲུབ་པ་དང་།།

美穹薩后堪波決巴堂
卓越薩霍堪布之行持

མཚུངས་མེད་དཔལ་ལྡན་ཀླུ་ཡི་ལྟ་བ་གཉིས།།

聰美班登路以達瓦尼

無等具德龍樹之見地

ཟུང་འཇུག་བརྒྱུད་པའི་བཀའ་སྲོལ་ཕྱག་རྒྱས་བཏབ།།

松折局北嘎梭恰給達

二者雙運傳規蓋印璽

མཚོ་སྐྱེས་རྒྱལ་བའི་བསྟན་པ་རྒྱས་གྱུར་ཅིག།

湊給給為登巴給久計

願海生尊教法廣興盛

ཟབ་མོའི་ནང་རྒྱུད་སྡེ་གསུམ་དགོངས་པའི་བཅུད།།

薩莫囊局得松宮貝具

甚深內續三部意精華

ཐུན་མིན་མན་ངག་གསང་བའི་ལམ་མཆོག་ནས།།

屯明門阿桑為藍秋內

從彼不共竅訣祕勝道

འཇའ་ལུས་ཆོས་སྐུར་གཤེགས་པའི་ངོ་མཚར་འབར།།

甲呂卻固謝北偶擦巴

趣往虹身法身極希奇

མཚོ་སྐྱེས་རྒྱལ་བའི་བསྟན་པ་རྒྱས་གྱུར་ཅིག།

湊給給為登巴給久計

願海生尊教法廣興盛

རབ་འབྱམས་ཞི་ཁྲོའི་ཁྱབ་བདག་སྒྲུབ་སྡེ་བརྒྱད།།

冉江息抽恰達竹得給

無限寂忿遍主八修部

བཀའ་བབ་རིག་འཛིན་སོ་སོའི་དགོངས་བཅུད་དང་།།

嘎巴仁增搜梭宮具堂

真傳持明各自意精華

གུན་འདུས་པདྨའི་བཀའ་སྲོལ་གཅིག་ཏུ་འཁྱིལ།།

袞度貝美嘎梭計度企

於蓮師教總集匯為一

མཚོ་སྐྱེས་རྒྱལ་བའི་བསྟན་པ་རྒྱས་གྱུར་ཅིག།

湊給給為登巴給久計

願海生尊教法廣興盛

རྒྱུ་དང་འབྲས་བུ་གསང་སྔགས་ཐེག་པ་ཆེ།།

谷堂折布桑阿特巴切

因乘以及大密咒果乘

ཚང་ལ་མ་ནོར་རིག་འཛིན་བརྒྱུད་པའི་ལུང་།།

倉拉瑪諾仁英局北隆
完整無誤持明傳承言

ཌཀྱིའི་ཞལ་གྱི་དྲོད་ཉམས་ཙོ་ལེ་བ།།

達各協己垂朗透雷瓦
空行口中暖氣猶然存

མཚོ་སྐྱེས་རྒྱལ་བའི་བསྟན་པ་རྒྱས་གྱུར་ཅིག།

湊給給為登巴給久計
願海生尊教法廣興盛

རྡོ་རྗེ་འཆང་གི་དགོངས་དོན་བདུད་ཉིའི་བཅུད།།

斗節強己宮屯堵自具
金剛持之密意甘露精

མཁས་གྲུབ་བྱེ་བའི་ཞལ་ནས་སྙན་དུ་བརྒྱུད།།

克竹切為協內年圖局
千萬智修之口耳相傳

དྨག་གི་ངན་པའི་རང་བཟོས་མ་བསླད་པར།།

斗給恩北攘梭瑪雷巴
低劣妄想自作所不染

མཚོ་སྐྱེས་རྒྱལ་བའི་བསྟན་པ་རྒྱས་གྱུར་ཅིག།

湊給給為登巴給久計
願海生尊教法廣興盛

གསེར་ཞིང་ནོར་བུའི་སྨྲས་པའི་ཡོན་གྱིས་ཀྱང་།།

瑟辛諾布這北原己將
黃金珠寶妙供亦不能

མི་འགུགས་དབྱིངས་ཀྱི་མཁའ་འགྲོའི་ཐུགས་མཛོད་ཆོས།།

米谷音己康卓圖最卻
勾招界空行之意法藏

བཅེ་བས་རྗེས་འཇུག་སྐལ་པ་ལོ་ནར་བཀག།།

則為間具給巴扣那展
慈愛僅予有緣追隨者

མཚོ་སྐྱེས་རྒྱལ་བའི་བསྟན་པ་རྒྱས་གྱུར་ཅིག།

湊給給為登巴給久計
願海生尊教法廣興盛

ངོ་བོ་ཀ་ནས་དག་པའི་ཡེ་ཤེས་ལ།།

偶歐嘎內塔北耶謝拉
本性本來清淨之本智

རང་བཞིན་ལྷུན་གྱིས་གྲུབ་པའི་གདངས་ཤར་བས།།

攘辛倫己竹貝當夏為
顯現自性任運之光澤

བྱུན་སྒོམ་སེམས་ལས་འདས་པའི་རྫོགས་པ་ཆེ།།

倫貢森雷得貝走巴切
超越愚修心識大圓滿

མཚོ་སྐྱེས་རྒྱལ་བའི་བསྟན་པ་རྒྱས་གྱུར་ཅིག།

湊給給為登巴給久計
願海生尊教法廣興盛

ཡོད་མེད་ཕྱོགས་རེར་ཞེན་པའི་དམིགས་གཏད་ཞིག།

月美秋日賢北密德息
破除有無偏執所緣處

མཐར་འཛིན་ལྟ་བའི་འཛིན་སྟངས་རྡུང་ནས་ཕྱུང་།།

塔增達為增當充內穹
根除邊執見地之執著

གཞི་ལམ་འབྲས་བུ་སྣང་སྟོང་ཟུང་དུ་འཇུག།

息藍折布囊東松圖具
本基道果顯空倆雙運

མཚོ་སྐྱེས་རྒྱལ་བའི་བསྟན་པ་རྒྱས་གྱུར་ཅིག །

湊給給為登巴給久計
願海生尊教法廣興盛

དུས་གསུམ་རྒྱལ་བའི་དགོངས་པ་མཐར་ཐུག་དོན།།

圖松給為宮巴塔圖屯
三世諸佛密意究竟義

ཟབ་ཞི་སྤྲོས་བྲལ་འོད་གསལ་འདུས་མ་བྱས།།

薩息卓車偉瑟度瑪切
深寂離戲光明而無為

རིག་སྟོང་མི་ཤིགས་རྡོ་རྗེ་གྲུབ་པའི་མཐའ།།

日東米細斗節竹北塔
覺空不壞金剛之宗義

མཚོ་སྐྱེས་རྒྱལ་བའི་བསྟན་པ་རྒྱས་གྱུར་ཅིག །

湊給給為登巴給久計
願海生尊教法廣興盛

མང་དུ་ཐོས་པ་ལུང་གི་སྤྲིན་འཕྲིགས་ཤིང་།།

芒圖退巴隆己真赤辛
多聽聞者匯積教言雲

ཕ་རོལ་རྒོལ་འཇོམས་རིགས་པའི་གློག་ཕྲེང་འབར།།

帕若果炯日貝樓成巴
破諸辯難正理燃如電

མན་ངག་གནད་ཀྱི་བདུད་རྩི་སྙིང་ལ་སིམ།།

門阿內己堵自寧拉森
竅訣要點甘露潤心扉

མཚོ་སྐྱེས་རྒྱལ་བའི་བསྟན་པ་རྒྱས་གྱུར་ཅིག།

湊給給為登巴給久計
願海生尊教法廣興盛

རྣད་བྱུང་ཨ་ཏི་ཡོ་གའི་གསེང་ལམ་ནས།།

美穹阿底由嘎森藍內
絕妙阿底瑜伽祕捷道

མ་ལུས་རྒྱལ་བ་ཀུན་གྱི་ཡེ་ཤེས་སྐུ།།

瑪呂給瓦袞己耶謝固
一切無餘諸佛智慧身

ཁྱབ་བདག་འཇམ་དཔལ་རྡོ་རྗེར་རབ་བསྒྲུབས་པ།།

恰達蔣貝斗節惹竹巴
遍主文殊金剛圓修成

མཆོག་སྨོན་རྒྱལ་བའི་བསྟན་པ་རྒྱས་གྱུར་ཅིག །

湊給給為登巴給久計
願海生尊教法廣興盛

ཡང་དག་ཚད་མ་གསུམ་གྱི་ང་རོ་ཡིས། །

揚達側瑪松己阿柔以
真實三正量之震吼音

ཀླུ་དམན་རི་དྭགས་ཚོགས་རྣམས་སྐྲག་མཛད་པ། །

達門日達湊南札則巴
令諸低見野獸皆驚駭

ཐེག་མཆོག་སེང་གེའི་སྒྲ་དབྱངས་ས་གསུམ་ཁྱབ། །

特秋森給札央薩松恰
三乘獅音響徹於三界

མཆོག་སྨོན་རྒྱལ་བའི་བསྟན་པ་རྒྱས་གྱུར་ཅིག །

湊給給為登巴給久計
願海生尊教法廣興盛

རྒྱལ་བསྟན་ཡོངས་སུ་རྫོགས་པའི་གོས་བཟང་ཆེར། །

給登永素走北括桑則
佛教完美圓滿良布上

ཁོད་གསལ་རྡོ་རྗེ་སྙིང་པོའི་ཏོག་མཛེས་པ།།

偉瑟斗節寧波斗則巴
光明金剛心要美麗頂

ཕྱོགས་ལས་རྣམ་པར་རྒྱལ་བའི་རྒྱལ་མཚན་མཐོ།།

秋雷南巴給為根餐透
高舉昭勝十方之勝幢

མཚོ་སྐྱེས་རྒྱལ་བའི་བསྟན་པ་རྒྱས་གྱུར་ཅིག།

湊給給為登巴給久計
願海生尊教法廣興盛

བདག་སོགས་དེང་ནས་འགྲོ་བ་ཇི་སྲིད་དུ།།

達搜亭內周瓦企斯圖
我等從今直至眾生住

བསྟན་དང་བསྟན་པའི་སྙིང་པོ་ཡོངས་རྫོགས་པ།།

登堂登貝寧波永走巴
圓滿教法及教法心要

མཁའ་ཁྱབ་ཞིང་དུ་འཛིན་སྐྱོང་སྤེལ་བ་ཡིས།།

卡恰辛圖增恭貝瓦以
遍空剎土護持並傳揚

མཚོ་སྐྱེས་རྒྱལ་བའི་བསྟན་པ་རྒྱས་གྱུར་ཅིག།

湊給給為登巴給久計
願海生尊教法廣興盛

མདོར་ན་མཁས་བཙུན་གྲུབ་པའི་ཆུལ་བཟར་གྱིས།།

斗納克尊竹貝南塔己
總之以諸智戒修行儀 [4]

རྒྱལ་བསྟན་སྤེལ་བའི་ཕྲིན་ལས་མཁའ་ཁྱབ་པའི།།

給登貝為稱雷卡恰北
傳教佛行遍滿虛空之

བསྟན་འཛིན་དམ་པས་ས་སྟེང་ཡོངས་གང་ནས།།

登增坦貝薩登永康內
持教聖者充遍於大地

མཚོ་སྐྱེས་རྒྱལ་བའི་བསྟན་པ་རྒྱས་གྱུར་ཅིག།

湊給給為登巴給久計
願海生尊教法廣興盛

དཔལ་ལྡན་བླ་མའི་སྐུ་ཚེ་རབ་བརྟན་ཅིང་།།

班登拉美固側蔥登金
具德上師聖壽極堅固

登貝金達阿堂塔瓦以
教法施主權勢得增長

卻斯米努諾布根餐正
政教不衰曁珍寶勝幢

湊給給為登巴給久計
願海生尊教法廣興盛

一切勝佛之本性——具德蓮花生佛——誕生於無死湖。此普稱為「前譯寧瑪」之教法乃圓滿佛教之祖法，具眾多殊勝甚深要點為其特色。在知曉此乃見修清淨、令佛歡喜之無謬賢道後，當如拂拭寶珠、將之安奉在勝幢之頂一般，具足緣分之補特伽羅眾，當承擔起責任，以偉大的講說、辯論以及著作等三事業令其傳揚興盛於十方。為了作為如願成辦如此思量之緣起，對於前譯教法具有純淨意樂的米旁蔣揚南嘉嘉措，

在處所及時間皆具善緣起之中午修座之中，下筆直書此願文。
願善妙增長！

1. 「海生金剛」乃蓮花生大士之其中一個稱號，此乃與蓮師誕生在湖中的蓮花上有關。米旁仁波切在此願文當中，以「海生」稱呼蓮師。有譯者將「海生」譯作「蓮生」，亦無相違之處。

2. 「堪師君」乃堪布菩提薩埵（寂護論師）、蓮花生阿闍黎、法王赤松德贊的合稱。「譯班」意為譯師與班智達。

3. 「母瑪羅多」指的是一髻佛母、瑪哈嘎拉怙主、羅睺羅以及多傑雷巴。

4. 指包括博學智者、戒行嚴謹清淨者和修行成就者的行儀。

蓮師文集 JA0010

呼喚蓮花生：祈求即滿願之蓮師祈請文集

編　譯　者／卻札蔣措
責 任 編 輯／陳芊卉
業　　　務／顏宏紋

總　編　輯／張嘉芳
出　　　版／橡樹林文化
　　　　　　城邦文化事業股份有限公司
　　　　　　104 台北市民生東路二段 141 號 5 樓
　　　　　　電話：(02)2500-7696 ext 2738 傳真：(02)2500-1951
發　　　行／英屬蓋曼群島商家庭傳媒股份有限公司城邦分公司
　　　　　　104 台北市中山區民生東路二段 141 號 5 樓
　　　　　　客服服務專線：(02)25007718；25001991
　　　　　　24 小時傳真專線：(02)25001990；25001991
　　　　　　服務時間：週一至週五上午 09:30 ～ 12:00；下午 13:30 ～ 17:00
　　　　　　劃撥帳號：19863813 戶名：書虫股份有限公司
　　　　　　讀者服務信箱：service@readingclub.com.tw
香港發行所／城邦（香港）出版集團有限公司
　　　　　　香港九龍九龍城土瓜灣道 86 號順聯工業大廈 6 樓 A 室
　　　　　　電話：(852)25086231 傳真：(852)25789337
　　　　　　Email：hkcite@biznetvigator.com
馬新發行所／城邦（馬新）出版集團【Cité (M) Sdn.Bhd. (458372 U)】
　　　　　　41, Jalan Radin Anum, Bandar Baru Sri Petaling,
　　　　　　57000 Kuala Lumpur, Malaysia.
　　　　　　電話：(603)90563833　傳真：(603)90576622
　　　　　　Email：services@cite.my

內 文 排 版／菩薩蠻電腦科技有限公司
封 面 設 計／周家瑤
印　　　刷／漾格科技股份有限公司
初 版 一 刷／2024 年 1 月
I S B N ／978-626-7219-79-9
定　　　價／550 元

城邦讀書花園
www.cite.com.tw

國家圖書館出版品預行編目（CIP）資料

呼喚蓮花生：祈求即滿願之蓮師祈請文集 / 卻札蔣
措編譯. -- 初版. -- 臺北市：橡樹林文化，城邦
文化事業股份有限公司出版：英屬蓋曼群島商家
庭傳媒股份有限公司城邦分公司發行，2024.01
面；　公分. -- (蓮師文集系列；JA0010)
ISBN 978-626-7219-79-9(平裝)

1.CST: 藏傳佛教 2.CST: 佛教修持

226.965　　　　　　　　　　　　　112019304

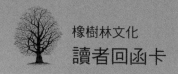

橡樹林文化
讀者回函卡

感謝您對橡樹林出版社之支持，請將您的建議提供給我們參考與改進；請別忘了給我們一些鼓勵，我們會更加努力，出版好書與您結緣。

姓名：_____ □女 □男 生日：西元_____年

Email：_____

●您從何處知道此書？

□書店 □書訊 □書評 □報紙 □廣播 □網路 □廣告 DM

□親友介紹 □橡樹林電子報 □其他_____

●您以何種方式購買本書？

□誠品書店 □誠品網路書店 □金石堂書店 □金石堂網路書店

□博客來網路書店 □其他_____

●您希望我們未來出版哪一種主題的書？（可複選）

□佛法生活應用 □教理 □實修法門介紹 □大師開示 □大師傳記

□佛教圖解百科 □其他_____

●您對本書的建議：

_____

_____

_____

處理佛書的方式

佛書內含佛陀的法教，能令我們免於投生惡道，並且為我們指出解脫之道。因此，我們應當對佛書恭敬，不將它放置於地上、座位或是走道上，也不應跨過。搬運佛書時，要妥善地包好、保護好。放置佛書時，應放在乾淨的高處，與其他一般的物品區分開來。

若是需要處理掉不用的佛書，就必須小心謹慎地將它們燒掉，而不是丟棄在垃圾堆當中。焚燒佛書前，最好先唸一段祈願文或是咒語，例如唵（OM）、啊（AH）、吽（HUNG），然後觀想被焚燒的佛書中的文字融入「啊」字，接著「啊」字融入你自身，之後才開始焚燒。

這些處理方式也同樣適用於佛教藝術品，以及其他宗教教法的文字記錄與藝術品。

ཨི་གི་ཉི་ཤུ་རྩ་དྲུག་པ་འདི་དཔེའི་ཆའི་ནང་དུ་བཞག་ན་དཔེའི་ཆ་དེའི་ཅེ་འདྲར་
བགོམས་ཀྱང་ཉེས་པ་མི་འབྱུང་བར་འརྫམ་དཔལ་རྩ་རྒྱུད་ལས་གསུངས་སོ། །

此咒置經書中　可滅誤跨之罪